U0515028

工业化、城镇化和农业现代化协调发展研究丛书

总编◎李小建　仉建涛

国家自然科学基金资助项目（41501178）

高速交通发展
与区域空间结构演变

EVOLUTION OF
REGIONAL SPATIAL STRUCTURE UNDER DEVELOPMENT OF
HIGH-SPEED TRAFFIC

孟德友◎著

社会科学文献出版社
SOCIAL SCIENCES ACADEMIC PRESS (CHINA)

总　序

中原经济区"三化"协调发展河南省协同创新中心（以下简称"中心"）是河南省首批"2011计划"（高等学校创新能力提升计划）所设立的研究单位，2012年10月由河南省政府批准正式挂牌成立。中心以河南财经政法大学为牵头单位，由河南大学、河南农业大学、河南师范大学、河南工业大学、许昌学院、信阳师范学院、河南省委政策研究室、河南省政府发展研究中心、河南省工信厅、河南省住建厅等多所省内著名高校和政府机构作为协同单位联合组建。

中心的使命是按照"河南急需、国内一流、制度先进、贡献重大"的建设目标，以河南省不以牺牲农业和粮食、生态和环境为代价的新型工业化、新型城镇化、新型农业现代化"三化"协调发展的重大战略需求为牵引，努力实现"三化"协调发展基础理论、政策研究与实践应用的紧密结合，支撑河南省新型工业化、新型城镇化和新型农业现代化建设走在全国前列，引领中原经济区和河南省成为打造中国经济升级版中的新经济增长极。

工业化、城镇化和农业现代化本身就是非常复杂的问题，三者相互协调更是一大难题。研究如此大系统的复杂问题，中心一方面展开大量的理论研究，另一方面展开广泛深入的调查。此外，还不断将理论应用于实践，目前已取得一定的阶段性成果。

为此，中心推出"工业化、城镇化和农业现代化协调发展研究丛书"。一方面，丛书可及时向政府和公众报告中心的研究进展，使中心的研究成果能够得到及时的关注和应用；另一方面，中心也可以从政府和公众的反馈中不断改进研究方法。我们深知所要研究的问题之艰难以及意义之重大，我们一定会持续努力，不辜负河南省政府及人民对我们的信任和寄托，做对人民有用的研究。

十分感谢社会科学文献出版社为丛书的出版所做的重要贡献。

李小建　仉建涛

2015 年 6 月 1 日

目　录

Contents

前　言

自 20 世纪 90 年代以来，随着经济全球化和我国改革开放的加快推进，区域城市化和城市区域化快速发展，城市与城市间、城市与区域间的空间相互作用日益增强，城市群、都市圈或都市连绵带等功能区域渐次发育，尤其是高速交通基础设施的大规模建设和网络化发展将进一步重塑区域城市体系的空间结构形态。长三角地区作为我国经济发展水平最高和城市化进程最快的地区，在经济全球化和经济体制转轨的双重作用下，生产要素加速流动，空间相互作用日益深化，空间经济联系不断增强，空间组织不断演化，城市与区域的联系形式也逐步突破中心地体系的等级联系向网络化的交互联系转变，城市间的横向联系不断增强，空间组织的网络化程度不断提高，区域空间结构形态也呈现由"点－轴"式向多中心、网络化演进的趋势。

本书以长三角地区 16 个地级市为研究的区域范围，以县域和地级市辖区为基本研究单元，基于区域空间结构理论、空间相互作用理论和复杂网络理论的相关方法，借助地理信息系统和复杂网络分析的相关软件，从区域空间结构的主要构成要素——节点、线路、网络三方面切入，在对长三角地区城市综合实力、交通网络及空间可达性、城市经济联系强度及城市经济联系网络演变过程分析的基础上，提炼长三角地区空间结构的演变特征和发展趋势，深入剖析了高速交通建设与长三角地区空间结构演变的耦合机理，进而基于网络城市发展理念提出了长三角地区空间结构网络化重构的模式和建议。

改革开放以来，长三角地区城市经济快速发展，城市化进程加快推进，全球化水平日益提高，虽然各县级及以上城市间在经济发展水平、城市化水平和全球化水平等方面还存在较大的差距，但区域相对差异在不断缩小，逐步呈现均衡发展的态势。通过构建城市经济综合实力评价指标体系对各县市经济综合实力进行评价，并结合马尔可夫状态转移概率矩阵和空间自相关分析对长三角地区城市经济综合发展水平的时空格局进行分析发现，长三角地区城市经济综合发展水平呈现明显的俱乐部趋同现象且存在显著的空间正相关，并呈现以沪苏锡常和环杭州湾地区为核心区域向长三角外围地区梯度减小的空间格局。

随着长三角地区高等级公路基础设施的大规模建设，各地区公路交通网络密度和路网等级不断提升，交通网络结构不断优化，网络连接度、环路指数、实际结合度和实际成环率指数都得到了不同程度的提高，网络节点中心度普遍改观，线路的非直线系数大幅度降低，其直接的空间经济效应是促进城市间时空距离的缩短和交通可达性的改善。采用网络分析和栅格成本加权距离法分别对长三角地区城市节点可达性、城市节点机会可达性和区域平均可达性进行测算，发现长三角地区城市节点可达性和各县市区域平均可达性均得到了较大幅度的改善，区域平均可达性表现出以上海和环太湖地区为中心向周边地区呈不规则圈层状和轴带延伸并递减的趋势。

长三角地区各县级及以上城市对外经济联系规模不断扩大，县市间经济联系强度大幅度提升，且呈现明显的相对均衡发展态势，主导联系轴线由早期的">"形向"Z"形，进而向"Σ"形转变，未来将形成"区"字形的主导经济联系发展轴，高强度城市经济联系线路越来越密集，城市间经济联系的网络交互作用越来越突出。引入复杂网络理论的节点中心性、凝聚性、核心－边缘结构和凝聚子群等系列统计分析指标对城市经济联系网络结构及时空演变态势进行分析发现，长三角地区城市经济联系网络密度逐步增大，各城市节点的直接连接边数均得到了不同程度的提升，大多数地级及以上中心城市的节点中心度相对较高，接近中心度的右偏态分布态势逐步增强，城市经济联系网络的核心－边缘结构特征较为显著，这也表明长三角地区还处于网络化发展的初级阶段。

本书通过对长三角地区城市综合实力、交通网络及空间可达性、城市经济联系强度及城市经济联系网络演变过程与特征的分析发现，长三角空间结构呈现由单中心向多中心、由"点－轴"式向网络化、由等级式向扁平化转变的特征和趋势，这与交通基础设施的快速发展有着密切的相关性，线路密度的增加、线路等级的提升以及过江跨海通道建设等都对区域空间结构产生了显著的影响，并通过集聚与扩散、专业化分工机制共同作用于区域空间结构的形成与演变过程。本书进一步采用耦合协调度模型对交通子系统与空间结构子系统的耦合协调性进行测算，发现长三角地区交通可达性与城市综合实力、城市经济区位度都表现出较强的空间耦合特征，尤其是地级及以上中心城市的耦合协调度更高。

本书针对长三角地区空间结构的现状和发展趋势，基于网络城市发展理念，在突出中心城市主导原则、交通关联原则和经济区经济原则的前提下，确立了长三角地区"多中心、多轴线、网络化"的复合型空间结构重构框架，并根据凝聚子群间经济联系密度的高低进行聚类和空间归并，将长三角地区划分为上海城市经济区、南京城市经济区、杭州城市经济区和宁波城市经济区四大城市经济区，最后指出长三角地区空间重构要突出基础设施体系的支撑作用、上海全球城市建设的引领作用、城市经济区的组织作用以及空间管制与区域规划的调控作用等。

本书把复杂网络理论的相关分析方法引入空间经济联系网络结构特征的分析中，对节点中心性、凝聚性、核心度指数进行测算并对节点凝聚子群进行分析，根据核心度指数将长三角地区划分为核心区、半核心区、半边缘区和边缘区四种类型，这是对传统的以经济发展水平来识别区域核心－边缘结构的重大改进。基于网络城市的发展理念，本书提出了长三角地区"多中心、多轴线、网络化"的空间重构模式，并提出了一种根据凝聚子群间经济联系密度高低进行聚类和空间归并的城市经济区划分方法。在区域城市化、区域一体化和城市网络化快速发展的宏观背景下，希望本书能够为我国区域空间结构的优化与城市体系发展规划提供一定的决策参考，尤其是希望能够为欠发达地区未来城市空间结构优化提供一些启示，同时也希望能够为后续研究提供理论参考。

孟德友

2016 年 5 月于河南财经政法大学

第一章　绪论

第一节　研究背景

一　城市区域化与区域一体化趋势不断推进

在经济全球化和新一轮国际产业结构调整与转移快速推进的形势下，城市体系的联系方式和空间结构也在不断变化，中心城市与周边地区相融合而形成的巨型城市化地区或大都市带在许多国家和地区涌现，城市区域化趋势明显，都市连绵带、都市圈或城市群成为世界城市化进程的高级空间组织形式或区域一体化的重要空间载体。区域一体化作为当前城市化进程中实现城市区域协同发展的有效途径已成为城市发展的新趋势和新战略，发达的交通和信息网络是一体化的支撑条件，作为集聚辐射极核的特大或大中城市是区域一体化的核心，空间一体化是区域一体化的外部表象，城市集群化发展是区域一体化的地域景观，当前世界上已形成了诸如美国东北部、北美五大湖、日本太平洋沿岸、伦敦和欧洲西北部等世界级的大都市带。随着发展中国家和地区工业化、城市化进程的加快，城市区域化和区域一体化趋势不断凸显，城市与区域的空间相互作用日益深化，城市区域化逐步推进，城市群或都市连绵带等功能区域逐步发育，城市区域化研究也成为我国人文 - 经济地理学、城市地理学和城市规划学等学科关注的热点。

经济学家斯蒂格利茨曾断言中国城市化是 21 世纪对世界影响最大的两件事之一，国内也有学者认为 21 世纪是中国的"城市世纪"。自 20 世纪 90 年代以来，我国的城市化在经济全球化和经济体制改革的双重背景下快速推进，2010 年平均城市化率达 49.9%，进入诺瑟姆"S"形曲线的加速发展阶段。城市区域化和区域城市化趋势日益明显，城市化的形式也发生了结构性变化，城市发展跳出了"摊大饼"式的拓展而转向城市区域一体化的趋势，城市群成为推动我国城市化进程的重要引擎，目前已形成长三角、珠三角、京津冀等典型的城市经济体并成为我国经济发展速度和活力最具前景的空间单元。分工的深化使地区间的经济联系更加紧密，区域在竞争与合作中推进了空间一体化进程，尤其是高速公路、高速铁路等基础设施的大规模建设和网络化发育，有效地促进了城市间时空距离的缩短和集聚扩散效应的增强，交通的快速化和网络化将进一步重塑区域城市体系的空间结构形态。因此，在交通网络化和快速化发展导向下，有必要进一步探讨区域城市体系空间结构的特征、趋势、机制及组织形式。

二　长三角地区网络化发展态势逐步显现

作为我国经济发展水平最高的长三角地区，在经济全球化和市场化改革的双重作用下，生产要素加速流动，空间相互作用日益深化，空间联系更加紧密，空间组织不断演化，城市和区域之间的联系形式也逐步突破中心地等级联系向网络化互动联系转变，横向联系得到加强，行政区经济向经济区经济转型加快，区域一体化趋势日益明显，空间组织网络化程度不断提高，区域空间结构呈现由"点-轴"式向多中心、网络化转变的发展趋势。首先，交通网络化是长三角地区空间结构网络化的基础和支撑。沪宁高速公路的建成通车，标志着长三角地区进入高速公路大发展时代。截至 2010 年，长三角地区已建成高速公路 5000 多公里，江阴大桥、南京二桥、南京三桥、润扬大桥、苏通大桥、崇明岛跨江通道等的建成使长江的阻隔效应大幅度减弱，杭州湾跨海大桥使宁波与上海的距离缩短了 120 公里。2005 年，国务院审议并原则通过《环渤海京津冀地区、长江三角洲地区、珠江三角洲地区城际轨道交通网规划（2005～2020 年）》，标志着长三角地区进入城际轨道交通快速发展期，由高速公路、高速铁路、航运和航空构成的现代化复合交通系统和以沪宁杭为主要节点的信息网络形成了纵横交错的联系通道，长三角城市间的时空距离被深度压缩，沪宁杭 1 小时都市圈初见雏形，城市间的社会经济联系更加密切。其次，城市经济联系的网络交互式发展是长三角空间结构网络化的内在机制和外在表现，交通的网络化、分工的深化与生产的网络化加速了地区间经济联系的网络化，要素、商品、人才、资金及信息等的交流日益频繁，区域性合作组织也成为长三角一体化的重要推动因素。刘俊（2009）认为长三角一体化的实质是空间的一体化，具体是指合理城镇体系的构建和交通可达性的改善，交通基础设施网络的发展使长三角地区城市空间格局发生重大变化，由沪宁、宁杭和杭甬交通廊道组成的"Z"形空间结构形态格局逐步被打破，纵横交错的高速公路、铁路等基础设施网络塑造了区域空间结构的主骨架，依托各级基础设施发展起来的产业带使得长三角地区呈现都市连绵带的发展特征，形成以上海、南京、杭州、苏州和宁波为中心，由众多次级城市组成的多中心格局，网络化的城市空间结构形态逐步显现。

三 区域经济联系是区域研究的主要论题

区域分异和联系是区域研究的两大主题，人文－经济地理学过多关注社会经济现象的分异特征而对区域联系的研究相对滞后，事实上，区域经济联系对于一个区域融入更广阔的外部经济空间进而获得持续发展的动力至关重要。蔡建明（1991）指出地理学研究的核心不在于对区域单元上某要素的研究，而应侧重于把区域作为整体来研究在空间相互作用下区域间所形成的动态有序的空间结构；李春芬（1995）也曾指出功能区域的区际联系研究将成为区域地理学的前沿。自20世纪90年代中期以来，随着经济地理学对关系的思考，关系转向或关系经济地理学成为西方经济地理学发展的显著特征，关系和网络成为关系经济地理学理论建构的核心，通过对行动者关系网络的分析能够透视行动者在关系建构过程中的作用、网络演化机制及空间经济的管制和治理模式等。城市作为复杂开放的适应性系统，由于在等级、职能和空间结构上存在制约、互补或协同关系以及地理区位上的相互作用，城市间存在复杂频繁的纵向和横向经济联系，城市经济联系是劳动地域分工深化的结果，并通过人、物、资金和信息流等各种物质和非物质要素的对流、传导和辐射而产生与发展，进而推动区域城市空间结构的演变。随着城市在区域经济发展中的地位和作用的凸显，城市经济联系更为活跃，行政边界的约束作用不断弱化，城市间的网络交互作用在区域空间组织过程中起着越来越重要的作用，相关的空间经济联系与空间结构优化也逐渐成为城市研究的热点问题。通过对经济联系网络及空间格局发展演变的探讨，识别区域空间结构的演变特征和趋势，对于合理确定城市空间发展导向、优化城市空间布局和重构区域空间结构形态，以及推动区域经济协调发展具有重要作用。

四 复杂网络理论为区域关系研究提供了新视角

已有关于城市与区域经济联系的研究均是对建立在中心地理论基础上的区域经济联系强度、等级及空间格局的探讨，无论是在全国层面上探讨城市等级体系或城市影响范围划分，还是在城市群、经济区或省域层面上探讨城市经济联系强度及时空格局特征等，都是源于对中心地理论的实证和拓展，但应该看到，经济全球化和信息化背景下各级城市间已不仅仅是交通、市场或行政原则导向下的等级体系关系，结节性和网络性将逐步成为城市空间结构的重要特征，不同于中心地理论强调不同等级中心地间的相互嵌套和垂直联系，结节性强调互补、合作与横向联系，"等级+网络"或将成为未来城市空间结构的重要特征。在城市空间结构网络化发展趋势下，渐有学者结合有向图论原理提出了对城市网络中城市中心性及网络化空间结构特征测度的复杂网络分析法，该方法在社会学领域也称社会网络分析（侯赟慧等，2009；冷炳荣等，2011；韩会然等，2011）。复杂网络理论是复杂性理论的重要组成部分，Erdos 和 Renyi（1960）在 20 世纪 60 年代提出的经典随机网络模型掀起了复杂网络研究的热潮，Watts 和 Strogatz（1998）提出复杂网络的小世界性，Barabasi 和 Albert（1999）提出无标度网络概念后又极大地推动了复杂网络研究的进展。复杂网络的重心在于探索网络结构和功能间的关系，随着计算机技术的发展，复杂网络理论为复杂系统研究提供了一种新方法，已在计算机科学、物理学、生物医学、管理学、社会学和经济学等领域得到不同程度的应用，在社会科学领域，如对社会关系、科研合作关系、知识网络、公司商务关系、企业生产网络、金融网络、无线通信网络等非空间网络结构特征的分析等。而在空间网络方面，复杂网络理论也成为交通系统、航空网络分析的有力工具，并被逐步应用于城市经济联系网络的结构特征及演变分析中，通过探讨城市经济联系网络特征提出城市经济联系及其空间结构优化方向，为区域空间结构研究提供了一种新的视角和方法。

第二节　研究目的与意义

一　研究目的

在经济全球化、经济体制转轨和交通基础设施建设等多重因素作用下，长三角地区作为我国社会经济最发达的地区，行政区经济向经济区经济转型的趋势越来越明显。自20世纪90年代中期以来，高等级公路网络的构建和提升有效地缩短了地区间的交易时间，降低了距离成本，提高了地区间的可进入性，强化了地区间的社会经济联系，尤其是巨型交通工程建设将彻底打破长三角地区现有的空间格局，均衡化和网络化趋势越来越明显，长三角地区"点－轴"式空间结构将逐步向网络化空间转型，城市区域化和区域一体化趋势日益凸显。在此背景下，本书旨在回答以下几个方面的问题：①自20世纪90年代以来，长三角地区在交通基础设施网络化发展的支撑下，城市经济联系网络演变及由此映射的区域空间结构特征和未来发展趋势；②交通网络化发展对长三角空间结构演变的影响及耦合作用机理；③在多中心化、网络化和扁平化发展趋势下，如何基于网络城市发展理念建构长三角多中心、网络化空间结构的组织模式、支撑机制及引导对策。

通过梳理区域空间结构的基本理论和方法，基于国内外相关的区域空间结构理论、空间相互作用理论、复杂网络理论和网络城市理论等，采用GIS空间分析、GIS网络分析、复杂网络分析等系列分析方法和软件工具，以长三角地区16个地级市为研究区域，以县域为基本分析单元，从区域空间结构的节点、线路和网络等要素分析切入，在对长三角地区1992年、1998年、2004年和2010年4个年份城市节点综合实力、公路交通网络结构及可达性分析的基础上，探讨长三角地区城市经济联系格局及网络结构特征，进而提炼长三角地区空间结构的演变特征、趋势与机理等；基于网络城市发展理念和价值导向，针对长三角地区空间结构的现状特征和发展趋势，面向经济全球化、信息化和交通网络化快速发展的局面，提出长三角地区空间结构的重构模式、支撑机制和对策。

二 研究意义

（一）理论意义

在经济全球化与区域一体化快速推进背景下，工业化和城市化持续发展，城市规模不断壮大，城市空间不断拓展，城市不断由分散的孤立发展向集群式网络化发展态势转变，城市间的竞争与联合日益加深，物质和非物质要素的频繁流动推动城市经济联系及其空间结构形态向网络交互模式演进。对城市空间相互作用及经济联系网络的研究则成为探索和揭示区域空间结构特征的重要途径，基于 GIS 技术的空间分析与复杂网络分析相结合，在对长三角地区交通基础设施网络结构及空间可达性分析的基础上探讨城市联系及网络结构特征，进而探讨空间结构演变的特征、趋势与机理，力求在某种程度上丰富和发展空间结构的理论和方法体系，为城市与区域规划、空间发展战略及区域管治、区域经济持续健康协调发展提供理论参考依据。

（二）实践意义

通过对长三角地区公路交通基础设施网络与空间结构网络化演变互动关系的考察，探讨长三角地区空间结构网络化的演进过程、特征及与交通建设的耦合机理，对提炼长三角地区空间结构演变规律、预知长三角地区空间结构演变趋势、引导长三角空间结构有序组织具有重要的现实意义。在长三角全球城市区域成长背景下，多中心化、网络化、扁平化将成为长三角地区空间发展的趋势，网络城市理念和网络化空间组织模式将成为长三角地区空间重构的价值导向，也将是长三角区域一体化发展的有效途径；基于网络城市发展理念，构建长三角地区网络化的空间组织模式能够为长三角区域空间结构优化、调整提供决策参考，对长三角地区形成紧密合作、协调发展的一体化区域共同体具有重要的实践意义。

第三节 相关概念辨析

一 网络与城市网络

（一）网络

网络已成为人们日常生活中的常用语，尤其是互联网（Internet）已是众人皆知的事物，虽然它是常见的网络形态但不是网络的全部。《现代汉语词典》把网络定义为由许多互相交错的分支组成的系统；在电的系统中网络是指由若干元件组成的用来使电信号按一定要求传输的电路或这种电路的一部分；《牛津高阶英汉双解词典》释义网络为各种网状物或网状系统；若采用图论术语表达网络则是指用若干条线段把若干个点连成一体的连通图，可用来研究空间实体的内在联系状态、变化与发展趋势。从不同层次理解网络，对网络的内涵和网络所指也存在较大的不同。从技术层面讲，网络是指各种网状的系统，如交通网络、通信网络、电力网络等；从社会文化角度看，构成网络的基础是以智能信息网为主体的物理网和以社会人际关系为基础的逻辑网，如科学家协作网络、人际关系网络等（李勇，2005）；从经济学视角看，地区之间、城市之间以及企业之间客观存在着各种联系，表现为生产的、流通的、金融的、信息的、文化的以及交通的等诸方面，具有相互依存和相互制约的特点并在总体上表现为一种纵横交织的网络关系，如企业生产网络、供应链网络等（郑伯红，2003；董欣，2011）。而作为区域概念的网络，是指城市与腹地之间点、线连接构成的网络状空间结构形态，各城市只是这种网络化空间结构形态的组成部分，主要表现为各级城市间的联系网络。

（二）城市网络

网络是区域空间结构的重要构成要素，顾朝林（1992）认为城镇体系的网络系统是社会再生产过程中围绕不同层次的经济中心，通过城镇间的联系展开经济活动所形成的城市之间、城市与区域之间"点、线、面"相结合的网络有机联系系统，主要包括行政管理网络、交通运输网络、生产协作网络、商品流通网络、信息传输网络和经济联系网络等。朱英明（2001）指出城市群的本质是各城市间存在联系网络，城市群是各级城市作为网络节点，通过交通基础设施和信息网络设施的紧密结合与相互作用而形成的复杂开放的网络系统。本书所指的城市网络是在一定区域范围内，各级城市节点之间在各种有形和无形的联系通道支撑与引导下，城市间通过各种物质和非物质要素的交互流动而结成的复杂有序的城市关联系统，在空间上表现为各级城市间的相互作用并获得某种网络关联效应。从要素构成看，城市网络由网络节点、联系线路和要素流组成。网络节点是指各级各类城市，不同于传统的城市等级体系，城市网络节点更强调节点功能的多样性、互补性及横向联系；联系线路是指沟通网络节点的各种线路、形式和途径，包括各种有形的线状交通、通信、管道等基础设施和无形的公司网络、社会网络、政府或其他各种机构的组织网络等；要素流则是指各种物质、人员、信息、资金或技术的流动（如商品流通、人口迁移、通信信息、资金流动、文化交流、技术扩散等）。城市网络是区域专业化分工与协作的必然结果，随着城市化进程的推进、城市数量的增多、城市空间的拓展，尤其是重大基础设施的规划和建设，城市间的经济、贸易和文化交流日益便捷与密切，城市网络节点不断增多，网络线路日益密集，城市经济联系的网络结构也日益复杂。

二　网络城市与城市网络化

（一）网络城市

自 20 世纪 90 年代以来，在西方国家大城市表现出分散化特征和国内特大城市表现出多中心化特征的背景下，网络城市理论逐步兴起并作为一种新的空间发展战略在城市规划和区域空间结构优化调整中被强调，然而目前对网络城市的概念和内涵的解析尚未达成一致见解。Batten（1995）认为网络城市是两个或更多的原先彼此独立但存在潜在互补功能的城市借助快速高效的交通走廊和通信设施连接起来，彼此合作形成的富有创造力的城市集合体，是全球化和知识化经济正在培育的一种创新性的多核心城市结构体。Roberts 等（1999）认为网络城市是一种基于公共交通、通信网络发展的多中心都市形态，传统的城市中心与郊区和边缘专业化发展的次中心相互依赖、共同发展。Bertolini 和 Martin（2003）认为网络城市是一个由相互重叠、功能互补的子系统构成的城市系统，它涵盖多重空间尺度，是由物质和虚拟网络连接的相互重叠的功能地域群体。张楠、郑伯红（2003）指出网络城市是由多个不同节点组合形成的一个独特又富有弹性的交流环境。汪淳、陈璐（2006）指出网络城市模型包括两个层次，第一个层次是网络城市结构中每个节点城市之间的相互作用机理，包括功能互补、水平联系和交互增长；第二个层次是节点城市构建网络城市的基本环境和基本条件，包括弹性交换环境、支撑体系和市场区规则。卢明华等（2010）认为网络城市逐渐成为新的区域空间结构形态和城市空间发展战略，在区域层面上强调城市与郊区，或城市与周边城镇间的联系，是覆盖城市及其周边与之互动、相互影响的一体化区域。

基于国内外相关学者对网络城市的界定，本书认为网络城市是区域内各级城市在各种交通、通信及其他网络设施支撑下通过城市间实体联系和虚拟联系的相互作用而形成的网络化的城市空间组织形态。网络城市是城市经济联系网络发展的空间表现，是"点－轴"式空间结构发展的高级阶段。各级城市作为网络中的节点承担着一定的功能，且依据其在网络中的位置和协调控制网络的程度不同而具有不同的重要性，主要表现为网络的结节中心性；在各种实体和虚拟的网络联系通道中，交通基础设施网络是网络城市形成和演变的内生变量，是网络城市形成的基础和支撑。网络城市不是城市连绵带式的简单堆砌，而是走向空间有序化、多元化和柔性化，这种具有创新型的弹性交流空间将成为未来城市空间组织的发展方向，通过充分利用各种经济社会联系把区域内分散的资源、要素、企业、经济部门和地区等组织成一个具有不同层次、功能各异、分工合作的区域经济系统，作为区域经济发展的均衡发展模式，网络城市将成为未来生产力布局最有效的空间组织形式。

（二）城市网络化

网络城市不仅强调多中心和网络状的空间组织形态，而且强调网络节点功能的一体化，通过中心城市间紧密的功能联系以获取整合效益，而这种整合过程被称为城市网络化或城市网络效应（卢明华等，2010）。西方学者 Allan Pred（1997）在考察了美国 1800 ~ 1914 年工业城市增长的空间动力后指出城市网络化是区域发展的重要途径。Vartiainen（1997）认为城市网络化是空间发展规划的新理念，在空间发展的层面上，城市网络化是网络城市形态和内在网络联系形成的过程；在公共政策的层面上，城市网络化是地方主体相互协调、沟通与合作的过程。国内学者曾菊新（2001），高云虹、曾菊新（2006）将城乡网络化定义为由城乡之间多种社会经济活动主体构成的一个有序化的关联互动系统和运行过程，并通过这一过程获得最大化的空间组织效应。年福华等（2002）认为网络化是指都市圈区域内经济网络中人流、物流和信息流所依托的基础设施的生成、发育、完善甚至优化的演进过程，是物质演进阶段走向空间有序、多元化和定向化的动态过程，并提出了城镇网络化空间结构的四种模式。卞坤等（2011）指出都市圈网络化模式是圈内各中心城市和城镇之间为保持一定程度持续连接的交通、人员、物质、信息、资金和技术等的流动而形成的一种空间组织模式，旨在实现网络经济和资源共享，是城市群体空间组织的一种新范式。本书认为城市网络化是网络城市的形成和发展过程，是区域空间结构形态由"点-轴"式向网络化空间结构形态的演进过程，是不同的社会经济和城市活动在空间上的再调整，是一个持续、复杂的动态过程。城市网络化的实质是区域经济发展轴线向发展域面的延伸，通过增长极和发展轴的延长和拓宽，强化点、轴在经济发展中的辐射功能，实现城市和区域经济的均衡协调发展。

第四节　研究对象与数据来源

一　长三角区域概况

长江三角洲是我国各大三角洲中面积最大、经济最发达，同时也是世界著名的河口三角洲之一。从不同角度界定长江三角洲，其空间范围有所不同（见图1-1），沉积学意义上的长江三角洲指以镇江为顶点向东，沿长江两岸狭长的扁平状河流冲积平原，北以扬州—泰州—海安—吕四为界，南以江阴—太仓—松江为界，系全新世大海侵以来长江泥沙填充古河口水域而形成的陆相沉积地层。

自然地理意义上的长江三角洲的范围大致为西至镇江，北沿通扬运河向东至小洋口，东至海边，向南由太湖平原至杭州湾，面积约为5万平方公里。自然地理范围的长江三角洲在地形上北部是太湖和杭嘉湖平原，西部和西南部均为山地，杭州湾以南沿海通过狭窄的海岸带平原向南延伸至温台平原，杭州往西南通过狭窄的通道将杭嘉湖平原与浙中金华盆地相接。长江三角洲气候受亚热带海洋季风影响，温暖湿润，全年平均降水量较同纬度西岸多，年平均降水量在1000毫米以上，由南向北递减，西南山地和杭州湾南岸降水量较高，在1500毫米以上；区内河湖水网密布，土壤肥沃，物产富饶，为长三角地区经济繁荣发展创造了良好的自然基底条件。

经济地理意义上的长江三角洲地区最早可以追溯到罗祖德于1982年提出的长江三角洲经济区的概念，他指出其范围以上海为经济区的中心，辐射沪宁、沪杭铁路沿线，包括南京、镇江、常州、无锡、苏州、南通、杭

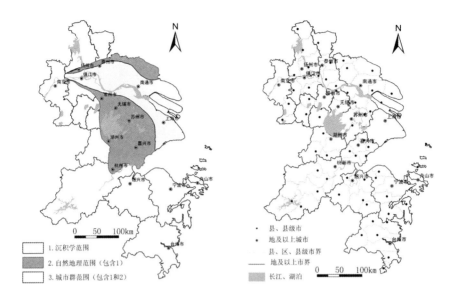

图 1-1 不同意义上的长江三角洲范围和行政区划

州、绍兴和宁波等中小城市。1983年1月，姚依林副总理在《关于建立长江三角洲经济区的初步设想》中指出长江三角洲经济区的规划范围可先以上海为中心，包括苏州、无锡、常州、南通、杭州、嘉兴、宁波和湖州等城市。1992年国务院召开长江三角洲及沿江地区规划座谈会，明确了长江三角洲的规划范围，即以上海为经济中心，以沪宁杭为主体，北部包括扬州、南通，南部包括镇江、常州、无锡、苏州、嘉兴、湖州、绍兴、宁波、舟山，共14个城市及其所辖县市，1996年泰州增设为地级市，使长江三角洲范围定格为15个城市地域。2003年在南京召开的长江三角洲城市经济协调会第四次会议通过了《关于接纳台州加入长江三角洲城市经济协调会的决定》，标志着台州也被吸纳为正式成员，至此长江三角洲城市经济协调会的成员城市包括上海、南京、镇江、扬州、苏州、无锡、常州、南通、泰州、杭州、嘉兴、湖州、绍兴、宁波、台州和舟山共16个地级及以上城市，国土面积为10.9万平方公里，2010年末长江三角洲地区总人口为8491万人，实现地区生产总值70675亿元，占全国经济总值的17.62%（见表1-1）。这里地处长江黄金水道和沿海黄金海岸的接合部，通江达海，拥有长江流域广大的纵深腹地，还可以通过陆路和海路与华北、东北及东南地区沟通，从而最充分的集聚资金、资源并向外扩散。尤其是自 20 世纪 90 年代全面开放以来，长江三角洲地区的经济地理区位优势更加明显，经济实力日益提升，城市化进程加快推进，是我国经济发展、工业化、城市化、全球化和信息化水平最高的地区，在全国经济体系中具有重要的战略地位和带动作用。

表 1－1　长江三角洲地区行政区划概况

单位：平方公里

城　　市	面积	所辖县市(共 75 个)
上海市	6340	上海市区、崇明县
南京市	6501	南京市区、溧水县、高淳县
无锡市	4787	无锡市区、江阴市、宜兴市
常州市	4374	常州市区、溧阳市、金坛市
苏州市	8488	苏州市区、常熟市、张家港市、昆山市、吴江市、太仓市
南通市	8544	南通市区、海安县、如东县、启东市、如皋市、海门市
扬州市	6634	扬州市区、宝应县、仪征市、高邮市、江都市
镇江市	3799	镇江市区、丹阳市、扬中市、句容市
泰州市	5793	泰州市区、兴化市、靖江市、泰兴市、姜堰市
杭州市	16596	杭州市区、富阳市、临安市、建德市、桐庐县、淳安县
宁波市	9671	宁波市区、余姚市、慈溪市、奉化市、象山县、宁海县
嘉兴市	3915	嘉兴市区、平湖市、海宁市、桐乡市、嘉善县、海盐县
湖州市	5794	湖州市区、德清县、长兴县、安吉县
绍兴市	8256	绍兴市区、诸暨市、上虞市、嵊州市、绍兴县、新昌县
舟山市	1440	舟山市区、岱山县、嵊泗县
台州市	9413	台州市区、温岭市、临海市、玉环县、三门县、天台县、仙居县

二　研究对象的确定

本书以长三角地区 16 个地级及以上城市的区域范围为研究区域，以县域为基本研究单元，具体包括地级及以上城市的市辖区、县级市和县域。20 世纪 90 年代以来长三角地区行政区划发生了较大调整，例如，1993 年撤销南通县设立通州市，1994 年撤销泰县改为姜堰市，1995 年撤销无锡县改为锡山市，1996 年县级泰州市经批准组建为地级泰州市，2000 年经国务院批准南京市撤销江宁县设立江宁区、无锡市撤销锡山市设立锡山区和惠山区、扬州市撤销邗江县设立邗江区，2001 年苏州市撤销吴县市设立吴中区和相城区、杭州市撤销萧山市和余杭市设立萧山区和余杭区，2002 年南京市原江浦县和浦口区合并成立新的浦口区、南京市六合县与大厂区合并成立新的六合区、常州市撤销武进市成立武进区、镇江市撤销丹徒县成立丹徒区、宁波市撤销鄞县成立鄞州区，2009 年南通市撤销通州市成立通州区，等等。为保证研究对象的统一性、数据的可获取性和可比性，本书以2010 年行政区划为标准，由于上海市各类统计数据未按区县统计相关经济指标，因此上海市辖区及崇明县作为一个区域单元。由此，本书的基本研究对象为 74 个县级及以上城市地域单元，包括 16 个地级及以上城市市辖区、36 个县级市和 22 个县，为便于表达，本书将各研究单元统称为城市。

三 研究时点的选择

1992 年邓小平南方谈话后，在巩固沿海地区对外开放成果的基础上，加快了中西部地区对外开放的步伐，相继实施了在沿海地区设立保税区、扩大经济开放区的范围、设立对外开放沿边口岸城市、开放沿江和内陆省会城市以及增设国家级经济技术开发区等全方位的对外开放政策，标志着我国形成了全方位的对外开放格局。1992 年召开的党的十四大又进一步强调，以上海浦东开发开放为龙头，进一步开放长江沿岸城市，尽快把上海建成国际经济、金融、贸易中心之一，带动长江三角洲和整个长江流域地区经济的新飞跃。至此，长三角地区进入全面开发开放的新阶段。基于前述的历史背景，选择以 1992 年为研究的时间起点，在兼顾数据可获取性原则的基础上，以等时间间隔法选择 1992 年、1998 年、2004 年和 2010 年 4 个年份为本书研究的时点断面。

四 数据来源说明

书中所涉及的社会经济数据主要来源于《江苏统计年鉴》（1993 ~2011 年）、《上海统计年鉴》（1993 ~ 2011 年）、《浙江统计年鉴》（1993 ~2011 年）、《中国城市统计年鉴》（1997 ~ 2011 年）、《中国区域经济统计年鉴》（2001 ~ 2011 年）、《中国统计年鉴》（1993 ~ 2011 年）、《浙江 60 年统计资料汇编》、《数据见证辉煌——江苏 60 年》、《巨大的变化 辉煌的成就——江苏改革开放 30 年》、《数字看徐州 30 年巨变》、《江苏年鉴》（1993 年）、《镇江年鉴》（1993 年）、《扬州年鉴》（1993 年）以及相关地

市的统计年鉴和统计公报等；基础地理信息数据主要来源于 1∶25 万基础
地理信息数据库；基础道路交通数据主要来源于相关年份的交通地图集。

第五节　主要研究方法

以人文－经济地理学理论和方法为主导，结合城市地理学、城市经济
学、区域经济学和地理信息系统等相关学科的理论与方法，综合运用文献
综述与数据查询法、定性与定量结合法、时间与空间结合法、复杂网络分
析法、GIS 空间分析法等多学科方法，力求对主要问题的探讨深入而具体。

一　文献综述与数据查询法

采用传统的文献查询方法搜集相关纸质文献，并借助互联网查阅多种
电子文献期刊数据库，搜集与本研究相关的国内外文献，通过对相关研究
成果的梳理和比较，逐步掌握国内外最新研究进展和发展趋势，为本研究
的开展奠定坚实的文献基础，并确立研究的总体思路和主要内容。通过网
络查询、图书馆查询和多渠道购买的方式获取江苏、浙江和上海相关年份
的统计年鉴及公路交通地图集，构建相对完整的社会经济属性数据库和基
础地理信息数据库。

二　定性与定量结合法

对任何一种社会经济现象的研究都是从定性的描述和经验总结开始
的，在此基础上采用数理方法进行测度和模拟。地理学产生之初也是建立
在描述性研究基础之上的，始于 20 世纪 50 年代的近代计量革命逐步使地
理学从定性分析走向定量研究。本书注重定性与定量分析相结合，集成空
间相互作用模型以及复杂网络理论的相关统计分析模型和参数，借助数理
分析、网络分析和空间分析的相关软件系统（如 SPSS、DPS、Pajek、
Ucinet、ArcGIS 等）进行数据处理、空间可视化等，以使相关研究成果和
结论更直观、更具科学性和说服力。

三　时间与空间结合法

为了更好地辨析长三角地区城市节点、交通线路、经济联系网络等空

间结构要素的动态演变过程，采用时空尺度相结合的方法对其进行时序和空间演变过程的对比分析。在空间尺度上，以县域为基本分析单元，探讨县级及以上城市的综合实力、交通网络结构及其空间可达性、城市经济联系强度及网络结构特征等，并在此基础上进一步解析交通与空间结构演变的耦合机理及特征。在时间尺度上，拟选择 1992 年、1998 年、2004 年和2010 年 4 个时间断面进行各空间结构要素的演变过程分析。

四　复杂网络分析法

复杂网络理论为交通运输网络的复杂性研究提供了一种全新的分析方法，在社会经济学领域也称为社会网络分析法，它以复杂系统实体间的相互作用或关联构建网络，利用统计物理学分析网络结构及其动力学特征，其基本的分析指标包括节点中心度、接近中心度、中间中心度、度分布、平均路径长度、集聚系数、网络的派系结构、凝聚子群聚类和网络核心 - 边缘结构分析等，主要分析工具有 Pajek、Ucinet、Netdraw 和 Matlab 等。

五　GIS 空间分析法

GIS 是在计算机技术支持下，对空间数据进行采集、存储、检索、分析与应用的计算机硬软件系统。空间分析是 GIS 技术的主要特征，GIS 技术将计算机技术和空间数据结合起来，通过 GIS 技术的空间分析可以发现隐藏在空间数据中的重要信息或规律，采用 ArcGIS 9.3 软件的空间分析功能，对长三角地区城市经济综合实力进行空间关联分析，对长三角地区公路交通网络进行拓扑构建和网络分析，对复杂网络理论的相关参数指标进行空间表达，对区域交通可达性进行测算与表达，等等。

第六节　框架与主要内容

一　技术路线

采用多层次剖析的技术路线以展现完整的内在逻辑机理，一方面采用"现象分析→理论分析→格局分析→机理分析→策略分析"的逻辑体系；另一方面采用"问题的提出→空间要素研究→空间特征与机理研究→空间组织模式构建→对策研究"的内容体系。在多学科交叉和多领域结合的前提下，逻辑思路和内容线索相互交织，结合长三角地区的具体研究对象进行深入分析。具体的技术路线、工作流程和本书章节安排见图1-2。

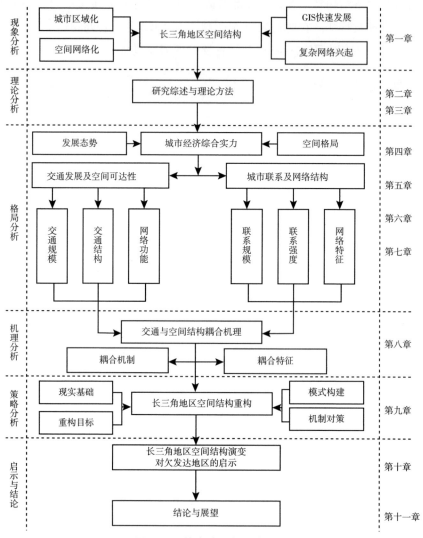

图1-2　技术路线与本书框架

二　主要内容

第一章为绪论。重点阐述研究背景、研究目的与意义、区域概况和研究对象、数据来源、主要研究方法、技术路线和工作流程以及主要研究内容等，并对书中涉及的几个相关概念进行了界定。

第二章为国内外相关研究进展与评述。在对区域空间结构研究以及长三角地区空间结构研究进行回顾的基础上，对相关研究进展进行评述，指出了已有研究的不足和本研究的切入点。

第三章为相关理论基础与分析方法。在对区域空间结构理论、空间相互作用理论和复杂网络理论进行梳理的基础上，整理了国内外已有关于区域空间结构分析、空间相互作用分析和复杂网络分析的量化方法，为本研究奠定了理论和方法基础。

第四章为长三角地区城市经济及城市综合实力时空演变。从经济发展、产业结构、城市化水平和全球化水平等方面对长三角地区社会经济发展的背景进行数理分析，在此基础上通过构建城市综合实力评价指标体系和面板数据库对选定年份县级及以上城市综合实力进行评价，结合马尔可夫状态转移概率矩阵和空间自相关分析等方法对长三角地区城市综合发展水平的时空演变进行探讨，并为后续研究提供数据支撑。

第五章为长三角地区城市交通网络及可达性时空演变。在对长三角地区公路交通基础设施建设历程进行回顾的基础上，通过 GIS 技术采集特定时间点的交通网络数据构建基础地理信息数据库，采用 GIS 空间分析功能结合复杂网络的相关指标从发展规模、结构特征和功能效应三个方面对长三角地区公路交通网络的规模与等级、网络结构总体与地域特征、空间可达性格局进行探讨。

第六章为长三角地区城市经济联系强度时空演变。基于空间相互作用模型对长三角地区县级及以上城市间的经济联系规模进行测算和比较，对城市首位经济联系强度的时空格局进行分析，并对城市间经济联系按照地级市之间、地级市与县和县级市之间、县和县级市之间三个层次进行分析和比较，最后指出了长三角地区城市经济联系的空间特征。

第七章为长三角地区城市经济联系网络时空演变。采用复杂网络分析法构建节点经济联系的关系属性数据库，对长三角地区各年份城市经济联系网络的网络密度、节点中心度、接近中心度、中间中心度、凝聚性进行测度与比较，对经济联系网络的核心–边缘结构、凝聚子群进行划分，并对其空间特征和演变态势进行分析。

　　第八章为长三角地区空间结构与交通发展的耦合机理。在前述空间结构要素分析的基础上，提炼长三角地区空间结构的演变特征与发展趋势，进而讨论交通发展对长三角地区空间结构的影响及作用机理，通过构建交通子系统与空间结构子系统的耦合协调度模型，对长三角地区交通发展与空间结构演变的耦合协调性及空间耦合特征进行分析。

　　第九章为长三角地区区域空间重构的模式与对策。在对空间重构的概念和内涵及网络化重构的基本模式进行释义的基础上，指出网络化空间结构模式将成为长三角地区空间结构优化和重构的价值导向。通过对长三角地区区域空间重构的背景和基础进行分析，基于网络城市发展理念，提出长三角地区"多中心、多轴线、网络化"的空间重构模式，并结合前述凝聚子群分析进行聚类和空间归并，对长三角地区城市经济区划分提出了空间重构的支撑机制和对策。

　　第十章为长三角地区空间结构演变对欠发达地区的启示。长三角地区作为我国最为发达的地区之一，其发展进程代表了我国区域经济的未来发展趋势，尤其对欠发达的中西部地区具有重要的启示意义。选择中原经济区为典型对象区域，对其高速交通发展状况及空间结构特征进行研究，并与长三角地区进行对比分析，得出若干启示，指出长三角地区区域空间结构的发展状态对引导未来中原经济区空间结构优化具有很好的借鉴作用。

　　第十一章为结论与展望。在对本研究结论进行总结和归纳的基础上，指出本书的不足之处，并展望今后的努力方向。

第二章 国内外相关研究进展与评述

第一节 区域空间结构研究进展

空间结构理论是在古典区位论基础上产生并向实践应用方向发展的产物，经过德国、美国、瑞典及国内学者的努力获得了深入发展，并对国土开发和区域发展空间战略的制定产生了重要的理论和实践指导意义。本节主要从区域空间结构理论、区域空间结构演变、区域空间结构演变机制和区域空间结构优化等方面对区域空间结构的理论与实践进行综述。

一 区域空间结构理论研究

空间结构理论始于德国古典区位论，如农业区位论、工业区位论和中心地理论等。对农业区位论做出突出贡献的当属德国经济地理学家Thunen，他在1826年出版的《孤立国同农业和国民经济的关系》一书中系统阐述了农业区位的同心圆结构模式。德国经济学家Weber于1909年发表的《工业区位论》标志着工业区位论正式诞生，在吸纳农业区位论思想并在系列假设条件下，认为运费是决定工业区位的基本因子，理想的工业区位是运输里程和货物重量最低的地点。此外，他还考虑了劳动力和集聚因素对运费区位的"偏离"效应。瑞典经济学家Palander把不完全竞争概念引入区位论，以价格为变量探讨区位空间均衡并在运费分析的基础上提出了距离衰减规律。美国区域经济学家Hoover对运费的计算做了重大改进，将其分为场站作业费和线路运输费两部分，在此基础上提出了运费最小区位分析法。德国经济学家Losch则认为最佳区位选择不是运费最小点而是利润最大点。美国学者Pred利用行为矩阵分析了行为因素对工业区位的影响，认为合理的区位决策取决于决策者对信息的占有量和决策者本身。德国学者 Christaller 于 1933 年将地理学的空间观点和经济学的静态均衡结合起来，在农业和工业区位论的基础上运用演绎方法提出了城市规模、城市数量和城市空间分布的中心地理论。他指出，中心地体系依照特定原则支配周围地区，即在市场、交通和行政原则支配下分别形成不同的正六边形市场空间体系。德国经济学家 Losch 从企业区位理论出发通过逻辑推理提出了廖什景观。甄峰等（2004）认为虽然中心地理论未能揭示中心地体系的动态演变过程，但深刻揭示了中心地体系发展的区域基础及等级体系的空间关系，为城市与区域规划奠定了坚实的理论基础，以至于中心地理论与农业区位论、工业区位论和 Hotelling 模型合称四大经典区位论。

20 世纪 50 年代，美国学者 Dunn 和联邦德国学者 Otremba 分别提出了空间结构的概念，为把古典区位论发展为空间结构理论做出了突出贡献。Isard（1956）主张从"空间经济学"立场研究区位论，通过引入各种计量经济学方法进行产业区位的综合分析，拓宽了空间结构的理论范畴。Boventer（1979）对空间结构理论进行系统分析和模型推导，试图把古典区位论综合起来，认为区位论要考察的不仅是生产和货物，而且包括居住、就业场所及流动性生产因素的分布，并将区位论和发展理论相结合探讨了社会经济不同阶段空间结构的一般特征。法国经济学家 Perroux 于 20 世纪 50 年代发表的《增长极概念的解释》提出了增长极理论，强调推进型产业的关联效应以及增长极对经济活动的支配效应、乘数效应、极化效应和扩散效应。Boudeville（1966）对增长极赋予空间属性，提出"增长中心"的概念，把增长极和极化空间、城镇联系起来。Myrdal（1957）提出回波效应和扩散效应，Hirschman（1958）提出极化和涓滴效应，Friedmann 和 Miller（1965）提出核心 – 边缘理论，概括了城市与腹地、中心与外围以及发达地区与落后地区间的空间关系，并揭示了区域如何由互不关联、孤立发展状态变成彼此相连但发展极不平衡，最后至相互关联、平衡发展的区域系统，为城市经济空间结构和城市体系研究奠定了理论基础。

国内在区域空间结构的理论提炼方面较为薄弱，早期主要集中于对国外空间结构理论的引进和实证检验，尤其对中心地理论的实证检验和应用研究较多。20 世纪 80 年代中期，国内区域空间结构理论的开创者陆大道院士在深入分析宏观区域发展战略的过程中吸收了据点开发和轴线开发理论的有益思想，提出了"点－轴"渐进式空间扩散理论，或称"点－轴"式空间结构理论，并根据该思想提出将海岸线和长江岸线作为我国的一级发展轴线进而组成国土开发和区域发展的"T"形空间结构。陆玉麒等（1998，2002，2003，2011）在对皖赣沿江地区进行实证分析的基础上提出了双核型空间结构理论，并从形成机理、数学建模和实践应用等方面对双核型空间结构理论进行系统研究，进而又从发生学角度证明了区域空间结构理论由区位论、双核论和海港论三大理论体系组成，从而确立了区域双核型结构模式的理论地位和学术价值。叶大年等（2000，2001）提出了地理学的对称理论，并提出了五条对称原理，根据对称原理对我国城市分布的对称性进行重复检验，并对我国城市化进程中应重点发展的地区和城市做了预测。

二　区域空间结构演变研究

动态性和阶段性是区域空间结构的重要特征，随着社会经济的发展和城市化水平的提升，由地理条件决定的区域空间结构形态将处于不断的演化之中。1915 年英国生态学家 Geddes 在《进化中的城市》中提出了从城市地区、集合城市到世界城市的城市发展演变规律，并对大城市及周边小城镇的布局问题进行了分析；Gottmann（1957）以美国东北海岸大都市带的形成为例将大都市带的形成分为四个阶段，即 19 世纪 70 年代以前的孤立分散阶段、19 世纪 70 年代至 20 世纪 20 年代的区域性城市体系形成阶段、20 世纪 20～50 年代的大都市带雏形阶段和 20 世纪 50 年代后的大都市带成熟阶段，并指出大都市带是未来城市群体发展的方向；Taaffe 等（1963）根据加纳和尼日利亚的资料提出了发展中国家以海港和铁路系统扩展为主导的海港型空间结构演化的六阶段模式；Friedmann 和 Miller（1965）对城市与腹地、中心与外围用核心－边缘结构进行概括，并将区域空间结构演变分为工业化前期阶段、工业化初期阶段、工业化成熟阶段和后工业化阶段四个阶段；Vance（1970）从商业贸易的角度出发对北美大陆的殖民化空间结构进行研究并提出了五阶段演变过程，即探险开发阶段、初期沿海聚落阶段、城镇伸展和区内贸易开发阶段、区内贸易阶段和网络完善阶段；Hoyle 在 Taaffe 模式的基础上通过对东非地区进行详细调查，建立了东非区域空间结构演化的六阶段模型；Yeates（1976）将美国大都市地区的形成时期划分为重商主义城市时期、传统工业城市时期、大城市时期、郊区化成长时期和银河状城市时期；20 世纪 70 年代，日本学者小林博氏通过对东京大都市圈的研究，将都市圈演化分为大都市地区、大城市区和城市化地带三个过程。

国内不少学者也从不同视角对区域空间结构演变的发展阶段进行了理论与实证划分，如陆大道（1986，1987，1995）经过多年研究阐述了"点－轴"式空间结构的四阶段演变过程；陈皓峰、刘志红（1990）指出区域空间演化将经历低级均衡、差异倾斜、平衡倾斜和高级均衡四个阶段；陈田（1992）认为区域城镇空间发展可分为低水平均衡、极核发展、集聚扩散和高水平网络化四个阶段；顾朝林、赵晓斌（1995）将区域空间结构演化分为孤立体系、区域体系、区际体系和大区体系四个阶段；薛东前等（2000）从宏观和综合角度出发，认为我国城市系统形成可分为萌芽与形成、低级均衡和合理不均衡三个阶段，未来将向扩散均衡阶段和有序网络阶段演化；陆玉麒等（2011）将中心地体系的形成与演变划分为萌芽期、成形期、完善期和成熟期四个阶段。而对城市群空间发展阶段进行划分的如姚士谋（1992）把城市群空间结构演化划分为分散发展的单核心城市、城市组团、城市组群扩展和城市群形成四个阶段；张京祥（2000）将城市群体空间扩展划分为独立城镇膨胀、城镇空间定向蔓生、城镇向心与离心扩散发展和城市连绵区的复合式扩展四个阶段；官卫华、姚士谋（2003）将城市群空间发展划分为城市区域、城市群、城市群组和大都市带四个阶段；方创琳等（2005，2012）认为城市群的形成和发育可划分为发育雏形、快速发展、发育成熟、趋于鼎盛和发育鼎盛五个阶段，并指出我国城市群形成和发育始于 20 世纪 80 年代初，经过 30 多年的发展大致经历了 20 世纪 80 年代的发育萌芽、90 年代的快速成长和 21 世纪前 10 年的持续发展三个阶段，但各城市群还处于不同的发育状态；汤放华等（2010）将长株潭城市群空间结构演变划分为低水平离散点状的传统经济时代、低速均衡的计划经济时代和非均衡极化的转型经济时代三个阶段。此外，刘荣增（2003）将城镇密集区划分为初级发展、过渡发展和相对成熟三个阶段；赵永革（1995）将 MIR 归纳为多中心孤立集聚、郊区化扩展和乡村非农化发展、多中心强联系导致 MIR

形成、MIR 扩展、两个或两个以上的大都市带或 MIR 聚合形成 MIR 联合体、国际性巨大 MIR 联合体形成等阶段。

三　区域空间结构演变机制研究

空间结构演变是多因素综合推动的结果。地理与城市规划学多从相互作用、集聚与扩散视角探讨城市与空间结构的演化机制，美国学者 Zipf（1942）首次把万有引力定律引入城市群体的空间机制分析；20 世纪 50 年代美国学者 Ullman（1957）提出空间相互作用理论，用于研究城市系统演化的内外作用机制；瑞典学者 Hagerstrand（1968）基于现代空间扩散理论揭示了城市空间演化机制。经济学则多从微观层面探讨城市体系的形成机理，认为城市体系形成的核心动力在于集聚与扩散的矛盾运动，Henderson（1974）在假定存在马歇尔型集聚、拥挤导致分散、产品和劳动的完全流动等假设的基础上建立了城市体系形成的静态模型。贸易成本学则认为城市的集聚力来自企业规模经济引致的报酬递增，分散力是空间距离导致的商品运输成本的增加。新经济地理学派代表人物 Fujita 和 Krugman（1995）基于系列城市微观模型分析了产业规模经济和运输费用对城镇体系空间结构的影响。此外，Scott（2001）则强调经济全球化对全球城市区域形成的根本动力。而在实证研究方面，Gottmann（1957）通过对美国东北海岸城市密集地区的考察指出，大都市带是在特定地理区位、历史和政治条件的基础上通过人口、财富等各种交易过程的高度集聚，是中心城市扩散、信息技术和白领革命等相互作用的结果；Mcgee（1991）指出城乡融合区形成的根本动力在于中心城市工业的外向扩散和乡村地区非农产业的发展，其中交通运输的发展是关键；富田禾晓（1995）从人口、居住、消费、通勤、第三产业、中心地等级等方面对日本都市圈进行了深入研究。

国内学者也对区域空间结构演变机制进行了深入研究，认为空间结构演变机制可分为内在机制和外在因素。内在机制包括工业化和市场化、自组织、集聚与扩散等。社会生产力的发展是空间结构演化的首要动力，尤其是工业化及产业的升级与创新（朱英明，2000；陈修颖，2003），劳动地域分工与协作和工业生产地域组织是中国典型大都市区形成的基本动力（许学强、周春山，1994；徐永健等，2000）。张京祥（2000）将城市群体空间演化看作自组织、社会经济演化及空间结构组织的复合过程；刘艳军等（2006）认为资源环境的地域组合、科技进步、产业升级是空间结构形成和演变的主要力量；甄峰、顾朝林（2000），薛东前等（2002，2003），马延吉（2010）以及张芳霞等（2011）认为产业集聚扩散和产业演变是城市群空间拓展的直接动力；刘静玉、王发曾（2005）指出随着企业空间布局的优化，城市群内产业集聚与扩散得以实现，从而达到城市群内部的经济整合和重新布局。胡序威（2000）、朱英明（2001）、郑吉春等（2003）、刘艳军等（2006）认为区域空间结构的形成与演变是人口、资源、资金等要素集聚与扩散运动的耦合过程；周丽（1986）则从城市发展轴与城市形态的关系角度出发提出了城市空间结构演变的扩散学说；戴学珍、蒙吉军（2000）也指出增长极和轴线机制是京津地区空间扩展的动力机制。

地理区位及历史背景、交通基础设施建设、经济全球化和FDI、体制和政策等是区域空间结构演化的外部影响因素。自然条件和历史基础是区域空间结构形成演变的本底条件，薛东前、姚士谋（2000）指出历史基础和自然条件是关中城市群城市功能联系发生的重要原因；阎小培等（1997）认为良好的地区条件和有利的国际环境促成了穗港澳都市连绵区的形成。薛东前、姚士谋（2000），甄峰、顾朝林（2000）认为交通基础设施对空间结构成长具有服务引导功能和促进作用；李红卫等（2005）、李晓莉（2008）指出大型基础设施建设和交通网络的完善促使珠三角空间结构由点式向轴式，进而向网络化或全球城市区域方向发展；杨维凤（2010）认为公路对市域、城市群、都市圈或省域范围空间结构具有明显的塑造作用，铁路对空间结构的影响更多地体现在城市群和大经济区范围内，京沪高铁将在宏观、中观和微观多个层面对我国区域空间结构产生不同程度的影响。全球化和信息化也日益成为城市发展的重要动力（徐永健等，2000；甄峰等，2004；庞晶、叶裕民，2012），外商直接投资不仅能直接推动城市经济增长，而且有利于城市产业结构优化和高级化，跨国公司生产网络推进城市经济联系日益密切，对外开放水平越高的地区城市群的发育程度也高（王婧、方创琳，2011）；信息化对城市空间拓展具有协作、替代、衍生和增强效应（姚士谋等，2001）。另外，刘荣增（2003）、徐永健等（2000）和刘艳军等（2006）强调体制机制、政府政策和规划引导在城市空间结构形成过程中的作用；叶玉瑶（2006）认为政府调控力是珠三角城市群形成演化的三大机制（自然生长力、市场驱动力和政府调控力）

之一；许学强、周春山（1994）认为权力下放、户籍政策和行政区划是珠三角大都会区形成的重要机制；戴学珍、蒙吉军（2000）认为政府行为也是京津空间扩展的重要动力。

四　区域空间结构优化研究

空间结构优化是在对区域空间结构现状、局限性及其发展潜力分析的基础上提出区域未来空间发展趋势和总体架构的过程。优化空间结构、提高空间经济效益是加快地区社会经济发展、获得最佳社会经济与生态环境效益的重要途径，关系到现阶段国民经济管理目标的实现（方忠权、丁四保，2008）。西方国家对区域空间规划的研究最早可追溯到 E. Howard 于1989 年提出的著名"田园城市理论"，将实现高密度的城市生活与乡村田园生活有机结合，以解决大城市无限扩张所带来的城市病问题，这一理论在"二战"后被西欧和北美规划者用于卫星城规划实践中；E. Searinen 在《城市：它的发展、衰败和未来》一书中强调城市是有机生命体，城市的发展应该由无序的集中走向有序的分散，并依此"有机疏散"规划理念设计了大赫尔辛基规划方案；20 世纪 20 年代初，Unwin 提出"卫星城理论"并将其作为指导大城市空间结构重组的理论而实施于大城市（伦敦）调整实践中；Stein（1966）提出以区域城市取代大都市，强调城市体系是开放的系统，主张从城市和区域的视角研究与规划城市；刘易斯·芒福德（2005）倡导区域整体论，强调大、中、小城市相结合，通过整体、高速的区域交通体系联系最终形成网络状空间结构体系；日本学者小林博氏提出了大都市圈的广义和狭义结构，并被广泛用于日本国土规划实践中。

国内学者对区域空间结构优化的研究更多地在于对不同空间尺度和不同类型地区空间结构优化模式及举措的探讨。在全国层面上，顾朝林（1991）提出了以城市为中心的九大城市经济区的构想；姚士谋等（2001）提出了培育发展城市群的设想。在省域层面上，陈田（1992）从城镇空间结构类型、城镇空间结构组织的理论与原则、城镇空间组织的内容与方法方面系统阐述了省域城镇空间结构优化组织的理论与方法；甄峰、顾朝林（2000），朱士鹏等（2011），李川（2012），曾光、张小青（2012）分别提出了广东、广西、福建和江西省域空间结构的优化模式与优化举措。在城市群层面上，陈群元（2009）认为城市群空间结构优化应充分考虑其所处的阶段，发育雏形阶段宜采用增长极开发模式，快速发展阶段宜采用"点－轴"开发模式，趋于成熟阶段宜采用"点－轴"群开发模式，发展成熟阶段宜采用网络开发模式。基于"点－轴"式空间结构理论或双核型空间结构理论，钱慧、姚秀立（2007），王发曾等（2007），韩玉刚等（2010），张志斌、陆慧玉（2010）分别提出了关中、中原、江淮城市群和兰州－西宁城镇密集区空间重构与优化的模式与对策。基于网络城市发展理念，何韶瑶、马燕玲（2009），郑伯红、王致远（2011）提出了长株潭城市群网络化空间结构的设想；汤放华等（2010）提出了长株潭城市群空间重构的主要措施，包括构建区域一体化的流动空间体系、扁平网络化的信息空间结构和以生态基础设施为空间分割的组团式空间结构等。

第二节　长三角地区空间结构相关研究

早在 20 世纪 70 年代法国学者 Gottmann 就提出以上海为中心的城市密集区将成为世界第六大都市带。随着与世界经济的融合以及区域分工与合作的加强，长三角地区城市间的经济联系日益密切，长三角地区正逐步形成以上海为核心的大都市连绵区。长三角地区空间结构演变以及区域空间优化与重构等问题也成为国内城市地理和规划学者关注的焦点，涉及长三角地区空间结构特征与发展趋势、空间结构演变动力机制、空间结构优化及空间整合等方面。

一　长三角地区空间结构特征与发展趋势

方创琳等（2005）认为长三角地区是我国城市群体系中发育程度最高的地区；顾朝林、张敏（2001）认为长三角都市连绵区由中心城市、发展轴和五个次级城市群及腹地构成，并形成了五个层次的城市等级体系；张晓明、张成（2006）认为各中心城市形成了以上海为核心的多中心发展格局；尚正永、张小林（2009）认为城市规模结构体系符合位序－规模分布，城市体系空间结构呈均匀分布，城市空间关联和相互作用较强。张颢瀚、孟静（2007）认为在现代社会城市基本沿铁路与高速公路集聚的交通引导下，长三角地区城市空间格局将呈现"轴线＋圈层"的特征，沿海城市发展轴逐渐形成，沿沪宁、沪杭、宁杭高速公路和铁路形成空间"金三

角"，与上海可达性的差异等因素导致出现四个新圈层；陈修颖、于涛方
（2007）认为长三角地区区域空间结构形成了具有等级体系特征的核心－
外围型空间格局。还有学者指出长三角形成了以上海为中心，以南京和杭
州为副中心，以沪宁、沪杭为主轴的"＞"形结构（孙贵艳等，2011），
或反"K"形结构（罗世俊等，2009），或"之"字形空间结构等。随着
交通的发展，将形成以上海、南京、杭州、苏州和宁波等超大、特大城市
为节点的网络结构，长三角地区空间结构的轴线、圈层和网络化特征将日
益明显（张祥建等，2003；张晓明，2006；沈玉芳、刘曙华，2009；罗世
俊等，2009）。

对于长三角地区空间结构发展趋势，李平华、于波（2005）曾指出长
三角地区走廊经济日趋明显，随着杭甬轴线的隆起，浙江板块的迅速发展
使长三角地区经济发展重心向南翼倾斜；杜丽菲等（2008）认为长三角地
区空间结构将经历极核式、"点－轴"式和网络式三种形式，最终形成以
沪宁杭为骨架的高度一体化区域；罗震东、张京祥（2009）认为在多种内
外因素共同作用下将呈现"等级＋网络"的发展趋势。不少学者已对长三
角地区空间结构多中心化、均质化、网络化发展趋势达成共识，周恺
（2010）认为发达的高速公路网不仅能强化上海全球城市的核心地位，而
且能支持并构建一个多中心、层域式、网络状一体化的城镇空间结构；李
娜（2010，2011）认为长三角地区将由单中心、纵向的单向联系向多中
心、网络化发展，空间结构呈现由行政等级结构向扁平化布局、由极化向
泛化、由外延向内涵扩展转变；李晓西、卢一沙（2011）也指出长三角地
区空间范围呈扩张趋势，空间结构经历着由"单核引导"的"点－轴"式
结构向"单核＋多中心"支撑的网络状结构转变。

二 长三角地区空间结构演变动力机制

姚士谋、陈爽（1998）认为长三角地区城市空间结构受工业化和交通
现代化的综合影响，其动力机制主要包括经济发展驱动、外向型经济诱
导、政府行为、开发区布局、商品经济发育和剩余劳动力转移等。宁越敏
等（1998）将长三角都市连绵区形成机制归纳为宏观政策（包括跨区域基
础设施组织、产业政策、权力下放、户籍政策和行政区划等）、投资、市
场和辐射四大机制。顾朝林、张敏（2000，2001）认为权力下放、行政区

划调整、投资主体多元化、市场建设与乡镇企业和个体企业的发展是长三角都市连绵区形成的动力机制。于涛方、李娜（2005）通过空间和事件分析概括了长三角地区一体化进程的阶段和机制，认为长三角地区区域整合分为自上而下的政府推动型、市场主导与地方政府促进型、市场主导与制度驱动型共同作用的三个发展阶段，强调政府和市场对长三角地区空间结构的双重驱动；陶松龄、甄富春（2002），王书国等（2007）也强调政府力和市场力的共同作用是长三角地区空间结构演变的重要机制。张祥建等（2003）从产业空间效应的视角指出产业的关联效应、转移效应和集聚效应是催生现代化城市空间结构演变的动力源。甄峰等（2004）、王书国等（2007）认为，随着经济全球化的深入发展，全球化和信息化成为长三角地区空间结构演变的影响因素；甄峰等（2004）进一步认为，跨国公司及全球资本流动、信息通信网络、人才智力资源将对长三角地区空间结构演变在宏观和微观层面发挥作用，电子信息产业发展在空间上的不均衡、沪宁及沪杭甬沿线新的空间增长极的出现，以及远程通信网络和智力资源的空间差异则进一步加速了长三角地区空间结构的转型，沪宁杭沿线城镇开始向以信息、智能活动为主的智能发展走廊演变，空间联系更加紧密。

三　长三角地区空间结构优化及空间整合

崔功豪（2006）认为长三角地区进入了新的空间重组期，尤其是随着过江跨海通道、高速铁路和城际轨道交通建设进程的加快，长三角地区空间结构将从"Z"形结构演变为由各"成长三角"组成的网络结构。顾朝林等（2006，2007）提出长三角都市连绵区空间结构重构的目标就是要按照发展极、发展轴和全球城市区战略进行空间组织，城市发展轴将逐步从"＞"形发展成"K"形，最终实现"大"字形的战略转变，通过高速公路网及信息网，形成多核心、巨型化、网络型的长三角全球城市区。基于"点－轴"式空间结构理论，金钟范（2007）针对长三角地区单中心和"之"字形空间结构存在的问题提出了"两中心、两环、三轴"的空间结构取向；李娜（2011）指出长三角地区已形成了以上海为中心，以杭州、南京、无锡、苏州和宁波等特大城市为副中心的多中心空间格局，并据此提出了以上海、南京和杭甬三大次级城市群为辐射带动区域的空间整合战略，以加快长三角地区一体化进程。顾朝林等

（2006，2007）提出运用网络城市和走廊城市理论对次级城镇群进行空间重构，建设多中心、网络化的长三角全球城市区，顺应全球城市区的发展潮流发展全球城市、建设巨型城市区、组建网络城市和规划走廊城市；李健等（2006）提出沪苏锡、沪宁杭和长三角三个地域圈以及上海、南京、杭甬三个都市圈全方位、一体化和开放式的长三角圈层空间重构设想，并指出长三角地区应形成以人流、物流和信息流为连接，以网络化、均衡化、多圈层和多中心为特征的空间结构；张敏等（2006）从全球城市区的空间建构和功能组织角度，提出通过提升上海全球城市功能，打造南京、苏州、杭州、宁波的次级全球城市功能，强化城市间的功能联系，构筑区域网络一体化支撑体系，建构"多中心、层域式、网络状一体化"的长三角全球城市区；杜丽菲等（2008）提出了"三区块三中心"的网络化空间结构组织模式；叶磊等（2012）对长三角地区地级以上城市进行了空间重构，建立了由五大城市圈构成的城市群网络体系。

第三节 国内外相关研究进展评述

西方学者对区域或城市空间结构的研究多侧重于理论模式的构建，在空间结构的理论模式、演变过程、演变机理和实践应用等方面取得了丰硕的成果。国内学者对空间结构的研究起步较晚，在理论上还处在对西方理论的借鉴和检验阶段，尚未建立起引导中国区域城市发展的空间结构理论体系，但经过30多年的发展也取得了较大成就，在研究范式上经历了由静态描述向过程分析、由定性辨析向定量测度、由状态分析向机理分析的转变；在内容上从对中心地理论的实证验证，到区域空间结构特征、过程、机理和优化的分析等，但已有关于区域空间结构的研究大多基于中心地等级理论的实证分析。而在全球化和信息化背景下，随着我国城市化进程的加快以及行政区经济向经济区经济的转型和区域一体化的推进，尤其是随着快速交通网络和信息网络建设进程的加快，区域空间组织模式正从中心地等级体系向网络化模式转变，网络交互作用在区域空间组织过程中的作用越来越重要，地区间的分工与专业化的深化将深入推进城市间横向联系的增强，区域空间组织将趋向更加高级的网络化发展形态，空间结构也将逐渐进入网络化、扁平化的高级阶段，中心性已无法全面反映网络化空间结构中城市的地位和作用，结节性和网络性将成为区域城市空间结构的重要特征，城市体系更多地呈现多层次的网络化特征，中心城市也将成为促进要素高效流动的空间枢纽和网络节点。由此，中心地理论和城市经济区理论已不足以满足未来区域空间结构优化重组的需求，虽有学者对城市网络化空间组织形态及发展趋势做了一定的探讨，但主要从企业生产网络的微观视角进行切入，而从区域尺度定量探讨城市网络化空间结构形态及演变特征的研究还不多，研究的深度和广度都有待进一步深化，有必要结合新的方法对城市的结节性和空间结构的网络化特征进行探讨，并在此基础上讨论城市网络化空间结构优化和重构的理论基础、组织模式、支撑机制等相关问题，以指导未来中国特色城镇化进程和城市经济发展。

第三章 相关理论基础与分析方法

第一节 区域空间结构理论与方法

自 20 世纪 50 年代以来，在 Otremba（1953）、Dunn（1956）、Isard（1956）和 Boventer（1979）等的努力下将区位论发展为空间结构理论。由于地理学中所指的空间结构都处于特定的区域背景下，所以地理学中的空间结构是"区域（城市）空间结构"的简称，具有三维性、区域性、整体性、系统性和动态性等属性（陆大道，1995）。关于空间结构的内涵目前尚未有一致见解：陈才（1991）认为经济（产业）空间结构也称经济（产业）地域结构，是人类经济活动的地域（空间）组合关系，或是经济地域的主要物质内容在地域空间上的相互关系和组合形式；王铮（1993）认为区域空间结构通常是指以资源、人群活动场所为载荷，以产业区位为中心问题的空间分异与组织关系；陆大道（1995）认为空间结构是社会经济客体在空间中的相互作用和相互关系以及反映这种关系的客体和现象的空间集聚规模与集聚形态；陆玉麒（1998）认为区域空间结构是区域中各系统、各要素间的空间组织关系，包括要素在空间中的相互位置、相互关联、相互作用、集聚程度、集聚规模以及地区的相对平衡关系等；李小建（1999）认为区域空间结构是指各种经济活动在区域内的空间分布状态及组合形式。空间结构是综合的区位论，它不但描述自然、社会、经济要素的空间分布及组合形态，而且阐释空间实体间的等级特征、组合关系和相互作用，空间结构体现了经济活动的空间属性和相互关系，是社会经济活动的空间投影和区域发展的指示器，合理的空间结构也是区域发展的助推器和调节器（Friedmann，1965）。

简言之，空间结构是空间要素的关系组合，考察区域空间结构的关系组合及演变规律，首先要认识和辨析空间结构的组成要素。从几何学或拓扑学角度看，空间要素可抽象为具有某种意义的点、线、面和向量的集合；从经济学角度看，空间要素表现为一定区域范围内具有集聚扩散力的中心节点、受中心节点吸引和辐射影响的腹地以及由线状基础设施所构成的网络，是各种社会经济活动联系的通道和依托；从景观生态学的角度看，空间结构可描述为基质、板块和廊道的组合。空间结构的组成要素除包括物质的、静态的构成要素外，还包括非物质的、动态的组成部分，Haggett 等（1977）提出地理学中的空间结构形式由运动模式、运动路径（网络）、节点分布、节点等级、地面和扩散六种要素构成；陈修颖（2005）指出节点、通道、流、网络和等级体系是区域空间结构的五大组成要素。在空间要素中节点（城镇、乡村居民点、交通枢纽点）、线（铁路、公路、管道、通信等基础设施）、面（人口分布、土地利用、腹地范围）、要素流（人流、物流、资金流、信息流和技术流）和等级 – 规模体系是最基本的要素（陆玉麒，1998），通过对点、线、面的矩阵组合可形成不同的空间子系统和空间组合类型（曾菊新，1996）。

一 空间结构相关理论

（一）增长极理论

增长极（Growth Pole）理论由法国经济学家 Perroux 于 1955 年提出，他认为经济增长并非同时出现在所有的地方，而是以不同的强度出现在一些增长点上，然后通过不同的渠道向外扩散，并对整个经济体系产生不同程度的影响；增长极是一种推进型的团体，这种经济团体具有规模大、增长快、创新能力强并与其他工业行业部门的投入 – 产出联系广泛而密切。Perroux 强调的增长极概念是推进型产业部门，而忽视了增长极的空间内涵。法国地理学家 Boudeville 于 1957 年把增长极概念从抽象的经济内涵推广到区域范畴，把增长极同极化空间和城镇联系起来，提出了"增长中心"的概念，由此确立了增长极的空间内涵。作为地理空间内涵的增长极是指具有集聚扩散效应的中心城市，增长极通过支配效应、乘数效应、极化效应和扩散效应对外围地区产生相互作用和影响。其中，支配效应是指经济元素之间存在不均等的相互影响，一些经济元素对另一些经济元素施加不可逆的或部分不可逆的影响称为支配效应；乘数效应是指推动型产业通过前向、后向和旁侧联系产生扩散效应而带动其他相关产业的发展，推动型产业单位投入的增加能带来数倍的经济增长；极化效应是区域经济增长极通过大规模地吸纳周边地区生产要素和经济活动的各种生产主体，进而加快自身经济能级积累和提升的过程；扩散效应是各种生产要素和生产主体由增长极逐步向外围地区渐进扩散并由此推动周边腹地经济发展的过程，增长极的扩散过程也是更加均衡合理的发展秩序的建构过程。作为区域经济运行的两大机制，极化效应和扩散效应是区域空间的组织过程，在区域发展的不同阶段其发挥的作用强度不同，在区域发展的初级阶段以极化效应为主导，当经济发展到一定程度后，扩散效应增强并逐步占据主导地位，进而推动区域经济从非均衡状态向均衡状态发展演进。增长极理论对指导区域开发与规划具有重要的理论参考价值。

（二）核心-边缘理论

美国区域发展与规划学家 Friedmann 结合 Rostow 的经济发展阶段理论于 1966 年在其代表作《区域发展政策》中提出了核心-边缘理论，后又对其做了进一步的发展。该理论试图阐释区域由互不关联的孤立发展状态演变为彼此联系的不均衡状态，进而从不均衡发展状态演变为相互关联的均衡发展状态的过程。区域经济增长必然伴随空间结构的改变，Friedmann 以动态的方式描述了区域经济增长过程中增长中心的空间演变过程，并将其划分为四个阶段（见图 3-1）。

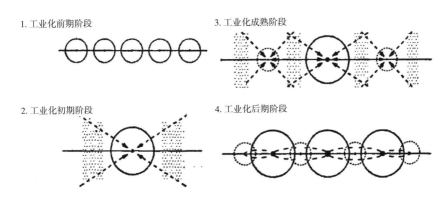

1. 工业化前期阶段　　　3. 工业化成熟阶段

2. 工业化初期阶段　　　4. 工业化后期阶段

图 3-1　核心-边缘结构演变模式

资料来源：崔功豪、魏清泉、陈宗兴：《区域分析与规划》，高等教育出版社，1999。

工业化前期阶段。在工业化前期阶段，区域经济以农业为主，生产力水平极其低下；在一定的区域范围内分散着若干小城镇，城镇之间的联系不紧密，彼此孤立发展，城镇等级体系不健全；商品经济极不活跃，地方基本自给自足，形成小区域范围内经济活动的封闭式循环。

工业化初期阶段。工业化过程通常在少数具有区位优势的经济中心展开而进入极化累积循环过程；先行工业化地区不断吸引周边地区内的资源、劳动力并供给商品和服务而成为物资集散交换中心，发挥经济、政治方面的组织职能而成为区域的核心，周边地区成为其支配的边缘；核心和边缘区经济增长速度的差异造成核心与边缘区的不均衡进一步扩大。

工业化成熟阶段。进入工业化成熟阶段后，核心区域经济快速发展，核心区对边缘区的支配和控制作用突出；由于核心区的效益驱动以及核心与边缘区之间的矛盾加剧，在经济活动继续向核心区集聚的同时，边缘区内部相对优越的地方出现规模较小的次级核心区域，并将原来的边缘区分开，次级核心区的形成使大范围的边缘区域缩小，多核心结构逐步显现。

工业化后期阶段。进入工业化后期阶段，核心区的扩散作用加强，同等级核心之间和不同等级核心之间的联系网络已经形成；区域空间各组成部分融合为一个有机的整体，区域空间系统处于均衡的稳定状态；次级核心的外围产生更低一级的新的核心，进入新的核心－边缘结构的循环演变过程。

核心－边缘理论对于经济发展和区域空间结构演变具有较高的解释价值，该理论提出后便被城市与区域规划以及经济地理学者运用到区域发展实践中，用以处理城镇与农村、发达地区与落后地区之间的关系问题；城镇是区域的中心，城镇通过交通、信息、商品和金融等网络系统与周围地区紧密联系在一起，形成自己的腹地；核心区域往往是创新活动的集中地，是新技术和新工业的发源地，核心区通过向落后的边远地区转移传统产业和投资来带动落后边缘地区的经济发展。

（三）"点－轴"式空间结构理论

我国著名经济地理学家陆大道在吸取萨伦巴的据点和轴线开发理论有益思想的基础上，于1984年在乌鲁木齐召开的全国经济地理和国土规划学术讨论会上提出了"点－轴"渐进式扩散理论，并在此理论基础上建构了我国国土开发的"T"形空间开发战略（陆大道，1986，1987）。其后又系统阐述了"点－轴"式空间结构的形成过程、发展轴的结构与类型、"点－

轴”渐进扩散等科学论题。"点－轴"式空间结构理论中的"点"是各级中心地，也是带动各级区域发展的中心城镇。"轴"既指各类交通线、动力供应线及水源供应线等，又可理解为通过各类基础设施连接若干不同级别的中心城镇而形成的相对密集的人口和产业带。在"点－轴"系统中点和线是内生变量，是形成空间结构模式不可或缺的两大要素，点与线的有机结合，尤其是对线的关注构成"点－轴"系统理论的基本特色（陆玉麒，2002）。

通过对现实社会经济空间组织模式形成过程的分析，可将"点－轴"式空间结构系统的形成划分为四个主要阶段。①"点－轴"形成前的均衡阶段，建立在农业社会之上，社会经济客体虽然呈"有序"分布状态，却是无组织的（见图 3－2a）。②由于矿产资源的开发或商品经济的发展，起初在 A、B 两点出现了工矿居民点或城镇，并逐步在 A、B 两点之间建立了交通线以满足社会经济往来的需要，"点－轴"开始形成，社会经济客体也开始向节点和轴线地区集聚（见图 3－2b）。③"点－轴"系统框架基本形成，社会经济演变迅速，由于集聚机制的作用，资源和生产要素继续向 A、B 两点集中，成立了一些大型企业，单独的交通线变成由各种交通、能源供应和通信设施等组成的线状基础设施束，沿线建立了若干经济设施，同时也开始出现新的集聚过程，交通线逐步延伸（见图 3－2c）。④由于集聚扩散机制的进一步发挥，A—H—B—C 沿线成为发展基础好、经济效益高、人口和经济集中的主导轴线；A、B 两个节点成为更大的集聚中心，而同时 C、D、E、F、G、M、N 也形成新的集聚中心，人口和经济体大规模地向沿线集中而逐步成为一个大的产业密集带；分别通过 A、B、H 三点产生另一个方向的二级发展轴线，分别通过 D、I、F 又形成三级发展轴线（见图 3－2d）。"点－轴"系统形成，区域进入全面而有组织的发展状态。

"点－轴"式空间结构系统反映了社会经济空间组织的客观规律，揭示了空间结构的演变过程，也是最有效的国土开发和区域发展空间战略，在全国、省域及地市等各级区域层面的国土规划中得到了广泛应用。"点－轴"开发模式不仅有利于发挥集聚经济效益和各级中心城镇的作用，而且有利于把经济活动结合为有机整体进而促进区域开放式发展。随着经济的增长，区域开发的注意力越来越放在较低级的发展轴和发展中心上，轴线向不发达地区延伸，将以往不作为发展中心的点确定为较低级别的发展中心，并将其规定为新的中心。如此，不同级别的增长中心和发展轴线

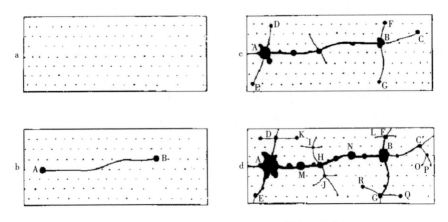

图 3 - 2　"点 - 轴"式空间结构系统的形成过程

资料来源：陆大道：《区域发展及其空间结构》，科学出版社，1995。

组成了社会经济的空间网络，是不同级别的中心城市网络在地表的重复覆盖（陆大道，1995）。区域网络是"点 - 轴"系统的进一步发展，是"点 - 轴"系统发展到高级阶段的表现，二者在本质上没有区别，只是不同空间发展阶段的表现形式。由此，网络开发模式也被相继提出，网络开发模式是在区域经济发展到较高程度下的空间结构，在工业化中后期阶段"点 - 轴"系统开发导致过分集聚的情况下，区域经济需要实施较为均衡的发展，随着交通通信和网络技术的发展，区域经济趋向于分散化而形成网络结构（周叔莲、魏后凯，2001）。

（四）双核结构理论

双核结构是双核型空间结构的简称，由陆玉麒（1998）在对皖赣沿江地区进行实证分析的基础上提炼的一种空间结构模式，其后陆续完成了对双核型空间结构模式形成机理、数理模拟和实践应用的研究，并从发生学的角度指出区位论、双核论和海港论共同构成了区域空间结构的基本理论体系，由此确立了双核结构在空间结构理论体系中的地位（陆玉麒，1998，2002，2003，2011）。双核型空间结构是指在某一区域或流域中，由区域中心城市和港口城市及其连线组成的一种空间结构现象（见图 3 - 3）。这种现象不仅存在于中国沿江及沿海地区，如合肥—芜湖、南昌—九江、北京—天津和杭州—宁波等，而且广泛存在于世界其他国家和地区，如杜伊斯堡—鹿特丹、巴西利亚—里约热内卢等。

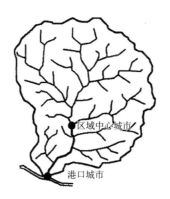

图 3 - 3　双核型空间结构的理论模式

资料来源：陆玉麒：《区域发展中的空间结构研究》，
南京师范大学出版社，1998。

　　双核结构的一方是政治、经济和文化"三位一体"的区域中心城市，主要是省会城市或区域中心城市；另一方则是重要的港口城市，发挥着区域门户港城的功能。区域中心城市往往是集地区的政治、经济、文化、信息和交通等多种功能于一体的综合性中心城市，在功能上与港口城市形成极强的互补性；港口一般位于临河或临海的边缘地带，具有临水的特殊区位优势和优越的对外经济联系便捷性，并与区域中心城市构成功能上的互补关系。区位和功能上的互补使这两类城市的空间组合成为主导地区经济发展最具影响力的轴线，双核结构的最大优势在于实现了区域中心城市的趋中性和港口城市边缘性的有机结合，成为区域发展中比较高效的一种空间结构组织形式。

　　根据区域中心城市和港口城市的空间形成机制，双核型空间结构可分为内源型和外生型两种类型。内源型双核结构的形成是区域自身极化发展的结果，其空间开发导向是山区→平原→临水（河→江→海）的过程，即由内陆向海洋，这一过程决定了区域中心城市的地位和作用，对外交往和联系的发展促使江海港口城市的产生和发展，区域中心城市和港口城市共同发展奠定了双核结构形成的基础，这一现象在我国较为典型。而外生型双核结构多是在殖民扩张外在力量的推动下形成的，其形成是由海岸向内陆地区扩张和开拓的过程。内源型双核结构中区域中心城市与港口城市的规模大致相当，能级相同；而在外生型双核结构中，港口城市的规模明显大于区域中心城市的规模。

二 空间结构分析方法

（一）极点分析法

极点分析法是对区域空间结构中点要素空间特征的描述、测度与解释的方法，通过对区域内中心节点的规模、相互作用和联系方式进行调查，进而对空间节点的属性进行描述与比较，具体包括城市规模等级、城市综合实力、城市集聚与扩散等方面，或对节点的空间分布特征进行分析等（见图3-4a）。常用的极点分析有城市等级-规模分析、城市综合实力分析、城市中心性分析、城市流测算与等级划分等；关于节点空间分布的分析有离散度分析、居中性分析、核密度分析等。

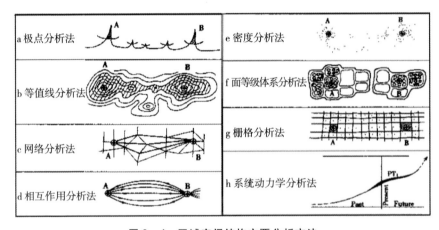

图3-4 区域空间结构主要分析方法

资料来源：顾朝林、甄峰、张京祥：《集聚与扩散——城市空间结构新论》，东南大学出版社，2000。

（二）等值线分析法

等值线分析法是根据城市经济发展水平或城市集聚与扩散强度划出某属性的等强度线，根据等值线找出城市间的"脊线"，进而提炼城市空间结构模式或空间形态的方法（见图3-4b）。常用的等值线分析有经济发展水平等值线分析、区域交通可达性等值线分析、场强等值线分析、城市综合竞争力等值线分析、区域城镇密度等值线分析等。

（三）网络分析法

网络分析法主要依据城市间交通、通信、供水、供电等联系勾画出城市间的网络线，按其重要程度划分节点和连线，进而分析城市间网络的集聚与扩散活动（见图 3 - 4c）。网络分析的主要方法有：通过 GIS 技术构建网络数据集，结合网络分析模块对区域交通网络可达性进行定量评价；对城市经济联系空间结构进行探讨；采用复杂网络理论的统计指标对公交网络、轨道交通网络、城市街道网络和国家航空网络的空间结构进行探讨。

（四）相互作用分析法

相互作用分析法主要将城市看作集聚与扩散的节点，交通流、信息流等被看作城市的向外辐射力，依据经验分析法或理论模型法对城市间的相互作用强度和空间格局进行分析（见图 3 - 4d）。经验分析法根据要素流的调查统计数据对社会经济要素流的空间特征或区域空间结构进行分析；理论模型法主要通过改进的引力模型、潜力模型、场强模型和断裂点模型对区域城市经济联系及区域空间结构特征进行探讨或对城市经济影响区、城市腹地范围进行划分等。

（五）密度分析法

密度分析法是用某些能够表征城市集聚与扩散要素（包括人口、劳动力、资本、道路交通等）单位面积值大小的指标来表示与中心城市疏密关系的一种方法，以进行集聚与扩散地研究或区域空间结构特征分析（见图 3 - 4e）。常用的密度指标有区域人口密度、区域经济密度、交通网络密度以及城镇密度等。

（六）面等级体系分析法

面等级体系分析法主要围绕中心城市进行城市功能区的划分，再根据各功能区的等级体系关系分析其在城市中的集聚与扩散态势，功能区可进一步划分为数个等级，等级之间存在嵌套和包含关系（见图 3 - 4f）。该方法主要用于城市影响范围或城市层域等级体系划分等领域，具体方法主要有图论分析法、重力模型法、改进场强模型法、经济联系法、Voronoi 图法等。

（七）栅格分析法

栅格分析法是指围绕中心城市对其周围地区进行栅格网的划分，再对各栅格网的属性和含义进行定义，然后确定各栅格与中心城市的关系，进行相关的集聚与扩散分析（见图 3 - 4g）。具体应用有基于栅格法的交通可达性分析、基于栅格法的旅游景点可达性分析、基于栅格成本法的城市影响范围或腹地划分、基于栅格法的旅游区划分等。

(八) 系统动力学分析法

系统动力学分析法将城市的集聚与扩散看作一个复杂系统，分析系统的初始状态，激发因子和机制，构建系统动力学模型进行发展趋势的预测等（见图 3 – 4h）。GIS 和遥感技术的发展为元胞自动机模型（CA）提供了重要信息源，使 CA 技术在城市地域扩展的空间结构演变模拟中得到积极的利用。

从上述各种方法的分析对象和应用范围的对比中可以发现，以上方法是建立在等级规模法则和中心地理论基础上的对节点、线路或面域等单要素的属性或空间特征的分析，而对点 – 线、点 – 面等的组合要素分析较少，尽管空间相互作用分析是一种对空间节点 – 线路要素组合结构的分析，但从已有研究看，基于空间相互作用理论的空间经济联系研究也仅涉及联系强度或空间格局特征等方面，对节点在空间相互作用关系网络中的权利、关系或地位等方面的特征尚不能进行深度的刻画。事实上，随着城市学研究由城市体系向城市网络的转型，城市节点在网络交互体系中的权利、关系或地位还需要做进一步认知，而空间相互作用理论与复杂网络理论和方法的结合或许能解决这一问题。

第二节　空间相互作用理论与方法

一　空间相互作用理论

区域与区域间、城市与区域间总是存在相互作用、相互促进和相互制约的关系，这种相互关系通过人员、物质、信息、资金和技术的交流而发生，Ullman（1957）称其为空间相互作用。Haggett（1965）借用物理学热传递的概念把空间相互作用分为对流、辐射和传导三种类型，对流以人口和物质的移动为特征，如原材料、产品在生产和消费地间的运输，邮件包裹的输送，劳动力的流动等；传导是指区域间各种交易不是通过具体的物质流动实现的，而是通过电子记录程序实现的，如财政交易等；辐射是指信息、新思想、新观念和新技术的流动与扩散。相互作用流的集聚与扩散使区域间互通有无，拓展发展空间，获得发展机会，空间相互作用对区域经济关系的建立和发展具有巨大的影响，是空间结构研究的重要方面。要素流动是因为区域间存在异质性，包括数量与质量、区位与时序、局部与总体、硬件与软件及配置与运营等方面。一般情况下，不同区域间存在的经济梯度，以及不同区域主体间的相关利益格局是要素流动的自然物质和社会动力基础。Ullman 系统阐述了空间相互作用发生的三大基本条件，即互补性、可转移性和干扰机会。

（一）互补性

互补性是相关区域间存在的对商品、资金、技术、人员和信息等的供需关系。互补性的概念由瑞典经济学家 Oklin 提出，他认为当某一地区有剩余的某些生产要素为另一地区所需要时，两地间就产生了互补性。Ullman 侧重从贸易方面考虑互补性，指出区域经济的相互作用在很大程度上是为了满足区域间的供需关系。互补性存在的前提是地区间在自然或社会人文资源等方面的差异性，区域空间相互作用的大小与区域间互补性的强弱成正比关系。

（二）可转移性

区域间能否发生空间相互作用还取决于空间的可达性，尽管交通运输已较为发达，但距离仍是物质要素和人口流动的重要制约因素。运费是距离的函数，运输费用越小，空间相互作用发生的可能性就越大，如果转移所获的利益不足以弥补转移的费用，则空间相互作用就很少发生。另外，区域间是否存在社会文化障碍，包括地方保护主义、区际壁垒、文化隔离和社会冲突等，也是阻碍区域间相互作用发生的重要方面。

（三）干扰机会

干扰机会由 Stouffer 提出，干扰机会是改变原有空间相互作用的因素，就两区域而言，只要具备互补性和可达性就产生了空间相互作用。然而，区域的互补性可能是多向的，一个区域在某方面可能和多个区域都存在互补性，但究竟与哪个区域发生空间相互作用还取决于区域间互补性的强弱。两区域间真正发生空间相互作用，要么两区域间的互补性是不可替代的，要么就是互补性很强而不至于受到其他区域的干扰。

二　空间相互作用测度

区域空间相互作用的测度有两种途径：一种是直接运用统计分析法来

测定区域间人员、商品、资金、技术和信息等方面传输的实际量；另一种是运用空间相互作用模型来测度区域间空间相互作用力的大小。导源于物理学引力定律的模型法被西方学界认为是地理学中最重要的研究成果之一，学者们延伸出不少应用广泛的定量测度模型。

（一）空间相互作用引力模型

英国学者 Ravenstein 于 1880 年最早把牛顿模型运用到人口迁移的引力分析中，提出了空间相互作用的引力模型：

$$T_{ij} = K \frac{P_i P_j}{d_{ij}^b} \qquad (3-1)$$

式 3-1 中，T_{ij} 为从 i 地区迁移到 j 地区的人口；K 为系数；P_i 为出发地 i 的人口；P_j 为目的地 j 的人口；d_{ij} 为 i 和 j 地区间的距离；b 为距离摩擦系数。该模型强调了两地区间人口的迁移量与两地区人口规模成正比，与两地区间距离的 b 次方成反比。

在地区间关系流的调查统计数据无法详细获取的情况下，引力模型在揭示地区间人流、物流、信息流的流动方面具有一定的现实应用性，但社会经济现象与物理引力相比要复杂得多，有必要根据复杂的社会经济状况，对空间相互作用的引力模型进行某些方面的修正。Haynes 和 Fotheringham（1984）认为引力模型需要从距离因子、规模因子和介质常数三个方面进行重大修正，其中距离可用直线距离、交通里程、时间距离或经济距离表示，距离指数随运输方式、道路级别、货物种类等的不同其数值大小也有变动，区域的发生力也不能单用人口规模因子来表示。据此，空间相互作用引力模型的通用表达式为：

$$T_{ij} = K \frac{(W_i P_i)^\alpha (W_j P_j)^\beta}{f(d_{ij})} \qquad (3-2)$$

式 3-2 中，T_{ij} 为 i 地区与 j 地区间的相互作用力；K 为系数；P_i 为 i 地区社会经济活动的需求水平或规模（通常用人口或城镇规模表示）；P_j 为 j 地区社会经济活动的供给机会或能力（通常用就业岗位、商业设施规模表示）；W_i、W_j 为权重，受人口性别、职业类型、收入水平和受教育程度等多方面因素的影响；$f(d_{ij})$ 为 i 地区与 j 地区间的距离或时间的交通函数；α、β 为常数。

（二）零售引力和断裂点模型

1929 年美国学者 Reilly 在对得克萨斯州 225 个城市的贸易市场进行考察时发现，一个城市从其外围某城镇吸引到的零售顾客数量与该城市的人口规模成正比例关系，与两城市间的距离成反比例关系。据此提出了"零售引力法则"，用以划分两个城市间的最佳零售市场区，其模型表达式为：

$$\frac{T_{ik}}{T_{jk}} = \frac{P_i}{P_j}\left(\frac{d_j}{d_i}\right)^2 \tag{3-3}$$

式 3-3 中，T_{ik} 和 T_{jk} 为从中间城市 k 吸引到 i 和 j 两城市的购物额；P_i 和 P_j 为 i 和 j 两城市的人口规模；d_i 和 d_j 为中间城市 k 到城市 i 和 j 的距离。该模型反映了城市商业零售规模与两城市的人口规模成正比，与距离的平方成反比。

Reilly 的零售引力法则为 Coverse 的断裂点理论提供了基础，1949 年 Coverse 提出断裂点的概念并指出断裂点是两城市相互作用强度的均衡点，即 i 和 j 两城市连线上零售额所占比重相等的地方，令零售引力模型等于 1，则可得断裂点公式为：

$$d_j = \frac{d_{ij}}{1 + \sqrt{P_i/P_j}} \tag{3-4}$$

式 3-4 中，d_j 为断裂点到 j 城市的距离；d_{ij} 为两城市间的距离；P_i 和 P_j 为 i 和 j 两城市的人口规模。如果求出中心城市与周边邻近同级城市间的断裂点，并用平滑曲线把这些平衡点连接起来，即可得到这个中心城市的市场区范围或城市吸引范围。断裂点理论是城市经济腹地和城市经济影响区划分的重要方法。

（三）潜力与场强模型

空间相互作用除涉及两城市间的相互作用影响外，还涉及空间中所有节点对某一点相互作用影响的程度问题。如果采用两点间的引力模型分别求出某点与其他任意点的相互作用量，通过求和即可得到该点与其他点的相互作用总量，也就是该点受到的潜力大小。Stewart 于 20 世纪 40~50 年代提出的潜力模型的计算公式为：

$$I_i = \sum_{j=1}^{n} \frac{P_i P_j}{d_{ij}^b} + \frac{P_i P_i}{d_{ii}^b} \tag{3-5}$$

式 3 - 5 中，I_i 为 i 城市以外的所有节点 j 施加到城市 i 的潜能之和；d_{ij} 为 i 和 j 两城市间的距离；P_i 和 P_j 为 i 和 j 两城市的人口规模；d_{ii} 或用 i 城市与最近城市间距离的 1/2 表示，或用 i 城市面积的平均半径表示。

如果上式两端同时除以 P_i，并同时考虑到城市 i 自身的潜能，则潜力模型可修正为场强模型：

$$E_i = \sum_{j=1}^{n} \frac{P_j}{d_{ij}^b} + \frac{P_i}{d_{ij}^b} \qquad (3 - 6)$$

如果将城市经济活动的扩散影响范围看作经济作用力场，扩散影响力的大小视为场强，则式 3 - 6 中，E_i 表示城市 i 所受到的其他所有城市扩散场强的大小。城市规模越大，经济越发达，其对外辐射扩散的场强就越大，据此也可以划分城市经济影响范围的大小。

由以上各种空间相互作用的测度方法可以看出，引力模型是测度空间相互作用和区域经济联系的基本模型，无论是零售引力和断裂点模型，还是潜力与场强模型，都是在引力模型基础上的修正、完善和发展，只是在表达形式或变量定义上有所不同，这些模型已被国内外学者广泛地应用于城市经济联系、交通可达性和区域空间结构的实证研究中。由于区域空间相互作用与物理学引力相比要复杂得多，在引力模型的应用过程中，区域社会经济规模、地区间距离、摩擦系数等参数的取值还存在不少缺陷，针对此问题，国内外学者在应用过程中也对模型进行了不同程度的修正。尽管如此，在缺乏地区间社会经济要素流动具体统计数据的情况下，引力模型及相关衍生模型仍然是城市空间经济联系、区域空间结构及演变研究的有力工具。

第三节　复杂网络理论与分析方法

一　复杂网络基本理论

复杂网络是具有自相似、自组织、吸引子、小世界和无标度等性质中的部分性质或全部性质的网络，所有的复杂网络都可抽象为节点与连接边的集合。现实中具有复杂网络结构特征的系统越来越多，如计算机网络、人际关系网络、企业生产网络、生物食物链网络、科学家合作网络、科研论文引用网络等。复杂网络的复杂性主要表现在网络结构的复杂性、网络的进化性、节点连接的多样性、网络动力学的复杂性、节点的多样性和以上多种复杂性的融合特征等方面。复杂网络的研究内容包括网络的拓扑性质、网络的形成机制、网络的演化规律、网络的模型性质、网络的结构稳定性以及网络的演化动力学机制等。根据不同的分类标准，现实中的复杂网络系统可分为不同的类型体系。

　　根据网络的拓扑结构特征可将复杂网络分为规则网络、随机网络、小世界网络和无标度网络（见图 3 - 5）。规则网络是常见的具有规则拓扑结构的网络，如完全连接图等，其显著特征是各节点的连接边都相同；随机网络是由一些节点通过随机布置的连接而形成的复杂网络；小世界网络是具有大的聚类系数和小的平均最短距离的特殊复杂网络；无标度网络是节点之间的连接分布遵循幂次定律的网络。

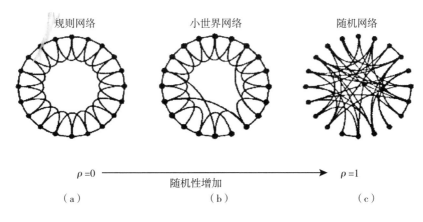

图 3 - 5　从规则网络到随机网络的演变模型

　　根据网络节点间的作用强度或者连接边上的信息量大小可将复杂网络分为无权网络和有权网络。无权网络虽然能够反映节点之间的连接方式和相互作用的信息，但不能刻画节点间相互作用强度的差异状况；有权网络不仅能反映网络的拓扑结构特征，而且能反映真实网络的系统动力学特征。

　　根据网络节点度的分布特征可将复杂网络分为指数网络和无标度网络。指数网络节点度大致相同，绝大部分节点度都位于平均度附近，度分布随度数的增加呈指数衰减，网络中不存在度特别大的节点；无标度网络节点度服从幂律分布，大部分节点只跟少数几个节点连接，少数度特别大的节点成为中心节点，对网络结构起主导和支配作用。

按照网络中节点和连接边有无特定的空间位置可将复杂网络分为空间网络和非空间网络。非空间网络中节点和连接边没有特定的位置，研究中只描述拓扑特征；空间网络节点和连接边具有特定的位置，不仅要探讨其拓扑特征，而且要分析其空间特性，并为其优化改善提供对策，如公路、铁路网络等交通设施网络就是典型的空间网络。

根据节点之间连接的相互作用有无方向性可将复杂网络分为有向网络和无向网络。其中有向网络节点的度分布可分为出度和入度，出度是指该节点指向其他节点的边的数目，而入度则是指其他节点指向该节点的边的数目。

二 复杂网络特征统计量

网络是节点与节点的关系集合，网络一般被抽象为一个由点集 V 和边集 E 构成的连通图，即 $G = (V, E)$。其中，$V = \{v_i: i = 1, 2, \cdots, n\}$，$n$ 为网络节点数；$E = \{e_i: i = 1, 2, \cdots, m\}$ 或 $E = \{e_{ij}: v_i, v_j\}$，m 为网络边数。对于复杂网络的研究，大多研究基于拓扑网络，因此定义直接相连的两节点 $e_{ij} = 1$，反之为 0，且一般定义 $e_{ii} = 0$。节点的中心度、平均路径长度、紧密度、中介中心性和集聚系数等是描述复杂网络结构特征的主要统计特征参量。

（一）节点中心度

节点中心度是测量网络中节点结构位置，表示一个行为者的控制范围、非正式权利、影响力和社会声望大小的指标，是描述网络特征的基本统计特征量。网络中占据中心位置的行为主体能直接接近关键资源，得到较大的社会支持。节点 i 的度是指节点 i 的连接边的数目，反映了节点对外联系的程度，记为 k_i，$\{k_i = k, i = 1, 2, \cdots, l\}$ 表示度为 k 的节点集合，n_k 为集合中节点的个数，N 为网络中节点的数目。节点 i 的度可表示为：

$$k_i = d(x) \tag{3-7}$$

式 3-7 中，k_i 表示节点 i 的度，度越大表示节点在网络中越重要；

d (x) 表示与节点 i 相连的边的数目。所有节点度的平均值称为网络的平均度 $<k>$。

网络中节点度的分布情况用概率分布函数 p (k) 表示，反映节点度值的统计特征性质，为避免网络规模较小引起的误差，常用 P (k) 表示 p (k) 的度分布累积分布函数，其表达式为：

$$P(k) = \sum_{k'=k}^{\infty} p(k) \qquad (3-8)$$

式 3-8 中，当 P (k) 或 p (k) 为幂函数时称其为具有"无标度"性质。度描述网络节点结构特性的基本参数，度分布则反映了网络系统的宏观统计特征。研究表明，完全随机网络的 p (k) 具有近似的泊松分布，不少研究将现实网络的拓扑结构归结为具有幂律分布特征 p (k) $\propto k^{-\lambda}$ （$2 \leqslant \lambda \leqslant 3$）的无标度网络。

（二）节点平均路径长度

节点平均路径长度也称为特征路径长度，反映网络的通达效率。两节点间的距离 d_{ij} 为连接这两个节点的最短路径的边数，则节点 i 的平均路径长度可表示为：

$$L_i = \frac{1}{(N-1)} \sum_{i \neq j} d_{ij} \qquad (3-9)$$

式 3-9 中，N 为节点数；d_{ij} 定义为网络中两个节点 i 和 j 之间的距离，即连接两个节点的最短路径的边数。平均路径长度未考虑节点间的实际距离，所以平均路径长度也称为特征路径长度，值越小表示网络中任意节点间的拓扑距离越小，节点可达性较好，平均路径长度可作为节点拓扑可达性的衡量指标。网络的平均路径长度 L 定义为任意两个节点之间距离的平均值，其表达式为：

$$L = \frac{1}{N(N-1)} \sum_{i \neq j} d_{ij} \qquad (3-10)$$

（三）节点紧密度指标

节点紧密度指标用来反映网络通达的难易程度，节点 i 的紧密度为该节点到达其他节点的距离之和的倒数，其表达式为：

$$C_i = \frac{1}{\sum_{i \neq j} d_{ij}} \qquad (3-11)$$

式 3-11 中，C_i 为节点紧密度，值越小表示该点与其他各点的距离越大，则该节点的地位也越不重要；d_{ij} 为网络中两个节点 i 和 j 之间的距离，即连接两点的最短路径的边数。

（四）节点中介中心性

节点中介中心性是衡量网络中一个行为者作为中介者在控制其他行为主体时的潜在能力。介数是指所有节点对的最短路径中经过该点的数量比例，介数能够反映节点的影响力和流量承载力，节点 i 的介数可表示为：

$$B_i = \sum_{j < k} g_{jk}(i) / g_{jk} \qquad (3-12)$$

式 3-12 中，g_{jk} 为节点 j 和 k 之间的最短路径数；$g_{jk}(i)$ 表示节点 j 和节点 k 之间经过节点 i 的最短路径数。

（五）节点集聚系数

节点集聚系数是用于衡量网络节点集聚情况的参数，节点 i 的集聚系数是指其所有邻接点之间连边数目占可能的最大连边数目的比例。设节点 i 邻接节点集合中实际存在的边的数量为 E_i，则节点 i 的集聚系数为：

$$CC_i = \frac{E_i}{k_i(k_i - 1)/2} \qquad (3-13)$$

式 3-13 中，CC_i 为节点集聚系数，值越大表示该节点直接相连的其他节点之间的相互联系越密切，在完全图中，所有节点的集聚系数都等于 1，度为 0 和 1 的节点的集聚系数为 0。

世界上很多复杂系统都可以用复杂网络的物理统计量进行描述和刻画，复杂网络理论为人们认识复杂系统提供了一个很好的分析方法。

第四章 长三角地区城市经济及城市综合实力时空演变

第一节 长三角地区城市经济发展现状

我国自改革开放以来，国家基本建设投资布局和区域经济政策逐步向沿海地区倾斜，继建立经济特区、开放沿海港口城市之后，1985年中央决定把长三角、珠三角和闽南厦漳泉地区辟为沿海经济开放区，并于1988年进一步扩大了沿海经济开放区的范围，1990年中央做出开发开放上海浦东新区的决定，并在党的十四大报告中进一步做出以浦东开发开放为龙头，进一步开放长江沿岸城市，尽快把上海建成国际经济、金融、贸易中心之一，带动长江三角洲和整个长江流域地区经济飞跃的战略决策。至此，长三角地区进入全面开发开放状态。尤其是自20世纪90年代以来，长三角地区逐步成为国内和国际投资的热土，大批的区域性基础设施建设蓬勃发展，公路、铁路、水运和航空等多种交通方式综合发展，港口、机场以及过江跨海通道等巨型工程飞速建设，从根本上改善了区域投资环境，有力地带动了地区经济的快速发展并促进了地区工业化、城市化、全球化和信息化进程的加快推进，长三角地区已成为我国经济最发达、工业化水平最高、城镇最密集和城市化水平及经济全球化水平最高的地区。

一 经济中心地位逐步增强

自20世纪90年代以来，随着浦东开发开放政策的实施，长三角地区经济迅猛发展，尤其是1992~1996年GDP年均增长率高达30.9%，高出全国同期平均水平近4个百分点，对全国经济发展起到了有力的带动作用。1992年以来，长三角地区在全国的经济中心地位明显提升，GDP由1992

年的 3674.3 亿元增至 2010 年的 70675.4 亿元，18 年间增长了 18.2 倍，GDP 占全国的比重则由 1992 年的 13.65% 增至 2010 年的 17.62%，增长近 4 个百分点，其中 2004～2006 年长三角地区 GDP 占全国的比重在 18% 以上，比重最高的 2005 年为 18.57%。各县级及以上城市区域单元的人均 GDP 由 1992 年的 4715 元增至 2010 年的 68836 元，18 年间增长了 13.6 倍，而同期全国人均 GDP 则由 2311 元增至 29992 元，与全国人均 GDP 相比由 1992 年的 2.04 倍增至 2010 年的 2.30 倍（见表 4－1、图 4－1）。

表 4－1　1992～2010 年长三角地区 GDP 及其占全国的比重

单位：亿元，%

年份	GDP		占全国比重	年份	GDP		占全国比重
	长三角地区	全国			长三角地区	全国	
1992	3674.3	26923.5	13.65	2002	20154.8	120332.7	16.75
1993	5224.1	35333.9	14.78	2003	24077.9	135822.8	17.73
1994	7253.5	48197.9	15.05	2004	29068.3	159878.3	18.18
1995	9183.0	60793.7	15.11	2005	34335.0	184937.4	18.57
1996	10797.3	71176.6	15.17	2006	40083.1	216314.4	18.53
1997	12142.5	78973.0	15.38	2007	47569.8	265810.3	17.90
1998	13272.6	84402.3	15.73	2008	55104.0	314045.0	17.55
1999	14397.5	89677.1	16.05	2009	59999.8	340902.8	17.60
2000	16008.5	99214.6	16.14	2010	70675.4	401202.0	17.62
2001	17864.8	109655.2	16.29				

　　随着长三角地区经济的持续增长，产业结构层次也发生了显著变化，1992 年长三角地区非农业比重为 88.29%，高出全国平均水平 10 个百分点，至 2010 年长三角地区非农业比重增至 96.73%，高出全国平均水平 6.84 个百分点。1992 年长三角地区第二产业产值比重为 58.15%，高出全国平均水平 14.71 个百分点，至 2010 年长三角地区第二产业产值比重降至 50.90%，高出全国平均水平 4.15 个百分点。然而，2010 年长三角地区第三产业产值比重增至 45.83%，高出全国平均水平 2.69 个百分点（见表 4－2）。由此可见，长三角地区产业结构层次逐步提升，服务业比重大幅度提升，尤其是现代服务业得到了较大发展，逐步形成了第二、第三产业并驾齐驱的发展态势，第一、第二产业比重逐步下降，部分城市的后工业化趋势初步显现。

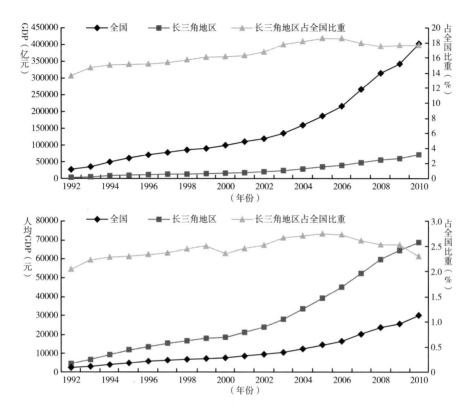

图 4 - 1　1992～2010 年长三角地区经济在全国的地位

表 4 - 2　1992～2010 年长三角地区三次产业结构比重

单位：%

年份	第一产业	第二产业	第三产业	年份	第一产业	第二产业	第三产业
1992	11.71	58.15	30.14	2002	5.87	51.51	42.62
1993	10.03	57.40	32.57	2003	4.93	53.95	41.12
1994	10.46	56.44	33.10	2004	4.43	55.00	40.57
1995	9.99	55.96	34.05	2005	4.13	54.65	41.22
1996	9.62	54.17	36.21	2006	3.70	54.49	41.81
1997	8.64	53.49	37.87	2007	3.33	53.56	43.11
1998	7.83	52.72	39.45	2008	3.23	52.83	43.94
1999	7.54	52.00	40.46	2009	3.42	50.57	46.01
2000	6.96	51.69	41.35	2010	3.27	50.90	45.83
2001	6.49	51.20	42.31				

二　城市化进程加快推进

工业化水平的提升有力地促进了地区城市化进程的加快推进，采用区域非农业人口比重来衡量长三角地区城市化发展状况，可以看出，自20世纪90年代以来，长三角地区城市化水平得到了快速提升，1992年长三角地区城市化平均水平为30.79%，高出全国平均水平3.30个百分点，进入城市化进程的加速发展阶段后，2010年长三角地区城市化水平达58.60%，高出全国平均水平8.65个百分点（见图4-2）。

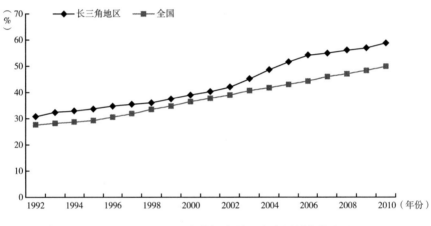

图4-2　1992～2010年长三角地区和全国城市化水平

从发展历程来看，长三角地区城市化进程大致可分为三个阶段。

（一）快速扩张阶段（1992～1999年）

全面开放以来，国家所实行的向沿海地区倾斜的非均衡开发战略推动长三角地区许多重大区域性基础设施的大规模建设，区域投资环境大幅度改观，外商直接投资大规模地由珠三角地区向长三角地区转移，一大批各级各类开发区相继产生，开放型经济发展和开发区建设成为该时期长三角地区城市空间扩张的主要动力和空间载体。苏南地区乡镇集体企业的高度发展吸纳了大量农村剩余劳动力，浙江民营经济和专业化市场的发育催生了一大批小城镇快速发展，成为长三角地区乡村工业化和城市化的重要途径与动力。至1999年长三角地区平均城市化水平增至37.3%，年均增长0.9个百分点。

（二）加速扩张阶段（2000～2006年）

自1999年以来，各地区纷纷出台加快推进城市化进程的战略决策。浙江省九届人大二次会议强调要"加快城市化进程，推动区域经济协调发展"，并下发了《浙江省城市化发展纲要》。江苏省提出要把城市化战略确定为推进社会经济发展的战略之一，提出了通过强化集聚、优化结构、轴线带动和网络开发来大力推进特大城市和大城市建设，合理发展中小城市，择优培育重点中心镇，全面提升城镇化质量的基本要求，南京、苏锡常和徐州三大都市圈建设也逐步提上战略议程，通过对南京、苏州、无锡、常州、镇江和扬州等地进行大规模的行政区划调整，撤县设区，使市区面积大幅度扩容，为城市建设拓展了广阔空间。截至2006年，长三角地区平均城市化率为54%，高出同期全国平均水平9.71个百分点，年均提升2.5个百分点。

（三）质量提升阶段（2007年至今）

如果说长三角地区2007年以前属于形式城市化，2007年以后则转入以城市化质量提升为主的内涵式城市化发展方式。虽然城市化速度趋于缓和，但各地区针对在快速城市化过程中出现的环境污染、基础设施重复建设等问题开始注重产业的升级与改造、经济增长方式的转型、土地的集约化利用以及区域间的协作与分工，注重城市基础设施的改造以及城市公共服务的均等化配置，包括城市道路系统、供水、燃气、环境整治等市政工程以及教育、医疗、养老和新农村社区建设等民生工程，长三角地区的城市化逐步向内涵式城市化发展阶段转变。

三　经济全球化水平快速提升

实际利用FDI是反映地区融入全球经济体系的重要指标，20世纪90年代以前，FDI主要集中在珠三角地区，自20世纪90年代初全面开放以来，长三角地区凭借其优越的基础设施、庞大的市场容量、优惠的引资政策成为跨国公司来华投资的集聚地。1992年，长三角地区实际利用FDI 29.66亿美元，占全国的比重为26.94%，低于珠三角地区3.15个百分点；1995年，长三角地区实际利用FDI 88.66亿美元，赶上并超过了珠三角地区，实际利用FDI占全国的比重为23.63%，而同期珠三角地区实际利用FDI占全国的比重为23.36%；2000年以来，珠三角地区吸引外资的力度趋小，而长三角地区吸引外资总额呈加速上升态势；2010 年，长三角地区实际利用 FDI 增至 455.30 亿美元，占全国的比重为 43.06%，而同期珠三角地区实际利用 FDI 虽增至 185.61 亿美元，但占全国的比重降至 17.55%。长三角地区已成为全国利用外资总量最大和增长势头最强劲的地区（见表 4－3、图 4－3）。

表 4－3　1992～2010 年长三角地区实际利用 FDI 与珠三角地区和全国的比较

单位：亿美元，%

年份	实际利用 FDI			外资依存度		
	长三角地区	珠三角地区	全国	长三角地区	珠三角地区	全国
1992	29.66	33.12	110.08	4.45	11.06	2.25
1993	61.02	64.22	275.15	6.73	15.69	4.49
1994	82.37	84.61	337.67	9.79	23.16	6.04
1995	88.66	87.66	375.21	8.06	18.24	5.15
1996	108.07	102.22	417.26	8.32	18.17	4.87
1997	116.66	112.05	452.57	7.96	17.23	4.75
1998	111.59	112.95	454.63	6.96	15.50	4.46
1999	101.35	115.01	403.19	5.83	14.25	3.72
2000	105.64	126.30	407.15	5.46	12.41	3.40
2001	130.98	141.93	468.78	6.07	13.07	3.54
2002	179.69	150.21	527.43	7.38	12.80	3.63
2003	257.86	147.76	535.05	8.86	9.71	3.26
2004	241.95	94.31	606.30	6.89	5.04	3.14
2005	263.33	143.64	603.25	6.28	6.44	2.67
2006	315.59	135.61	630.21	6.28	4.99	2.33
2007	367.65	155.98	747.68	5.88	4.60	2.13
2008	415.92	172.78	923.95	5.24	4.01	2.04
2009	420.01	166.50	900.33	4.78	3.54	1.80
2010	455.30	185.61	1057.35	4.36	3.34	1.77

注：外资依存度用外资总量与地区生产总值的比值表示，其中外资总量按每年的汇率进行换算。

采用外资依存度指标可以进一步揭示长三角地区参与经济全球化的态势。研究期间，长三角地区的外资依存度经历了剧烈的阶段性波动变化。①1992～1994 年为加速提升阶段。1994 年长三角地区外资依存度增至 9.79%，高出全国平均水平 3.75 个百分点，但远低于珠三角地区的

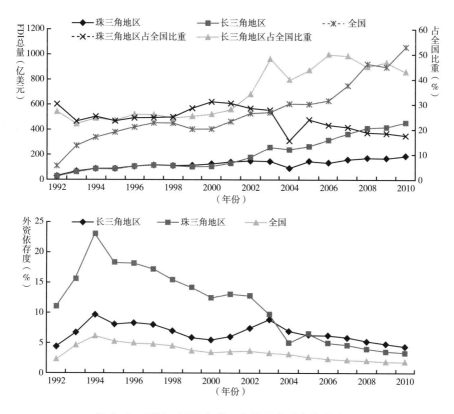

图 4 – 3 1992～2010 年长三角地区全球化发展水平

23.16%。②1995～2000 年为波动降低阶段。2000 年长三角地区外资依存度降至 5.46%，高出全国平均水平 2 个百分点，低于珠三角地区的 12.41%。③2001～2003 年为持续回升阶段。2003 年长三角地区外资依存度回升至 8.86%，高出全国平均水平 5.6 个百分点，但由于珠三角地区外资依存度急剧降低，两地相差不大。④2004 年以来为持续回落阶段。受全球金融危机及国内突发事件的影响，各地区利用外资的增速趋缓，至 2010 年长三角地区外资依存度已降至 4.36%，但仍高出珠三角地区 1 个百分点，也高于全国 1.77% 的平均水平。长三角地区已成为我国经济全球化水平最高的地区，跨国公司总部及其分支机构在该地区的集聚与扩散，以及企业生产网络的发育也成为推动长三角地区经济快速发展和城市空间拓展、推进地区经济联系和区域空间结构演变的重要因素。

第二节　长三角地区城市经济时空分异

一　区域差异分析方法

区域差异分为绝对差异和相对差异两方面，其中，绝对差异是指区内不同地域单元间发展水平的实际差异，衡量区域绝对差异的指标有最大值、最小值、极差、标准差等；相对差异是指区内不同地域单元发展水平与平均水平的分异程度，描述区域相对差异的指标主要有极商、变异系数、基尼系数、集中度指数、泰尔指数和沃尔夫森指数等。下面采用标准差、变异系数和基尼系数等指标对长三角地区经济发展水平、城市化水平和全球化水平的时空分异特征进行测算。

标准差。标准差作为测度区域绝对差异的常用指标，是从平均状况角度来衡量样本数据与平均值的离散程度的统计量，其表达式为：

$$\sigma = \sqrt{\frac{1}{n} \sum_{i=1}^{n} (x_i - \bar{x})^2} \qquad (4-1)$$

式 4-1 中，σ 为标准差，n 为样本数，x_i 为样本值，$\bar{x}$ 为样本平均值。

变异系数。变异系数采用标准差和样本均值的比值来表示，可用于表示样本数据的相对变化情况或波动程度，其表达式为：

$$cv = \sigma / \bar{x} \qquad (4-2)$$

式 4-2 中，cv 表示变异系数，cv 值越小表示地区间社会经济发展水平的非均衡性越小，反之则越大；其他参数的含义同式 4-1。

基尼系数。基尼系数是由意大利经济学家 Corrado Gini 于 1922 年提出的，是在洛伦兹曲线基础上得到的用于刻画收入分配差异程度的指标。基尼系数的计算可通过对样本值的大小进行排序，使 $y_1 \leqslant y_2 \leqslant \cdots\cdots \leqslant y_n$，然后根据协方差方法将基尼系数表示为：

$$G = \frac{2}{n^2 \bar{y}} \sum_{i=1}^{n} i \times y_i - \frac{n+1}{n} \qquad (4-3)$$

式 4-3 中，G 表示基尼系数，$\bar{y}$ 为样本平均值，y_1，y_2，$\cdots$，y_n 为样本值。

二 城市经济发展水平时空分异

以长三角地区县级及以上城市为基本比较单元，以人均地区生产总值为分析指标，从绝对分异和相对分异两个方面来刻画长三角地区城市经济发展水平的时空格局演变特征。1992～2010年，长三角地区县市间经济发展水平的绝对差异整体上呈快速拉大的趋势。1992年，人均GDP最高的无锡为9005元，最低的兴化为1443元，极差为7562元；2010年，人均GDP最高的昆山为142185元，最低的仙居为20499元，极差为121686元，与1992年相比增长了15.1倍，充分显示了县市间经济发展水平的绝对差异呈拉大趋势。反映绝对差异的标准差指标由1992年的1826元增至2010年的25810元，增长了13.1倍，具体可分为三个不同的上升阶段，即1992～2001年的稳步上升阶段、2002～2007年的加速上升阶段和2008～2010年的波动上升阶段。由变异系数和基尼系数所反映的县市间相对差异呈现相似的变化趋势，整体上表现出缩减的趋势，变异系数和基尼系数分别由1992年的0.504和0.271降至2010年的0.416和0.221，其间阶段性的波动变化也较为明显：1992～1999年为波动降低阶段，变异系数和基尼系数分别降至1999年的0.473和0.263；2000～2005年为持续上升阶段，变异系数和基尼系数分别增至2005年的0.573和0.296，为研究期间内的最大值；2006～2010年长三角地区各县市经济相对差异呈现大幅度降低的趋势（见表4－4、图4－4）。

表4－4 1992～2010年长三角地区经济发展水平区域差异变化

年份	标准差（元）	变异系数	基尼系数	年份	标准差（元）	变异系数	基尼系数
1992	1826	0.504	0.271	2002	10066	0.519	0.281
1993	2717	0.518	0.279	2003	12784	0.545	0.292
1994	3701	0.496	0.270	2004	15737	0.558	0.295
1995	4430	0.472	0.259	2005	18570	0.573	0.296
1996	5284	0.482	0.265	2006	20623	0.547	0.288
1997	5800	0.491	0.272	2007	24125	0.539	0.283
1998	6225	0.487	0.270	2008	27387	0.535	0.273
1999	6670	0.473	0.263	2009	23864	0.441	0.237
2000	7481	0.488	0.269	2010	25810	0.416	0.221
2001	8484	0.493	0.272				

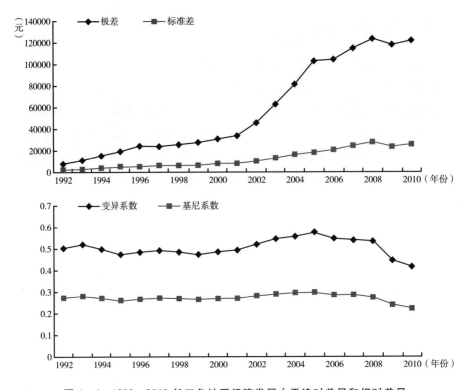

图 4 - 4　1992～2010 长三角地区经济发展水平绝对差异和相对差异

三　城市化水平时空分异特征

　　虽然各地区城市化水平均获得了不同程度的提升，但地区间城市化水平还存在显著的区域分异现象，地级及以上中心城市市区的城市化水平远高于绝大部分县及县级市。1992 年，长三角地区城市化水平最高的上海为 67.91%，最低的天台仅 6.39%，二者相差 61.52 个百分点；2010 年，长三角地区城市化水平最高的上海达 88.86%，最低的仙居仅 10.05%，二者相差 78.81 个百分点。这充分反映了长三角地区各县级及以上城市间城市化水平的绝对差异呈拉大趋势。标准差也呈现明显的增大态势，由 1992 年的 13.82% 增至 2010 年的 19.71%，具体可分为两个阶段，即 1992～2002 年的稳步上升阶段和 2002 年以来的加速提升阶段。而由变异系数和基尼系数反映的地区间城市化水平的相对差异表现出大致相同的逐步减小趋势，变异系数和基尼系数分别由 1992 年的 0.696 和 0.335 降至 2010 年的 0.461 和 0.264。其中，

1992～2000 年呈快速降低趋势，变异系数和基尼系数分别降至 2000 年的 0.508 和 0.276，而 2001 年以来则呈现平稳下降趋势，部分县市城市化水平的提升有效地推动了长三角地区城市化水平的均衡发展（见表 4 - 5、图 4 - 5）。

表 4 - 5   1992～2010 年长三角地区城市化水平区域差异变化

年份	标准差（%）	变异系数	基尼系数	年份	标准差（%）	变异系数	基尼系数
1992	13.82	0.696	0.335	2002	15.05	0.505	0.274
1993	14.23	0.668	0.333	2003	15.76	0.489	0.270
1994	14.41	0.660	0.329	2004	16.67	0.479	0.268
1995	14.57	0.643	0.324	2005	17.50	0.476	0.268
1996	14.75	0.625	0.319	2006	18.48	0.477	0.270
1997	13.94	0.583	0.300	2007	18.66	0.472	0.268
1998	13.96	0.566	0.292	2008	19.05	0.473	0.270
1999	14.20	0.547	0.285	2009	19.28	0.467	0.267
2000	14.01	0.508	0.276	2010	19.71	0.461	0.264
2001	14.47	0.503	0.273				

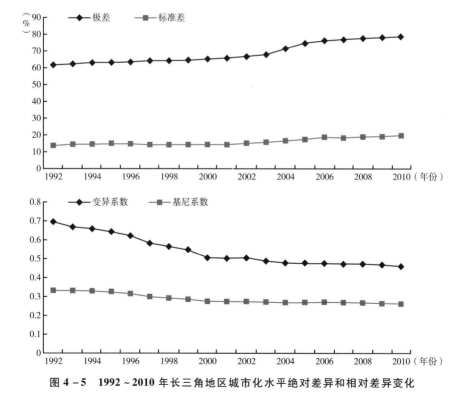

图 4 - 5   1992～2010 年长三角地区城市化水平绝对差异和相对差异变化

四 城市全球化水平时空分异

各县市实际利用 FDI 的区域分异程度能够昭示地区参与经济全球化水平的非均衡性,上海的经济全球化水平在长三角地区的霸主地位不可撼动,跨国公司地区总部及其分支机构的集聚使上海成为 FDI 的集聚和辐射中心,上海及其周边地区是外资的主要集中地,而其他地区的外资则主要集中于各级和各类开发区,FDI 的集中无疑会导致外资在不同地区间的非均衡发展。1992 年实际利用 FDI 最高的上海为 12.59 亿美元,而该时期浙江板块的个别县市尚无外资进入,至 2010 年实际利用 FDI 最高的上海达 111.21 亿美元,而最低的嵊泗仅为 0.055 亿美元,县市间实际利用外资的极差由 1992 年的 12.59 亿美元增至 2010 年的 111.16 亿美元,增长了 7.83 倍;标准差由 1992 年的 1.51 亿美元增至 2010 年的 14.23 亿美元,增长了 8.42 倍。这反映了县市间实际利用 FDI 的绝对差异在研究期呈拉大趋势。与绝对差异的变化趋势相反,县市间实际利用 FDI 的相对差异则呈剧烈的波动下降趋势,变异系数由 1992 年的 3.76 降至 2010 年的 2.31,个别年份略有上升,1996 年达到最大值 3.82;与变异系数相比,基尼系数则成相对较为平稳的波动降低态势,由 1992 年的 0.842 降至 2010 年的 0.702,1997 年达到最大值 0.852(见表 4－6、图 4－6)。自 20 世纪 90 年代末以来,长三角南翼地区浙江七市的外资比重大幅度增加,有力地推动了长三角地区 FDI 区域间相对差异的减少。

表 4－6 1992～2010 年长三角地区实际利用 FDI 的区域差异变化

年份	标准差（亿美元）	变异系数	基尼系数	年份	标准差（亿美元）	变异系数	基尼系数
1992	1.51	3.76	0.842	2002	6.61	2.72	0.787
1993	2.79	3.39	0.823	2003	8.15	2.34	0.743
1994	3.90	3.51	0.840	2004	8.19	2.51	0.712
1995	3.97	3.31	0.833	2005	8.71	2.45	0.712
1996	5.57	3.82	0.841	2006	9.35	2.19	0.696
1997	5.77	3.66	0.852	2007	10.43	2.10	0.677
1998	4.72	3.13	0.849	2008	12.88	2.29	0.700
1999	4.09	2.99	0.845	2009	13.53	2.38	0.717
2000	4.14	2.90	0.830	2010	14.23	2.31	0.702
2001	5.45	3.08	0.815				

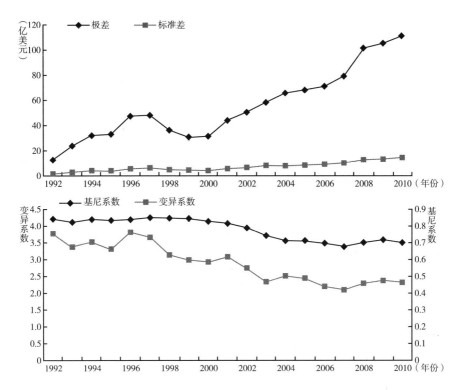

图 4-6　1992~2010 年长三角地区经济全球化水平绝对差异和相对差异变化

第三节　长三角地区城市综合实力评价

已有对城市经济发展水平及时空格局的研究主要以人均 GDP 指标为主，而事实上 GDP 指标只不过用以衡量地区在一定时间内所产生的产品和服务的价值，不足以全面反映地区经济的综合发展状况，而对城市经济综合实力的考察不仅可以全面揭示长三角地区城市经济发展及其时空格局演变，而且有利于考察城市体系的空间结构特征，为后续研究提供数据支撑。下面采用多指标综合评价法对 1992 年、1998 年、2004 年和 2010 年 4 个年份长三角地区县级及以上城市的综合实力进行评价与比较分析。

一　城市综合实力评价指标

虽已有不少学者采用多指标综合评价法对我国省域或城市群地区的城

市或县市经济的综合发展水平及时空演变问题进行了深入研究，如对湖南省、江苏省、河南省、陕西省、辽中城市群、成渝经济区、中原经济区等地区的城市或县市综合实力进行评价，但从已有成果看对评价指标体系的构建尚未达成一致意见，而科学评价指标体系的构建是客观合理评价区域综合经济实力的基础和关键。由于地区经济发展度量指标复杂多样，在指标体系构建时遵循以下几个原则：①指标选取要具有科学性，不仅要客观反映城市经济发展的实际，而且要兼顾城市综合实力的多个方面，数据要有真实可靠的来源；②指标的地区差异要明显，且不同年份间和不同地区间要能够进行时空和纵横向的比较分析；③指标之间要尽量保证相互独立，避免选择相关性较高的指标；④指标选择要具有可操作性，尽量保证数据易于获取且易于计算和使用。在借鉴已有研究成果和咨询专家的基础上，对城市综合实力从经济规模、经济效益、结构水平、人民生活和开放水平五个方面选择 16 项指标构成城市综合实力评价指标体系（见表4－7）。

表 4－7 城市综合实力评价指标体系

目标层	准则层	指 标 层
城市综合实力评价	经济规模	地区生产总值 X_1；地方财政一般预算收入 X_2；全社会固定资产投资总额 X_3；城乡居民储蓄存款余额 X_4；社会消费品零售总额 X_5；邮电业务总量 X_6
	经济效益	人均地区生产总值 X_7；人均地方财政一般预算收入 X_8；人均社会消费品零售总额 X_9
	结构水平	第二产业产值比重 X_{10}；第三产业产值比重 X_{11}；非农业人口比重 X_{12}
	人民生活	在岗职工年平均工资 X_{13}；农村居民人均纯收入 X_{14}；城乡居民人均储蓄存款余额 X_{15}
	开放水平	实际利用外商直接投资 X_{16}

二 城市综合实力评价方法

除指标体系外，科学评价方法的选择也是城市综合实力评价的重要环节，从已有研究看，主成分分析法、线性加权求和法及层次分析法等是最常用的综合评价方法，而这些方法还存在多方面的问题。例如，主成分分析法虽然实现了对即时性平面数据的简化和综合，但综合评价得分存在较大程度的信息丢失，且在分析多年份数据时，由于不同数据表有完全不同的主超平面，若对每年的数据分别进行主成分分析就无法实现数据的统一性、整体性和可比性。鉴于此，有学者提出用全局主成分分析法对一组按时间顺序排列的立体数据进行立体式的综合与简化，并应用于城市综合竞争力评价研究中（赵义华等，2007）。线性加权求和法及层次分析法在测算过程中还存在指标权重确定方面的人为主观性。基于此，本书采用熵权 TOPSIS（Technique for Order Preference by Similarity to Ideal Solution）综合评价法对长三角地区城市综合实力进行评价。

TOPSIS 综合评价法，即逼近理想解排序法，由 Hwang 和 Yoon 于 1981 年首次提出，其基本原理是利用各评价对象的综合指标，通过构造决策问题中各指标的最优解和最劣解，计算各评价样本与最优解的接近程度和最劣解的远离程度，作为评价各样本优劣的依据，评价样本最接近最优解的同时又远离最劣解为最高，否则为最差。TOPSIS 综合评价法作为多目标决策分析中的一种常用方法，被广泛应用于效益评价、决策管理等领域，并逐步拓展应用于城市旅游和旅游资源竞争力评价、港口竞争力评价与比较等领域，在区域经济综合实力发展水平评价中的应用还较少。在利用 TOPSIS 综合评价法进行多目标决策评价中，为了体现各指标在评价体系中重要程度的差异，对各指标赋予不同的权重是非常重要的环节，通常确定权重的方法有主观赋权法和客观赋权法。主观赋权法是根据评价者主观上对各指标的重视程度来决定指标权重的方法，如 AHP 法和 Delphi 法，这些方法虽然能较好地反映专家的经验和意见，但因受人为因素的影响较大而不能客观反映待评价对象的实际情况；客观赋权法主要根据各指标所提供的信息来决定指标权重的大小，如主成分分析法、均方差法和信息熵法等，这些方法受人为因素的影响相对较小，客观性较强。本书采用信息熵法确定各评价指标的权重，熵权 TOPSIS 综合评价法的具体步骤如下（陈文峰等，2011）。

（一）评价矩阵的构建及标准化

假设对 m 个评价对象的 n 个指标进行综合评价，则可以建立一个 $m \times n$ 的评价矩阵 $X = \{x_{ij}\}_{m \times n}$，为了排除各指标的量纲及数量级差异对结果的干扰，通常要对评价矩阵进行标准化处理，采用极值标准化进行处理，标准化后的矩阵为 $X' = \{x'_{ij}\}_{m \times n}$。$x'_{ij}$ 的计算公式为：当评价指标为正向指标时，$x'_{ij} = x_{ij}/x_{max}$；当评价指标为逆向指标时，$x'_{ij} = x_{min}/x_{ij}$，其中 x_{max} 为第 j 项指标的最大值，x_{min} 为第 j 项指标的最小值。

（二）信息熵法确定指标的权重

首先，根据标准化评价指标数据矩阵 $X' = \{x'_{ij}\}_{m \times n}$ 计算信息熵，计算公式为：$H_j = -k \sum f_{ij} \ln f_{ij}$。其中，$f_{ij} = x'_{ij}/\sum x'_{ij}$，$k = 1/\ln m$。其次，根据数据的变异程度，计算指标 j 的差异性系数 G_j，计算公式为：$G_j = 1 - H_j$。G_j 值越大，表示指标 j 的差异程度越大，该指标所能提供的信息量就越大，指标 j 的权重也应该大；反之，该指标的权重也应该小。于是定义指标 j 的信息熵权重 w_j 为 $w_j = G_j/\sum G_j$。

（三）根据加权标准矩阵确定理想解

由指标权重值 w_j 和标准化决策矩阵 $X' = \{x'_{ij}\}_{m \times n}$，可得加权的标准化决策矩阵 $A = \{a_{ij}\}_{m \times n}$，其中 $a_{ij} = w_j \cdot x'_{ij}$。由于各指标均进行了正向标准化处理，分别用加权标准化矩阵中各指标的最大值和最小值表示正理想解 $A^+ = \{a_j^+\}_{1 \times n}$ 和负理想解 $A^- = \{a_j^-\}_{1 \times n}$。其中，$a_j^+ = \max(a_{i1}, a_{i2}, \cdots, a_{in})$，$1 \leqslant i \leqslant m$；$a_j^- = \min(a_{i1}, a_{i2}, \cdots, a_{in})$，$1 \leqslant i \leqslant m$。

（四）计算评价对象与理想解的距离

采用欧式距离法计算评价对象与正理想解和负理想解之间的距离 D_i^+ 和 D_i^-，其表达式为：

$$D_i^+ = \sqrt{\sum_{j=1}^{n}(a_{ij} - a_j^+)^2}, D_i^- = \sqrt{\sum_{j=1}^{n}(a_{ij} - a_j^-)^2} \qquad (4-4)$$

式 4 - 4 中，D_i^+ 和 D_i^- 分别从不同的角度表示了评价对象的状况，当 D_i^+ 越小时，表示评价对象与正理想解越接近，越为人们所期望；当 D_i^- 越大时，表示评价对象越远离负理想解，评价状况越好。

（五）计算各评价对象的相对接近度

为综合 D_i^+ 和 D_i^- 两个距离指标所反映的评价对象的综合状态，采用相对接近度 C_i 来描述，其计算公式为：

$$C_i = \frac{D_i^-}{D_i^+ + D_i^-} \times 100; i = 1, 2, \cdots, m; 0 \leqslant C_i \leqslant 100 \qquad (4-5)$$

式 4 - 5 中，C_i 越大，表示评价对象的综合状态越优。若评价对象各指标均处于最优状态，则 $C_i = 100$；若评价对象各指标均处于最劣状态，则 $C_i = 0$。依据相对接近度不仅可以对评价对象的综合实力进行排序和比较，而且可以考察评价对象的差异程度和时空演变特征。

三　城市综合实力评价结果

根据熵权 TOPSIS 综合评价法，对长三角地区 74 个县级及以上城市区域单元 1992 年、1998 年、2004 年和 2010 年 4 个年份的 16 项指标构成的 296 行×16 列原始数据进行标准化，由于所选取的指标均为正向指标，故采用正向极值标准化法进行处理，按步骤计算各指标的信息熵进而得到各指标权重。从指标权重看，地方财政一般预算收入、邮电业务总量、城乡居民储蓄存款余额、实际利用外商直接投资、社会消费品零售总额和地区生产总值等反映地区经济规模的指标权重值都在 0.09 以上，表征经济规模是影响地区综合实力的重要方面。第二产业产值比重、第三产业产值比重和非农业人口比重指标的权重较小，主要在于这些指标相对于经济规模指标而言，不同地区间相对较为均衡，指标所含的信息量较小。

从各县级及以上城市经济实力的综合评价指数来看（见表 4 - 8），1992 ~ 2010 年均得到了不同程度的提升，各县市综合评价得分的平均值由 1992 年的 0.877 增至 2010 年的 12.019，增长了 12.7 倍。1992 年，城市综合实力评价得分高于全区平均水平的县级及以上城市有 20 个，其中上海、南京、苏州、杭州、无锡居前 5 位，得分最高的上海为 6.855，是全区平均水平的 7.8 倍，是得分最低的淳安的 32.6 倍。2010 年，城市综合实力评价得分高于全区平均水平的县级及以上城市增至 23 个，其中上海、杭州、南京、宁波、苏州居前 5 位，得分最高的上海增至 94.814，是全区平均水平的 7.9 倍，是得分最低的兴化的 18.1 倍。这反映了县市综合实力相对差异呈缩小趋势，各县市综合实力变异系数由 1992 年的 1.025 降至 2010 年的 0.921，表明全区各地域单元间综合实力呈均衡发展态势。2010 年，杭州已超越南京居第 5 位，宁波超越苏州居第 4 位，凸显出长三角地区经济核心有向杭州湾地区转移的趋势，而苏南地区的县域经济发展势头强劲，昆山、张家港、太仓、江阴、常熟和吴江等的经济位序大幅度提升，已逐步超越南通、嘉兴、镇江、扬州、湖州、泰州和台州等而位居前列。

表 4 – 8　1992 年、1998 年、2004 年和 2010 年长三角地区城市综合实力

县　　市	1992 年	1998 年	2004 年	2010 年	县　　市	1992 年	1998 年	2004 年	2010 年
上海市区	6.855	21.291	44.071	94.814	富 阳 市	0.538	1.911	4.448	9.199
南京市区	2.805	5.488	11.639	27.603	临 安 市	0.478	1.777	3.683	7.867
溧 水 县	0.330	1.417	2.928	8.250	建 德 市	0.568	1.552	3.259	6.877
高 淳 县	0.299	1.468	3.139	7.909	桐 庐 县	0.509	1.710	3.815	7.797
无锡市区	2.237	4.999	10.433	22.703	淳 安 县	0.210	0.966	2.624	5.650
江 阴 市	1.072	3.075	6.791	16.415	宁波市区	1.799	4.712	10.943	25.370
宜 兴 市	0.817	2.291	4.581	11.350	余 姚 市	0.678	2.216	5.034	11.220
常州市区	2.052	3.625	6.906	19.132	慈 溪 市	0.660	2.388	5.356	12.184
溧 阳 市	0.562	2.173	3.934	9.067	奉 化 市	0.553	1.703	4.091	8.165
金 坛 市	0.470	1.886	3.809	8.781	象 山 县	0.491	2.071	3.946	7.864
苏州市区	2.488	6.030	11.091	23.466	宁 海 县	0.345	1.709	3.878	7.731
常 熟 市	1.120	3.208	7.331	15.758	嘉兴市区	1.237	2.627	5.560	12.604
张家港市	1.035	3.282	7.314	17.074	平 湖 市	0.636	1.925	4.488	10.130
昆 山 市	1.370	3.461	9.400	22.552	海 宁 市	0.786	2.406	5.302	11.016
吴 江 市	0.819	2.716	5.849	15.059	桐 乡 市	0.712	2.223	4.818	10.187
太 仓 市	1.134	3.192	6.360	16.681	嘉 善 县	0.813	2.108	4.470	10.531
南通市区	1.425	2.771	5.277	13.084	海 盐 县	0.645	2.084	5.195	9.549
海 安 县	0.654	1.756	3.041	7.731	湖州市区	0.880	2.394	4.726	12.163
如 东 县	0.450	1.896	2.856	7.131	德 清 县	0.608	1.966	4.128	8.848
启 东 市	0.409	1.779	3.064	7.788	长 兴 县	0.655	1.817	3.805	8.010
如 皋 市	0.489	1.175	2.301	6.793	安 吉 县	0.371	1.631	3.557	7.398
海 门 市	0.545	2.120	3.719	8.958	绍兴市区	1.352	2.657	6.905	14.842
扬州市区	1.661	2.720	5.379	12.407	诸 暨 市	0.430	2.000	3.915	8.764
宝 应 县	0.356	1.151	2.051	5.360	上 虞 市	0.482	2.171	4.474	9.136
仪 征 市	0.720	1.703	3.245	7.811	嵊 州 市	0.351	1.683	3.440	6.989
高 邮 市	0.416	1.228	2.210	5.902	绍 兴 县	0.720	2.613	6.253	13.295
江 都 市	0.518	1.562	3.012	7.745	新 昌 县	0.370	1.729	3.641	7.566
镇江市区	1.846	4.465	5.389	12.550	舟山市区	0.872	2.281	4.527	11.595
丹 阳 市	0.847	2.099	3.845	9.093	岱 山 县	0.668	1.695	3.919	9.091
扬 中 市	0.672	2.064	3.694	8.976	嵊 泗 县	0.562	2.123	3.698	8.448
句 容 市	0.394	1.473	2.646	6.532	台州市区	1.043	2.150	5.096	12.094
泰州市区	1.217	2.545	4.676	12.130	温 岭 市	0.400	2.128	4.476	9.168
兴 化 市	0.299	1.097	2.085	5.241	临 海 市	0.353	1.251	3.136	6.401
靖 江 市	0.594	1.676	3.401	9.418	玉 环 县	0.434	2.230	4.705	9.789
泰 兴 市	0.282	1.270	2.618	6.506	三 门 县	0.224	1.000	2.978	5.516
姜 堰 市	0.352	1.281	2.542	6.725	天 台 县	0.255	1.195	2.797	5.464
杭州市区	2.342	5.083	12.479	31.109	仙 居 县	0.237	1.070	2.485	5.262

为进一步识别和比较长三角地区县级及以上城市综合实力的区域间发展水平,按照各年份城市综合实力平均值的50%、100%和150%将各县市单元划分为低水平、中等水平、中高水平和高水平四种类型区,并进行空间可视化(见图4–7)。

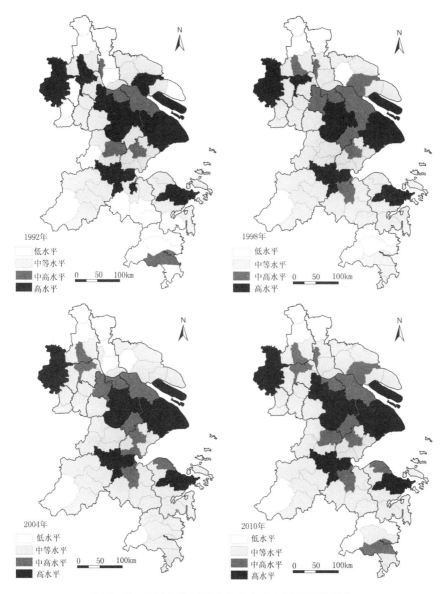

图4–7 长三角地区城市综合实力发展类型区划分

从各类型区域单元的数量来看，1992 年区域单元数量最多的中等水平类型区为 33 个，其次是低水平类型区 21 个、高水平和中高水平类型区共 20 个，2010 年中等水平类型区的数量增至 44 个，高水平和中高水平类型区的数量增至 23 个，低水平类型区的数量降至 7 个，反映了长三角地区城市经济呈现均衡发展的趋势。从各类型区域单元综合评价得分的均值看，1992 年高水平、中高水平、中等水平和低水平四种类型区的综合得分均值依次为 2.350、1.092、0.630、0.339，高水平类型区是低水平类型区的 6.9 倍，2010 年高水平、中高水平、中等水平和低水平四种类型区的综合得分均值依次为 33.344、13.889、8.543 和 5.485，高水平类型区是低水平类型区的 6.1 倍，相对差异呈缩小趋势。高水平和中高水平类型区主要为地级及以上城市的市辖区；苏州和无锡所辖县市及绍兴县和慈溪等地，以及中心城市的外围县市多为中等水平类型区，且在研究期间该类型区的区域范围大幅度拓展；而低水平类型区的空间范围则大幅度缩减，主要包括处于长三角边缘地区的宝应、高邮、兴化、天台、三门和仙居等，长三角地区城市经济综合发展水平的核心 – 边缘型空间结构特征较为突出。

第四节 长三角地区城市综合实力时空演变

一 马尔可夫链法

马尔可夫链是一种时间和状态均为离散的马尔可夫过程，是揭示俱乐部成员间等级构成变化与过程的有效工具。将连续的区域经济发展水平指数离散为 k 种类型，计算相应类型的概率分布及年际变化，近似逼近区域演化的整个过程。如果将各等级的初始状态记为 E_i，经 m 步变为状态 E_j 的概率用 p_{ij} 表示：

$$p_{ij}(E_i \rightarrow E_j) = \frac{n_{ij}}{n_i} \tag{4-6}$$

式 4 – 6 中，n_{ij} 表示由 E_i 经过 m 步变为 E_j 时，属 i 类的区域转移到 j 类的数量之和；n_i 表示 E_i 属于类型 i 的区域单元数，由此可得马尔可夫转移概率矩阵 $P = \{p_{ij}\}$。若某地经济发展在 t_0 状态时为 i 等级，经变换后在 t 年保持不变，则转移状态为平稳；若等级有所提高，则认为区域等级为向上转移；反之，为向下转移。

二　城市综合实力时序演变特征

马尔可夫状态转移概率矩阵能够反映区域经济发展水平在不同等级类型间的变迁状况，按照马尔可夫链法构建1992～1998年、1998～2004年和2004～2010年三个时间段长三角地区不同经济发展类型的马尔可夫状态转移概率矩阵（见表4-9）。其中，对角线上的元素为类型没有发生变化的概率，而非对角线上的元素表示类型发生转移的概率。整体而言，在三个时间段高水平向中等水平和低水平、中高水平向低水平、中等水平向高水平、低水平向中高水平和高水平类型区转移的概率均为0，表明研究期间没有发生地区经济发展的跨越式转移，这是由区域经济发展的客观规律决定的。但各时段各类型区均不同程度地发生了向相邻类型区转移的现象，其中，1992～1998年，高水平类型区向中高水平类型区转移的概率为0.417，中高水平类型区有1/4的区域向中等水平类型区转移，中等水平类型区保持稳定状态的概率高达0.909，而低水平类型区向中等水平类型区转移的概率则高达0.619，反映了各地区经济发展存在向中高水平和中等水平地区"俱乐部趋同"的趋势；1998～2004年，各类型区向中高水平和中等水平类型区转移的趋势有所减弱，高水平类型区向中高水平类型区转移的概率降至0.143，中高水平类型区向中等水平类型区转移的概率降至0.154，但该类型区个别地区发生了向高水平类型区转移的现象，中等水平类型区向中高水平和低水平类型区转移的概率相当，但均比较低，仅为0.044，低水平类型区向中等水平类型区转移的概率降至0.333；2004～2010年，高水平类型区保持稳定，中高水平类型区向高水平和中等水平类型区转移的概率相当，均为0.077，中等水平类型区向中高水平类型区、低水平类型区向中等水平类型区转移的概率与前阶段相比稍有提高，分别为0.087和0.375，仍呈现向中高水平和中等水平地区"俱乐部趋同"的发展趋势。

表4-9　长三角地区城市经济发展水平马尔可夫状态转移概率矩阵

类型区	1992～1998年			
	高水平	中高水平	中等水平	低水平
高水平	0.583	0.417	0.000	0.000
中高水平	0.000	0.750	0.250	0.000
中等水平	0.000	0.061	0.909	0.030
低水平	0.000	0.000	0.619	0.381

续表

类型区	1998~2004 年			
	高水平	中高水平	中等水平	低水平
高水平	0.857	0.143	0.000	0.000
中高水平	0.077	0.769	0.154	0.000
中等水平	0.000	0.044	0.911	0.044
低水平	0.000	0.000	0.333	0.667

类型区	2004~2010 年			
	高水平	中高水平	中等水平	低水平
高水平	1.000	0.000	0.000	0.000
中高水平	0.077	0.846	0.077	0.000
中等水平	0.000	0.087	0.870	0.043
低水平	0.000	0.000	0.375	0.625

三 城市综合实力空间转移特征

为进一步揭示各区域单元经济发展类型在各时段的转移状况及空间分布特征，将各时段各地区经济发展水平的转移状态分为稳定、向上和向下转移三种类型并进行空间可视化（见图 4-8）。

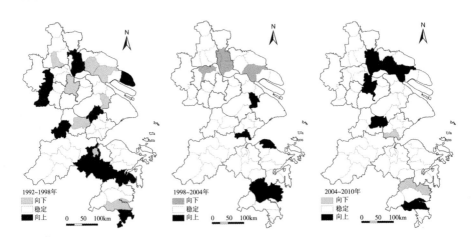

图 4-8 长三角地区城市经济发展类型的空间转移

1992~1998 年，有 15 个县市发生了向上转移，其中玉环、温岭、诸暨、启东、新昌、宁海、嵊州、安吉、句容、高淳、溧水、姜堰和泰兴 13

个县市由低水平类型区向中等水平类型区转移，吴江和绍兴县则由中等水平类型区向中高水平类型区转移，而常州、昆山、南通、扬州、绍兴、湖州、台州和如皋 8 个县级及以上城市则发生了向下转移。

1998～2004 年，绝大多数县级及以上城市经济发展类型保持稳定，发生转移的县市单元数量降至 11 个，其中临海、三门、天台、慈溪、海宁和昆山发生了向上转移，南通、镇江、泰州、泰兴和姜堰发生了向下转移。

2004～2010 年，发生转移的县市数量仍为 11 个，向上转移的主要为地级中心城市，如台州、湖州、常州、南通、泰州以及泰兴、如皋和姜堰发生了向上转移，而仅有海宁、天台和三门发生了向下转移。

第五节　长三角地区城市综合实力空间自相关

一　空间自相关分析法

传统的数理统计分析均建立在样本观测值相互独立的基本假设基础之上，而事实上，地理现象或空间属性总是与邻近地区的同种地理现象或空间属性之间存在空间相关性，区域经济也是在极化和涓滴效应的互动中提升和演变的，这是地理位置的邻近性所引发的空间依赖性的重要表现，而传统的数理统计分析法对这一点则无法描述。随着 GIS 技术的发展，以空间自相关分析为核心的地统计学成为现代地理学发展的重要方法和手段，并逐渐在人文 - 经济地理学领域得到广泛的应用，它借助新的技术手段分析处理空间数据，从根本上改进了统计分析方法的不足，能够更好地描述具有空间依赖和空间关联性数据的时间与空间格局。其中，探索性空间数据分析（ESDA）是衡量自然或社会经济现象空间自相关性的方法之一，它通过对事物或现象空间关联格局的描述进而揭示对象之间的空间依赖性和空间异质性，是社会经济现象空间格局分析的有效方法，包括全局空间自相关和局部空间自相关两种分析指标。

（一）全局空间自相关

全局空间自相关用来验证研究区域某种空间属性的区域空间关联分布的总体态势，主要指标有 *Moran's I*、*Geary's C* 和 *Getis-Ord G* 指数等，其中常用的有 *Moran's I* 和 *Getis-Ord G* 指数。全局 *Moran's I* 指数用于反映空间邻近单元的总体相似程度，其计算公式为：

$$I = \frac{n}{S_0} \times \frac{\sum_{i=1}^{n} \sum_{j=1}^{n} w_{ij} (x_i - \bar{x})(x_j - \bar{x})}{\sum_{i=1}^{n} (x_i - \bar{x})^2} \qquad (4-7)$$

式 4-7 中，I 为全局 *Moran* 指数，取值范围为 [-1, 1]，大于 0 时表示空间正相关，小于 0 时表示空间负相关；x_i 和 x_j 分别为第 i 和第 j 空间单元上的观测值；w_{ij} 为空间权重矩阵，空间邻接定义为 1，不相邻定义为 0；S_0 是空间权重矩阵所有元素之和；$\bar{x}$ 为区域单元的平均值。一般采用标准化后的 *Moran's I* 值对统计结果进行检验，$Z_I = [I - E(I)] / \sqrt{var(I)}$，其中 $E(I)$ 和 $var(I)$ 为数学期望和方差。当 Z 值为正且显著时，表示区域单元间存在正相关，相似的观察值趋于空间集聚；当 Z 值为负且显著时，表示区域单元间存在负相关，相似的观察值趋于分散；当 Z 值为 0 时，表示观察值呈独立随机分布。

（二）局部空间自相关

局部空间自相关主要用来揭示空间单元与邻近空间单元属性之间的自相似性和相关性，主要用于识别区域特征属性的热点区域或区域属性的异质性检验（Anselin，1995），主要指标有 *Local Moran's I* 和 *Getis-Ord* G_i^* 指数。本书采用局部空间关联指数 *Getis-Ord* G_i^* 检验研究区域的局部地区是否存在统计显著的高值和低值，其表达式为：

$$G_i^*(d) = \frac{\sum_{j=1}^{n} w_{ij}(d) X_j}{\sum_{j=1}^{n} X_j} \qquad (4-8)$$

式 4-8 中，X_i 和 X_j 分别表示 i 区域和 j 区域的观察值，$W_{ij}(d)$ 表示以距离规则定义的空间权重。对 $G_i^*(d)$ 进行标准化处理，得 $Z(G_i^*) = [G_i^* - E(G_i^*)] / \sqrt{var(G_i^*)}$，$E(G_i^*)$ 和 $var(G_i^*)$ 为 $G_i^*(d)$ 的数学期望和方差，若 $Z(G_i^*)$ 为正且显著，表明 i 周围的值相对较高，属高值集聚的热点区；若 $Z(G_i^*)$ 为负且显著，表明 i 周围的值相对较低，属低值集聚的冷点区。

二 城市综合实力总体空间关联

利用 ArcGIS 9.3 对 1992 年、1998 年、2004 年和 2010 年 4 个年份各县

市综合实力得分的全局 *Moran's I* 指数进行计算（见表 4 - 10），各年份 *Moran's I* 指数全部为正且检验结果越来越显著，表明各县市经济发展水平存在显著的空间正相关性，即经济发展水平相似的地区在空间上呈集聚分布态势。整体而言，*Moran's I* 估计值呈上升态势，由 1992 年的 0.0917 增至 2010 年的 0.1160，其间略有波动，1998 年 *Moran's I* 指数稍有降低，为 0.0724，表明随着时间的推移，各县市综合经济发展水平的集聚性也呈波动增强的态势。在县域单元层面上，同类型区的集聚与均衡发展将有助于推动县市间整体空间差异程度的降低，这一点与前述对县市综合发展水平相对差异减小的分析是吻合的。全局空间关联指数的变化表征了城市经济发展水平集聚与扩散格局的变迁，但从 *Moran's I* 指数的变化幅度来看，各年份间并未发生剧烈的突变，说明研究期间长三角地区城市经济发展的总体格局并没有发生剧烈的变迁，只是在总体格局保持相对稳定的前提下部分县市的经济地位或发展类型发生波动或变迁。

表 4 - 10　长三角地区城市经济发展水平全局 *Moran'I* 指数

指标	1992 年	1998 年	2004 年	2010 年
Moran's I	0.0917	0.0724	0.1027	0.1160
$E(I)$	− 0.0137	− 0.0137	− 0.0137	− 0.0137
$Z(I)$	1.8790 *	2.0575 **	2.6994 ***	2.8170 ***

注：*** 、 ** 、 * 分别表示在 0.01、0.05、0.1 的水平上显著。

三　城市综合实力热点区识别

为进一步揭示各县市经济发展水平的空间异质性并据此来有效反映经济发展水平的空间演变状况，有必要考察各年份集聚区的分布状况，采用 ArcGIS 9.3 分别计算长三角地区 1992 年、1998 年、2004 年和 2010 年 4 个年份各县市单元的 *Getis-Ord G^** 指数，采用自然断裂点法将 G^* 指数从高到低分为热点区、次热区、次冷区和冷点区四种类型并进行空间可视化表达，生成长三角地区城市经济发展空间关联格局图（见图 4 -9）。

（一）热点区

研究期间，长三角地区城市经济发展热点区保持稳定，4 个年份热点区均为上海及邻接的昆山和太仓三市，充分彰显了上海在长三角地区的主

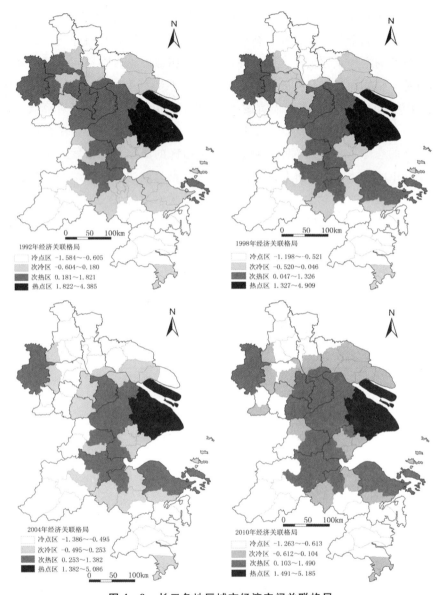

图 4 - 9　长三角地区城市经济空间关联格局

导核心地位及统领作用。自 20 世纪 90 年代以来，随着浦东的开发开放，上海以其得天独厚的经济地理区位和雄厚的工业基础，以及多方面的优惠政策，使其经济在 20 年里快速增长，在长三角地区乃至全国的经济引擎地位也日益增强；苏南地区先于杭州湾地区接轨上海，先后建立了大批开发区和产业园区，并迅速成为长三角地区的外资高地和制造业中心，尤其是苏州、无锡和常州及其所辖的常熟、昆山、张家港、太仓、江阴和吴江等的经济实力位居前列，逐步呈现都市连绵区的发展态势，这一点从次热区的空间集聚状况可以明示。

（二）次热区

次热区主要分布在苏锡常地区、南京、杭州、宁波及其邻接县市，研究期间次热区的空间集聚格局并未发生根本性变化，但个别县市发生了转移或切换。开放初期地区经济发展还存在很大的随机性，苏南地区乡镇企业异军突起加上外资的大量涌入，使苏南地区在对外开放的大潮中抢占先机，1992 年 20 个次热区单元中 75% 集中在苏锡常和宁镇扬地区，随着浙江民营企业的兴起，杭州、宁波、绍兴等地在长三角地区的地位日益提升，杭州湾地区成为与苏南地区相抗衡的经济板块；2010 年在 23 个次热区中有 13 个县市集中在环杭州湾地区，而江苏板块降至 10 个，句容、丹阳、扬中、扬州和仪征等切换为次冷区或冷点区，南京市区对周边地区的带动作用明显不足。

（三）次冷区

次冷区主要分散在次热区的邻接地区，1992 年 26 个次冷区中 57% 的县市集中在环杭州湾地区，而随着次热区类型向环杭州湾地区的拓展，次冷区的范围被大幅压缩，2010 年五成以上的次冷区集中在苏中的通泰扬地区和镇江所辖县市，2002 年江苏提出新一轮沿江开发战略加快了沿江地区的发展，但从实施效果来看，苏南沿江地区得到了快速发展，而苏中沿江地区与苏南地区的差距则进一步拉大。处于双核型空间断裂点地区的县市经济发展水平相对落后，由港口城市和区域中心城市组成的区域空间结构形式称为双核型空间结构（陆玉麒，1998），以此判断则可认为镇江、嘉兴和绍兴是上海—南京、上海—杭州和宁波—杭州三个双核型空间结构的断裂点城市，其所辖的大多县市为次冷区。

（四）冷点区

冷点区主要分布在苏中地区的南通、泰州、扬州，浙江的宁波、绍兴、台州以及杭州、湖州所辖的位于边界地区的县市。受长江和杭州湾水域阻隔的影响，处于长三角地区南北两端和西部边缘的县市距离上海、杭州、南京等中心城市较远，基础经济条件相对薄弱，发达地区的经济辐射作用很难惠及这些地区，资金、技术和人才也很难向这些地区扩散，再加上受生态环境保护的约束，工业发展受到较大的限制，以至于与经济中心的差距不断拉大，处于经济发展水平的冷点区，城市经济综合实力较为落后，形成长三角地区的贫困地带。

从各种类型区集聚的空间趋势看，长三角地区城市经济在空间上形成了以上海为中心，以南京和杭州为副中心，以苏州、无锡和宁波为次中心，以苏锡常环太湖地区和环杭州湾地区为核心区域向南北两端和西南缘梯度降低的态势，空间发展轴线较为突出，1992年经济发展热点区和次热区主要集中在沪宁沿线，而2010年则拓展至沪宁、沪杭、杭甬沿线地区和沿江地区等。从热点区变迁的趋势看，以杭州、宁波和绍兴为引领的环杭州湾地区在长三角地区的经济地位日益提升，长三角地区呈现杭州湾化的趋势，尤其是随着杭州湾跨海大桥的建成通车，该地区将形成与上海等地互动发展的局面，而处于上海北翼的南通地区则相对落后。研究期间长三角地区城市经济格局呈现由">"形向"Z"形，进而向"Σ"形转变的态势，但处在发展主轴断裂点的城市经济发展水平则相对较低。

第五章　长三角地区城市交通网络及可达性时空演变

交通基础设施网络是城市区域空间系统运行的物质条件和必要前提，交通运输的发展推动了物质和非物质要素的集聚与扩散，是不同地域间在生产、分配、交换和消费等社会经济活动各环节联系与交流的纽带，是城市空间结构形成的重要组成要素和支撑系统。交通网络演进对地区经济发展、城市化和区域空间结构的演变具有重要的推动作用，尤其是交通线路密度的增加、交通线路等级的提升和交通线路网络的形态等都对城市或区域空间结构有着显著的影响，对区域空间结构的演变起着骨架性的支撑作用，区域空间结构的演变与交通网络的延伸呈现相互作用、相互反馈的空间耦合过程。交通网络的规模、结构和通达性水平优越与否决定着区域间物质、能量和信息流动的便捷性程度，通过系统量化手段对区域交通网络的发育水平、空间格局变化以及交通网络的可达性效能进行综合探讨是当前交通地理学和人文－经济地理学研究的热点。

截至目前，长三角地区已形成了包括公路、铁路、水运和航空在内的立体综合交通运输体系，但仍存在以下问题：①各种交通运输方式之间是相互独立的运输系统，仅在重要的交通集散地、城市或交通枢纽等位置才能进行不同交通方式间的换乘，所以不同交通线路基础设施之间还难以整合起来进行整体的结构分析和网络分析；②尽管铁路、水运和航空的运输速度、效率和效能在 1992～2010 年得到了大幅度的提升，但在县域尺度层面上仍然不是具有普适性的交通运输方式，并且铁路还在营运班车、营运时间和换乘站点等方面具有严格的限制，在县域之间铁路运输的自由度较小；③1992～2010 年长三角地区在公路建设方面取得了较大的发展，尤其是高速公路建设经历了从无到有进而到完善成网的发展过程，绝大多数县市间实现了高速公路互通，长三角地区公路交通客运量占客运总量的比重在80%以上，是县市间客货运输的主要交通方式。基于以上几方面的原因，本章主要对长三角地区各县级以上城市地域间公路交通基础设施网络的规模、等级、结构和功能等进行深入探讨。

第一节　长三角地区公路交通发展状况

20世纪90年代以来，长三角地区各县市纷纷加快了公路交通基础设施的投资建设，公路交通的规模与等级结构由"国道＋省道＋一般道路"向"高速公路＋国道＋省道＋县乡道"的等级组合结构演变，高速公路从无到有，突飞猛进，高速公路的发展经历了起步发展、线状拓展、网络构建和网络提升等发展阶段；过江跨海通道等巨型交通工程相继建设，长江水域和杭州湾水域对区域空间相互作用和区域经济联系的阻隔作用大幅度降低；国道的高速化改造、省道及县乡道路的扩建和改造工程快速推进，长三角地区高等级公路交通网络基本形成并进入网络提升发展阶段。

1992年长三角地区公路以国道、省道和一般道路为主，构成"国道＋省道＋一般道路"的等级组合结构。自1988年上海至嘉定的高速公路建成通车，各地区纷纷加快高速公路建设，江苏继宁通一级公路扬州至江都段、宁合一级公路江苏段通车后，沪宁高速公路江苏段的开工建设拉开了江苏省高速公路建设的大幕，杭甬高速、杭金线萧山至茨坞段于1992年相继开工，沪杭高速浙江段、杭州彭埠至余杭翁梅段于1994年相继开工，沪杭高速公路嘉兴段的海宁、桐乡、嘉兴、嘉善等县市完成了开工前期准备工作；甬台温高速公路瓯江二桥、黄岩、温岭、临海段已开工建设，杭金衢、杭宁高速公路浙江段进入前期准备阶段；1996年11月28日和12月6日，沪宁高速江苏段和杭甬高速公路全线贯通，标志着长三角地区正式进入高速公路快速发展时期。自1992年以来，一大批国道改扩建工程也相继开工，329国道绍兴南连北建工程、204国道盐城至南通段改建工程、320国道余杭段、318国道南浔至杨家埠一期工程、104国道长兴父子岭至界牌岭等重点工程和甬余线江北区二期等多项"四自"（自行贷款、自行建设、自行收费、自行还款）工程相继完工。在过江通道建设方面，常熟至南通长江轮渡等重大工程相继建成，江阴长江大桥于1994年开工建设。

1998 年长三角地区初步形成了"高速公路＋国道＋省道＋县乡道"的等级组合结构，高速公路呈线状拓展态势，已建成通车的高速公路达 1400 多公里，主要有宁沪、沪杭甬、锡澄、广靖、南京机场高速等路段。自 1998 年以来，长三角地区高速公路建设进入加速发展阶段，江苏继宁宿徐、宁靖盐高速开工建设后，苏嘉杭高速及锡宜高速等项目获得批准，高速公路联网通畅工程逐步取得突破性进展，全省在建高速公路达 1000 多公里，宁杭江苏东段、盐城至南通、通州至启东、扬州西北绕城、苏州绕城、常州至江阴等高速公路于 2001 年相继开工建设；浙江继杭宁高速浙江段一期工程、上虞至三门高速公路通车后杭金衢高速公路常山段、杭州绕城公路南线工程先后开工，2002 年苏嘉乍高速公路浙江段、杭宁高速公路浙江段、杭州绕城公路北线和东线、杭金衢等高速公路先后建成通车，提前实现了 1996 年制定的"三八双千"工程，基本上实现了 4 小时公路交通圈的建设目标；继沪青平高速入城段、外环线浦西北段等项目达到预期目标后，上海市已形成由"申"字形高架道路、"十"字和"半环"形轨道交通网络框架以及"三纵三横"的城市交通干道组成的现代化立体交通网络，并于 2002 年完成了外环线浦东段、同三国道上海段、沪青平高速公路中段、莘奉金高速、共和新路等重大交通基础设施项目建设。在过江跨海通道建设方面，继江阴长江大桥 1999 年 9 月 28 日正式建成通车和首座东海海面上的海峡大桥——舟山朱家尖海峡大桥 1999 年 5 月 31 日建成通车后，南京长江二桥于 2001 年按期完成，润扬长江大桥工程取得新进展，苏通长江大桥、南京长江三桥于 2002 年开工建设。

2004 年长三角地区公路交通网络的"高速公路＋国道＋省道＋县乡道"等级组合结构逐步完善，已建成通车高速公路 3000 多公里，高等级公路的网络化发展初步显现，已建成通车的高速公路有南京绕城、宁沪、宁通、宁马、宁高、宁杭、锡宜、锡澄、宁靖盐、通启、苏乍、沪杭、上海郊环、莘奉金、上海外环、沪嘉、京沪、沿江高速上海至无锡段、沪崇苏、杭甬、杭金衢、杭州绕城、上三高速上虞至三门段、甬台等路段。江苏提出要主动融入长三角地区交通体系，加快推进过江通道建设和沿江高等级公路建设，加强与上海、浙江的交通对接和出省通道建设。2008 年 9 月 1 日宁杭高速公路二期工程的建成通车，标志着江苏首轮规划的"四纵四横四联"高速公路网建设顺利完成。浙江提出在完善省内高速公路网的同时，重点打通省内与省外连接，使高速公路网成为浙江接轨上海融入长三角地区的快速通道，沪杭甬高速拓宽工程、杭州湾跨海大桥及南北连接线工程、申苏浙皖高速浙江段及直通浦东的沪杭高速复线工程相继上马；上海提出要形成高速公路基础网络及出省快速通道网络，建立中心城区与新城、区县、重要交通枢纽、工业区和集散地之间的快速联系，形成"153060"高速公路网建设目标。

2010年长三角地区高等级公路网络逐步提升和完善，建成通车的高速公路达5500多公里，新通车的高速路段主要有沈海高速、沪常高速、沪渝高速、宁太高速、扬溧高速、长深高速、沪芦高速、杭州湾环线高速、申嘉杭高速、申嘉湖高速、杭长高速、杭瑞高速、杭新景高速、诸永高速、甬金高速、台金高速、甬舟高速、杭州绕城南段、宁波绕城、上海郊环线南段和浦东段等高速公路。在过江跨海通道建设方面，南京长江三桥和润扬大桥于2005年建成通车，杭州湾跨海大桥和苏通大桥分别在2008年建成通车，长江隧桥于2009年10月31日正式通车，舟山大陆连岛工程于2009年12月25日实现全线通车，这些巨型工程的建成大幅度拉近了杭州湾南岸和长江以北地区与上海间的时间与空间距离。

第二节　长三角地区公路交通网络规模与等级

一　区域公路交通网络密度比较

交通网络密度是衡量地区交通基础设施发展水平的重要指标，也是衡量道路作为社会经济发展的重要基础设施满足交通需求程度的直观指标（金凤君等，2008）。路网密度通常用单位国土面积或单位人口拥有的各种运输线路的长度表示，即平均百平方公里或平均万居民拥有的交通线路长度。本书采用面积密度来衡量长三角地区各县市高等级公路交通网络的发展水平，其表达式为：

$$D = \frac{L}{S} \tag{5-1}$$

式5-1中，D 表示路网密度，值越大表示区域道路网的规模越大；L 表示交通线路长度；S 表示国土面积（不包括长江和大型湖泊水域的面积）。

考虑到选定年份数据获取的相对准确性，为了增强地域单元间公路交通规模的可比性，在这里仅统计各年份的高速公路、国道和省道三种等级公路的交通网络密度，借助 ArcGIS 9.3 软件，通过对长三角地区 1992 年、1998 年、2004 年和 2010 年 4 个年份的公路交通网络数据与行政区单元相叠置，以各县级及以上城市为分析单元进行各级公路里程的统计，并将统计结果与各区域单元做属性连接，计算路网密度，同时为更直观地表达不同县市路网密度的空间分布，通过对各区域单元路网密度的分级和空间可视化表达，生成长三角地区公路交通网络的密度分布图（见图 5 - 1）。

研究期间长三角地区各县级及以上城市的路网密度均得到了大幅度的提升，全区包括高速、国道和省道在内的路网平均密度由 1992 年的 6.80 公里/百平方公里提升至 2010 年的 14.14 公里/百平方公里，提升了 107.94%。1992 年公路交通以国道和省道为主，交通网络发育水平较低，50% 以上县市的路网密度都在平均水平以下，尤其是淳安、兴化、宝应、嘉善、姜堰、仪征、上虞、慈溪和绍兴县等的路网密度在 4.5 公里/百平方公里以下，国道和省道交叉过境的县市路网密度相对较高，江阴、靖江、绍兴、上海、句容、镇江、台州和海门等的路网密度都在 10 公里/百平方公里以上。

1998 年长三角地区进入高速公路建设的线性拓展阶段，各县市平均路网密度增至 8.4 公里/百平方公里，尚有 58.1% 的县市路网密度在平均水平以下，尤其是淳安、兴化、仪征、仙居和建德等县市的路网密度在 5 公里/百平方公里以下；路网密度在 10 公里/百平方公里以上的县市主要集中在沿江、沿沪宁、沪杭和杭甬沿线地区，尤其是镇江、无锡、泰州、绍兴、江阴和靖江等地位居前列，其路网密度在 14 公里/百平方公里以上。47% 的县市路网密度提升幅度都在 1 公里/百平方公里以上，尤其是无锡、嘉兴、绍兴、丹阳、泰兴、江阴和余姚等地的路网密度提升幅度在 4 公里/百平方公里以上。

2004 年长三角地区各县市公路网络的平均密度增至 11.06 公里/百平方公里，与 1998 年相比增长了 31.67%，而路网密度的县市间差距呈现绝对差异持续增加、相对差异基本保持平稳的态势。60% 的县市路网密度在平均水平以下，尤其是淳安、建德、仙居、嵊州和嘉善等地的路网密度不

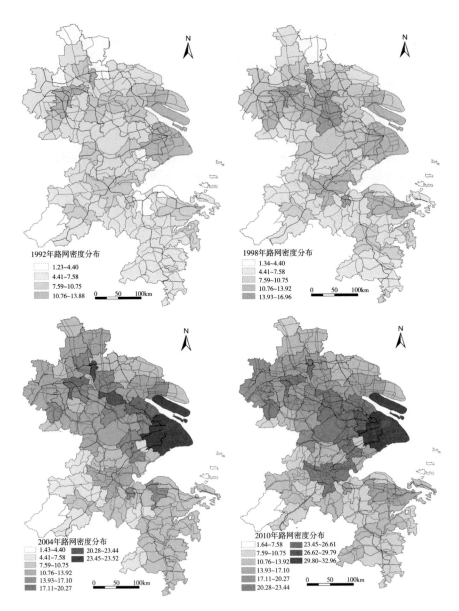

图 5-1　长三角地区公路交通网络密度空间分布

足 7 公里/百平方公里；路网密度较高的地区集中连片分布在沪宁、沪杭沿线和江苏沿江地区，这在很大程度上得益于高速公路的大规模建设，尤其是上海、江阴、泰州、太仓、常熟和镇江等的路网密度在 17 公里/百平方公里以上。另外，无锡、嘉兴、杭州、常州和苏州的路网密度也相对较高。

2010 年长三角地区基本建成了覆盖全域的高速公路网，80% 以上的县市路网密度增至 10 公里/百平方公里以上，空间上呈现以上海和苏锡地区为中心向南北两翼地区逐渐降低的态势，江苏的路网密度普遍高于浙江，上海及邻接周边县市的路网密度较高，昆山、苏州、江阴、无锡、太仓、吴江、嘉兴、常熟和海宁等的路网密度都在 20 公里/百平方公里以上，江苏 66% 以上县市的路网密度都在 15 公里/百平方公里以上，而浙江除沪杭沿线地区的路网密度相对较高外，绍兴、宁波、台州所辖的部分县市以及西南部山区的路网密度则较低，淳安、绍兴县、温岭、台州、嵊州、富阳、象山、上虞、玉环、安吉、建德、三门、临海和新昌等的路网密度都在 11 公里/百平方公里以下，地形条件的约束可能是该地区路网密度低的主要原因。中心城市市区的路网密度优势并不突出，主要原因在于在长三角地区宏观区域尺度上仅考虑了沟通县市间经济往来的由高速公路、国道和省道三级道路构成的公路交通网络，而中心城市内部的各等级街道和大量的低等级道路则没有纳入上述路网密度的统计分析中。

二　区域公路交通网络平均等级

鉴于路网密度指标忽略了各县市交通网络的等级特征，不足以全面反映地区公路交通网络的发展水平，为进一步考察各级公路的等级组合状况，在此采用区域公路交通网络平均等级指数来对各地区交通网络的等级水平进行测度，其表达式为：

$$G = \frac{\sum_{i=1}^{n} G_i L_i}{\sum_{i=1}^{n} L_i} \tag{5-2}$$

式 5-2 中，G 表示区域公路网络的平均等级指数，值越小表示路网等级越高，反之则表示路网等级越低；L_i 表示县市内高速公路、国道和省道的交通里程；G_i 表示 i 等级公路的权重，暂设定高速公路、国道、省道的等级权重分别为 1、2、3。

通过对各县市公路交通网络平均等级指数的测算，并按等间距法进行等级划分和可视化成图（见图 5 - 2）。随着长三角地区路网等级组合结构的改善，全区路网平均等级得到了大幅度提升，平均等级指数由 1992 年的 2.69 降至 2010 年的 2.19，但各县市间路网等级差异还较为突出。1992 年各县市路网等级都在 2 以上，高于全区平均等级的县市有 33 个，占地域单元总数的 44.6%，路网等级较高的县市主要沿 312 国道、318 国道、320 国道、329 国道和 104 国道分布，尤其是仅有国道过境或两条国道交叉过境的县市路网等级较高，如嘉善、上虞、桐乡、湖州、建德及南京等；路网等级较低的县市主要分布在边界地区或两条高等级公路间隔的地带，扬州和南通所辖的部分县市、杭州所辖的西南边界县市、宁波和台州所辖的沿海县市等 28 个县市尚无国道及国道以上等级公路通过，区域平均路网等级为 3。

1998 年长三角地区进入高速公路建设的快速发展期，全区平均路网等级得到一定程度的提升，平均等级指数降至 2.60，高于全区平均等级的县市有 36 个，占地域单元总数的近五成，路网等级较高的县市主要为沪宁、沪杭甬和锡澄高速公路通过的县市，尤其是桐乡、上虞、嘉善和昆山等县市的平均路网等级在 2 以内；路网等级较低的县市主要集中在杭州湾以南、杭州以西和长江以北地区，区域平均路网等级为 3 的县市单元数降至 24 个，尤其需要指出的是姜堰路网等级降低的主要原因在于 328 国道的改线。

2004 年长三角地区高速公路网络基本建设形成，全区平均路网等级得到进一步提升，平均等级指数降至 2.40，高于全区平均等级的县市单元有 37 个，占地域单元总数的一半，路网等级较高的县市集中连片分布在沪宁、沪杭甬、宁杭和上三高速公路通过的县市以及江苏沿江县市，尤其是桐乡、上虞、嘉兴、嘉善、南京、湖州、苏州和杭州等的平均路网等级在 2 以内，这些地区的高速公路和国道在公路网络中已占据主要地位；路网等级较低的县市主要集中在长三角南北两翼和西南边界地区，路网平均等级为 3 的县市降至 11 个，反映了高速公路和国道已基本覆盖了长三角地区 85% 以上的县市。

2010 年随着长三角地区高速公路网络的提升，全区的平均路网等级再度得到改善，平均等级指数降至 2.19，高于全区平均等级的县市增至 41 个，路网等级较高的县市主要分在沪宁、沪杭、杭甬、沿江、沪陕、沪渝等高速公路通过的地区并沿上三高速公路向台州方向延伸，路网等级小于

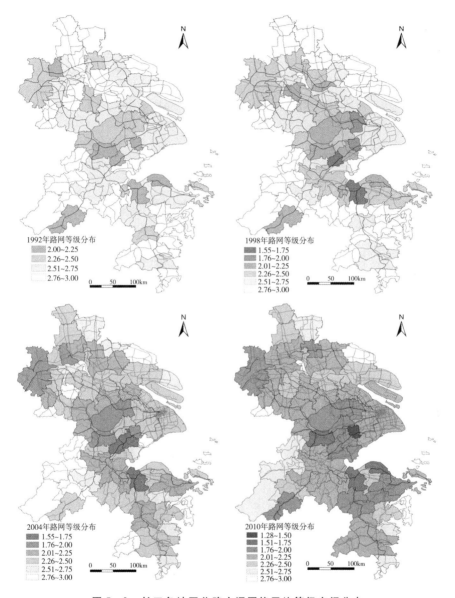

图 5 – 2　长三角地区公路交通网络平均等级空间分布

2 的县市增至 18 个，反映了高速公路在这些地区的公路交通体系中已占据主导优势地位，如嘉善、湖州、上虞、慈溪等的路网等级都在 1.75 以内，主要中心城市市区的路网等级均相对较高，除泰州和南通外，其他都在全区平均等级以上；路网等级较低的区域范围大幅度压缩，等级为 3 的县市降至 6 个。除此之外，边界县市临安、三门、温岭、安吉、兴化、淳安和高淳等的路网等级在 2.5 以上，其他县市的路网等级都在 2.5 以内。

第三节　长三角地区公路交通网络结构总体特征

一　交通网络总体特征测度方法

交通网络是某地区各种交通运输方式的线段、节点及相应辅助设施组成的复合体。交通网络结构是交通运输方式的种类、数量、点线类型、衔接关系及与需求的匹配程度。以图论为基础，区域交通网络可抽象为节点和线路的组合。其中，节点是各路段的连接处，是交通流产生和路径变换的地点，包括各运输方式的车站、枢纽或多种运输方式的接合部，如城市、道路交叉口等；线路是连接交通节点的各类线状交通基础设施，是交通流动的载体。通过图形参数可以反映交通网络的结构特征，如曹小曙、阎小培（2003）通过刻画网络结构的系列指标对东莞市交通网络演化及由此引起的通达性格局变化进行了研究；李红、张平宇（2009）以城市最短路径矩阵为基础选取通达指数等对辽宁中部城市群高等级公路网络的发育程度进行了评价。其中，β 指数、μ 指数、γ 指数和 α 指数是常用的指标。

（一）β 指数

β 指数又称网络连接度，是交通网络节点的平均连线数目，其表达式为：

$$\beta = \frac{L}{V} \tag{5-3}$$

式 5-3 中，β 表示交通网络连接度，β 取值一般为 0~3，值越大表明网络的连接度越好，通达性越高。当 $\beta<1$ 时，表示网络形成树状格局；当 $\beta=1$ 时，表示会形成单一回路；当 $\beta>1$ 时为回路网络，表明将有更复杂的连接度水平。L 为交通网络中边的数量，即两节点间的直接连接数目；V 为交通网络中的节点数目，具体指各级城镇节点或道路交叉点（不计节点等级）。

（二）μ 指数

μ 指数又称环路指数，表示网络中有多少环路数，μ 越大表示环路数越多，网络越发达，其表达式为：

$$\mu = L - V + P \qquad (5-4)$$

式 5-4 中，L 和 V 的含义同式 5-3，P 表示子图个数。若网络是连通的，则 $P = 1$，否则等于联通块个数。

（三）γ 指数

γ 指数又称实际结合度，是网络内各节点之间连线的观察数目和连线最大限度数目的比值，其表达式为：

$$\gamma = \frac{L}{L_{max}} = \frac{L}{3(V-2)}, (V \geqslant 3, V \in \mathbf{N}) \qquad (5-5)$$

式 5-5 中，L 和 V 的含义同式 5-3，γ 指数的变化范围为 0 ~ 1。当 $\gamma = 0$ 时，表示没有节点相连；当 $\gamma = 1$ 时，表示每个节点彼此相连。如果网络中无连线，即各节点毫不相连，则 γ 值为 0；如果网络中每一个节点都同其他节点相连，则网络达到最大连通状态，γ 值为 1。

（四）α 指数

α 指数又称实际成环率，为网络中环路数与理论最大环路数的比值，是度量网络回路性的指标，其表达式为：

$$\alpha = \frac{实际环路数}{最大环路数} = \frac{L - V + 1}{2V - 5}, (V \geqslant 3, V \in \mathbf{N}) \qquad (5-6)$$

式 5-6 中，L 和 V 的含义同式 5-3，α 指数的取值范围为 0 ~ 1。当 $\alpha = 0$ 时，表示网络无回路；当 $\alpha = 1$ 时，表示网络具有最大可能的回路数。指数为 0 表示没有回路，指数为 1 表示回路数达到最大程度，网络中的回路性与网络节点等级层次无关。

二　公路交通网络结构特征

通过对各年份长三角地区由高速公路、国道和省道组成的公路交通网络的 β 指数、μ 指数、γ 指数和 α 指数的测算发现，研究期间长三角地区高等级公路交通网络的连接程度不断提高，道路的网络化结构日益成熟。β 指数从 1992 年的 1.363 增至 2010 年的 1.762，增加了 0.399；μ 指数从 1992 年的 90 增至 2010 年的 831，增长了 8.2 倍；γ 指数由 1992 年的 0.458 增至 2010 年的 0.588，增长了 28.4%；α 指数由 1992 年的 0.186 增至2010年的0.382，增长了105.4%。反映了1992～2010年长三角地区公路交通网络结构呈现由低等级的树状网络向更为成熟的方格状网络演进的态势（见表5-1）。

表5-1　长三角地区公路交通网络拓扑结构特征

指标	1992年	1998年	2004年	2010年
L数目	334	437	1071	1919
V数目	245	296	668	1089
β指数	1.363	1.476	1.603	1.762
μ指数	90	142	404	831
γ指数	0.458	0.495	0.536	0.588
α指数	0.186	0.242	0.304	0.382

注：根据路网连接率的意义，当β指数为1时，路网布局为树状，各节点为二路联通；当β指数为2时，路网布局为方格状，各节点为四路联通；当β指数为3时，路网布局为三角形网状，各节点为六路联通。

但长三角地区路网空间生长尚未饱和，外向拓展和内部充填的潜力还较大。由于一条线路只能与两个节点相连接，而一个节点可以与任意条线路相连接，所以节点是网络扩展的基础。由于α指数和γ指数分别表示实际成环率和实际结合度，则$1-\alpha$和$1-\gamma$可用来表示环与线的结合潜力。2010年成环潜力和成线潜力虽然达到研究期间的最低值，但仍分别高达61.8%和41.2%，表明路网内部还存在大量的"空隙"板块，尤其是在网络边缘和水域阻隔区存在大量的空白地带，呈现大量的"结构空洞"，路网外向扩展和内部充填的潜力空间还较大。

第四节　长三角地区公路交通网络地域特征

一　交通网络地域特征测度方法

交通网络由节点和线路组成，采用节点中心度和线路非直线系数指标从节点和线路两方面对长三角地区公路交通网络结构的地域特征进行分析。

（一）节点中心度

节点中心度是表征节点连接程度的重要指标，节点i的中心度指的是在区域交通网络中与该节点直接连接的节点的数目，反映一个节点对其他节点的直接影响力，其表达式为：

$$k_i = d(x) \qquad\qquad (5-7)$$

式 5-7 中，k_i 表示交通节点 i 的中心度，节点取各县市节点和各等级公路的交叉口，不计节点等级，中心度值越大表示节点在网络中的地位越重要；$d(x)$ 表示与节点 i 相连的边的数目。

（二）线路非直线系数

线路非直线系数是两节点间的最短公路里程与两节点间直线距离的比值，非直线系数越小，表示两节点间交通线路弯曲度越小，线路网络结构越优，其表达式为：

$$LR_{ij} = \frac{D_{ij}}{L_{ij}}, LR_i = \frac{1}{n}\sum_{j=1}^{n} LR_{ij} \qquad\qquad (5-8)$$

式 5-8 中，LR_{ij} 表示节点 i 和节点 j 间的非直线系数；LR_i 表示节点 i 的平均非直线系数；D_{ij} 表示节点 i 和节点 j 间的最短公路里程；L_{ij} 表示节点 i 和节点 j 间的直线距离；节点取各县级及以上城市节点，n 为 74。

二　公路交通网络地域结构特征

（一）网络节点中心度

以各年份公路交通网络的空间数据库为基础，运用 GIS 软件在线路交叉口自动添加节点，建立新的节点和线路的空间数据库，通过去除环线、孤立点和孤立线路以及超出研究区域范围的节点等，建立公路交通网络拓扑结构图。统计各节点的连接边数并通过趋势面分析进行空间可视化表达（见图 5-3）。

研究期间长三角地区高等级公路网络平均度指数不断提高，各节点中心度的平均值由 1992 年的 2.927 增至 2010 年的 3.494，表明长三角地区公路网络中各节点由早期的与 1~3 个节点直接相连提升至当前的与 3~4 个节点直接相连，同时也说明了区域公路网络受二维平面网络结构的限制，整个网络的节点中心度不可能很大。如果界定近似平均中心度值的节点为中度节点，度值远大于平均中心度值的节点为高度节点，其在道路网络中占据主导和核心地位，远小于平均中心度值的节点为低度节点，其处于依

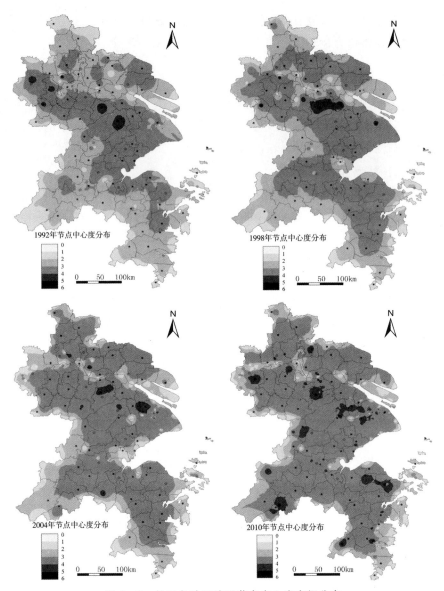

图5-3　长三角地区路网节点中心度空间分布

附和从属地位，则1992年节点中心度值为1～3的节点占全部节点的比重为78.8%，中心度值高于4的节点不足3%，2010年节点中心度值为3～4的节点占全部节点的比重为80.4%，而中心度值高于4的节点仅为5%左右，反映了长三角地区公路交通网络中的节点以中度节点为主，高度节点相对较少。

从各节点中心度的空间分布看，各节点中心度间的变异系数由 1992 年的 0.236 降至 2010 年的 0.208，表明公路网络连接整体上日益向均衡化和网络化的态势转变，中低度节点呈明显的集中连片分布，高度节点则呈散点状零星分布，表现出明显的间断性和跳跃性。1992 年节点中心度空间分布整体上表现出以苏锡嘉地区为核心向两翼周边地区递减的环状等级圈层结构并形成三个等级区间。其中，中心度为 4 的节点集中在 312 国道、318 国道、320 国道和 329 国道沿线地区呈"Z"形分布，在长江以北的苏中地区也有块状分布，主要在于这些地区地处平原，各地区公路网络发育起步较早；中心度值为 3 的节点分布较为广泛，而中心度值较低的节点主要分布在南北两翼、西南山区和沿海等边界地区。2010 年中心度值为 3 或 4 的节点分布范围大幅度拓展，几乎包括了除江苏沿江部分地区、环杭州湾部分地区和边界地区外的整个长三角地区，反映了长三角大部分地区正逐步形成方格状的道路网络体系，这与前述结论基本吻合；高度节点呈散点状分布且不断增加，在空间位置上保持较好的延续性和惯性，主要分布在中心城市的城区和重要的道路网络交叉口或要素集散地。综上所述，区域公路网络结构形态是在地形限制和交通规划引导下的自组织与他组织共同作用下形成的，受地形的影响，网络节点中心度的大小基本遵循平原 > 丘陵 > 山地 > 水域的自组织效应，而受交通建设成本和交通需求的影响，交通网络发育又呈现以社会经济活动为主的被组织效应。

（二）线路非直线系数

借助 GIS 技术的网络分析功能获得长三角地区各县级及以上城市节点间的最短公路里程和节点间的空间直线距离，进而根据式 5 - 8 得出县级及以上城市节点对外交通网络的平均非直线系数（见表 5 - 2）。从表 5 - 2 可以看出，1992 ~ 2010 年节点平均非直线系数均表现出不同程度的降低态势，节点平均非直线系数的平均值由 1992 年的 1.410 降至 2010 年的 1.223，平均降低了 13.3%，反映了各县市节点间道路迂回度在降低，线路结构不断优化。但由于地形地貌、节点位置等因素的影响，各节点的平均非直线系数还存在较大的差异，1992 年平均非直线系数最小的高邮为 1.264，而平均非直线系数最高的嵊泗为 1.936，极差高达 0.672，排在前 5

位的高邮、江都、镇江、杭州和宝应的平均非直线系数在 1.27 以内，而排在后 5 位的嵊泗、海宁、岱山、海盐和余姚的平均非直线系数都在 1.65 以上；2010 年平均非直线系数最小的丹阳为 1.162，而平均非直线系数最大的仙居为 1.412，极差为 0.250，排在前 5 位的丹阳、南京、杭州、扬州和宁波的平均非直线系数降至 1.175 以内，排在后 5 位的仙居、岱山、玉环、淳安和桐庐的平均非直线系数也都在 1.42 以内。由此可看出，各节点平均非直线系数的地区间差异在大幅度降低。进一步采用标准差和变异系数对各年份各节点平均非直线系数的绝对差异和相对差异进行测算发现，标准差依次为 0.131、0.111、0.114 和 0.042，而变异系数分别为 0.093、0.082、0.087 和 0.034，反映了各城市节点平均非直线系数的绝对差异和相对差异均表现出大幅度降低的态势，公路交通网络结构向均衡化方向发展。

表 5－2　长三角地区城市节点平均非直线系数

县　　市	1992 年	1998 年	2004 年	2010 年	县　　市	1992 年	1998 年	2004 年	2010 年
上海市区	1.442	1.369	1.355	1.180	如　皋　市	1.345	1.297	1.295	1.204
南京市区	1.281	1.227	1.203	1.164	海　门　市	1.460	1.391	1.318	1.214
溧　水　县	1.297	1.253	1.247	1.186	扬州市区	1.305	1.269	1.202	1.174
高　淳　县	1.485	1.355	1.308	1.269	宝　应　县	1.269	1.236	1.191	1.185
无锡市区	1.324	1.302	1.261	1.210	仪　征　市	1.354	1.326	1.217	1.183
江　阴　市	1.340	1.290	1.238	1.179	高　邮　市	1.264	1.252	1.199	1.190
宜　兴　市	1.311	1.275	1.225	1.196	江　都　市	1.265	1.246	1.210	1.198
常州市区	1.281	1.248	1.214	1.187	镇江市区	1.268	1.244	1.200	1.198
溧　阳　市	1.315	1.265	1.239	1.208	丹　阳　市	1.355	1.296	1.196	1.162
金　坛　市	1.308	1.285	1.213	1.191	扬　中　市	1.349	1.331	1.243	1.237
苏州市区	1.336	1.303	1.285	1.188	句　容　市	1.305	1.254	1.223	1.187
常　熟　市	1.349	1.308	1.266	1.190	泰州市区	1.283	1.267	1.221	1.209
张家港市	1.426	1.332	1.287	1.206	兴　化　市	1.341	1.273	1.210	1.196
昆　山　市	1.469	1.419	1.368	1.228	靖　江　市	1.323	1.296	1.262	1.191
吴　江　市	1.364	1.328	1.307	1.205	泰　兴　市	1.312	1.273	1.239	1.195
太　仓　市	1.404	1.368	1.339	1.198	姜　堰　市	1.292	1.276	1.222	1.207
南通市区	1.383	1.359	1.309	1.190	杭州市区	1.268	1.264	1.207	1.171
海　安　县	1.323	1.292	1.273	1.218	富　阳　市	1.344	1.322	1.287	1.260
如　东　县	1.364	1.289	1.260	1.175	临　安　市	1.312	1.312	1.304	1.239
启　东　市	1.501	1.476	1.443	1.227	建　德　市	1.363	1.352	1.312	1.280

县　　市	1992 年	1998 年	2004 年	2010 年	县　　市	1992 年	1998 年	2004 年	2010 年
桐 庐 县	1.362	1.351	1.327	1.289	安 吉 县	1.376	1.372	1.311	1.213
淳 安 县	1.392	1.356	1.348	1.294	绍兴市区	1.366	1.352	1.258	1.233
宁波市区	1.541	1.411	1.341	1.174	诸 暨 市	1.452	1.434	1.294	1.245
余 姚 市	1.656	1.464	1.429	1.225	上 虞 市	1.487	1.397	1.334	1.241
慈 溪 市	1.637	1.589	1.506	1.223	嵊 州 市	1.407	1.400	1.325	1.257
奉 化 市	1.611	1.461	1.407	1.235	绍 兴 县	1.358	1.318	1.244	1.219
象 山 县	1.593	1.568	1.539	1.255	新 昌 县	1.500	1.383	1.348	1.256
宁 海 县	1.424	1.406	1.379	1.231	舟山市区	1.637	1.518	1.473	1.274
嘉兴市区	1.421	1.345	1.340	1.198	岱 山 县	1.745	1.679	1.636	1.319
平 湖 市	1.553	1.517	1.472	1.221	嵊 泗 县	1.936	1.888	1.865	1.208
海 宁 市	1.757	1.432	1.363	1.259	台州市区	1.380	1.364	1.287	1.287
桐 乡 市	1.429	1.340	1.276	1.208	温 岭 市	1.322	1.321	1.264	1.264
嘉 善 县	1.506	1.437	1.430	1.234	临 海 市	1.338	1.336	1.249	1.224
海 盐 县	1.664	1.612	1.605	1.282	玉 环 县	1.342	1.338	1.303	1.303
湖州市区	1.351	1.305	1.260	1.217	三 门 县	1.467	1.386	1.329	1.242
德 清 县	1.349	1.296	1.253	1.205	天 台 县	1.387	1.332	1.275	1.239
长 兴 县	1.361	1.306	1.251	1.211	仙 居 县	1.531	1.498	1.443	1.412

　　为进一步对两两节点间的非直线系数进行比较，分别对节点间非直线系数的频率分布和累积频率分布进行统计（见图 5-4）。从图 5-4 可以看出，节点间的非直线系数频率分布表现出明显的左偏态分布特征，且随着节点非直线系数的减小左偏态分布特征越来越显著。1992 年各县市节点间公路线路的非直线区域差异较大，两两节点间的非直线系数最小的嘉兴与平湖为 1.012，公路道路里程近似等于直线距离，而两两节点间非直线系数最大的嵊泗与上海则高达 4.167，由此造成节点间非直线系数的分布频率较为分散，但主要集中在 1.0～2.0，占全部节点对总数的 95% 以上。65% 以上的节点对间的非直线系数为 1.0～1.4，非直线系数为 1.2～1.4 的节点对所占比重最高，达 46.9%，非直线系数在 3.0 以上的节点对所占比重为 1%。随着公路交通的大规模建设，2010 年城市节点间的道路里程大幅度缩减，节点对间的非直线系数大幅度降低，节点非直线系数的频率分布向左方集中，全部节点对间的非直线系数集中在 1.0～2.4，90% 以上的节点对间的非直线系数为 1.0～1.4，其中非直线系数为 1.0～1.2 的节点对所占比重最高，在五成以上。地区间公路交通非直线系数的大幅度降低反映了地区间交通里程的缩减，有利于城市节点间交通便捷性的提升和交通可达性的改善。

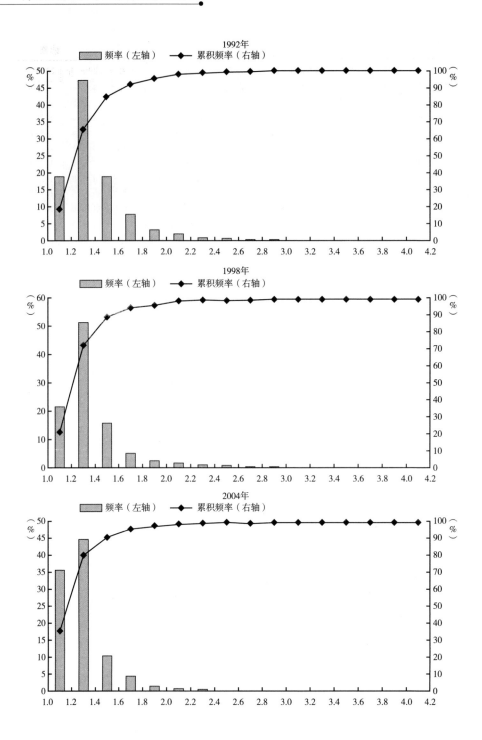

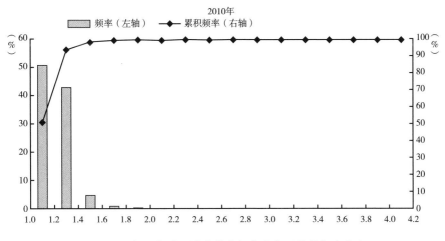

图 5 - 4　长三角地区城市节点间非直线系数的频率分布

第五节　长三角地区公路交通可达性测度方法

可达性是交通网络中各节点间相互作用机会的大小，或指借助某种交通方式从给定地点到达指定活动地点的便捷程度。自 Hansen 于 1959 年提出可达性概念以来，其内涵和外延不断丰富和发展，现已成为交通网络结构功效和区域联系便捷度评价的有效综合指标，并受到国内外学者的广泛关注。随着对可达性概念和内涵认识的深化和应用领域的拓展，以及可达性度量方法的不断涌现和改进，对可达性相关论题的实证研究也越来越多，研究对象涉及铁路、公路及航空运输等多种交通方式。国外研究多集中在铁路和公路方面，Gutiérrrez 等（1996，2001）采用多项定量指标，从不同尺度对跨欧洲高速铁路网可能引起的欧洲各城市可达性的变化及马德里－巴塞罗那－法国边境高速铁路线对未来欧洲可达性的影响进行了研究；Dupuy 和 Stransky（1996）运用系列网络指标对欧洲城市公路可达性及其等级体系进行了探讨；Linneker 和 Spence（1996）研究了伦敦环形公路所引起的可达性变化对区域经济的影响。国内有学者分别对不同区域不同交通方式下的可达性空间格局及时序演变特征进行了定量分析，在全国层面上对国家公路网、铁路网扩展与客运提速、高速铁路建设等的交通可达性及其空间格局进行了测度或预测；在经济区或城市群层面上对长三角地区、安徽沿江地区、武汉都市圈、京津冀都市圈等的中心城市交通可达性及其空间格局进行了分析；在省区层面上对江苏、湖南、浙江、陕西、河南等省份的交通可达性及其时空演变格局进行了探讨。

一 可达性主要测度指标

从已有的研究文献来看，可达性常用的度量方法包括距离法、累积机会法、等值线法、重力模型法、概率法、频率法、平衡系数法、时空法、效用法、基于矩阵的拓扑法和基于空间句法的拓扑法等（陈洁等，2007）。距离法是指采用各种距离作为可达性的度量指标，距离越小表示可达性水平越高；累积机会法是在设定某一出行成本的前提下，将从某地出发能达到的机会的多少作为可达性的度量指标；等值线法通过对出行成本进行分级，按不同成本等级分别累计可到达的吸引点数量；重力模型法通过计算某度量点以外的所有吸引点施加到该点的势能总和来评价该点的可达性。对于不同的方法而言，其适用范围也不同，距离法和重力模型法适用于各种尺度的可达性度量，累积机会法和等值线法适用于不同时空条件下交通设施状况、土地利用变化的比较研究。下面主要从城市节点可达性和区域可达性两个角度采用节点加权平均旅行时间、机会可达性和区域可达性三个指标对长三角地区城市交通网络的功效进行分析。

（一）加权平均旅行时间

加权平均旅行时间是评价一个节点到达区域各节点的时间度量，它偏重于从时间节约或费用节约的角度来衡量节点的可达性水平，能够直观地表现可达性水平的高低及变化。加权平均旅行时间主要由被评价节点的空间区位决定，也受节点经济实力及节点间交通设施状况的影响，其表达式为：

$$A_i = \frac{\sum_{j=1}^{n}(T_{ij} \times M_j)}{\sum_{j=1}^{n} M_j} \tag{5-9}$$

式 5-9 中，A_i 为城市节点 i 的可达性，其值越小表示节点的可达性越优，反之则越差；T_{ij} 表示城市节点 i 通过交通网络中时间最短的路径到达城市节点 j 的最短旅行时间；M_j 表示城市节点 j 的质量，这里采用第四章的城市综合实力表示。

为使可达性值在各节点间更具可比性，并进一步反映各节点的可达性变化趋势及其在整个区域中所处的地位，参照数据无量纲化的处理方法采用相对可达性系数来反映各节点相对可达性水平的高低，并将其定义为节点可达性与区域内节点平均可达性的比值，它能反映节点相对可达性水平的高低，其值越小表示节点相对可达性越好，其表达式为：

$$A'_i = \frac{A_i}{\bar{A}_i} \qquad\qquad (5-10)$$

式 5 – 10 中，A'_i 为节点相对可达性系数，值小于 1 说明该点的可达性优于区域节点的平均可达性水平，值大于 1 说明该点的可达性低于区域节点的平均可达性水平；A_i 为节点 i 的可达性值；$\bar{A}_i$ 表示区域节点的平均可达性。

（二）机会可达性

累积机会法是基于机会的多少来衡量节点可达性的指标，它以可达机会数为度量单位，在设定的出行距离或出行时间之内，计算从出发点能接近的机会数量。累积机会法包括机会可达性和日可达性，该方法通过给定旅行时间或者旅行距离，将节点能接近的目的地数量、比率或累计比率作为可达性的大小。

（三）区域可达性

本书将区域可达性定义为区域内任意点到达区域内各县市节点的可达性的平均值，其表达式为：

$$A_i = \frac{1}{n} \sum_{j=1}^{n} T_{ij} \qquad\qquad (5-11)$$

式 5 – 11 中，A_i 表示区域内任意一点的平均可达性，它体现了该点在区域内的交通区位优势，其值越小表示该点的可达性越好；T_{ij} 表示区域中的点 i 通过交通网络中通行时间最短的线路到达城市节点 j 的通行时间；n 为县市节点数，$n = 74$。

二　可达性分析技术

基于矢量数据结构模型的最短路径网络分析法在交通可达性研究中得到了广泛的应用，它能够准确而方便地获取节点间的最短时间距离，是测度节点可达性最有效的方法，但由于交通网络为线状结构，不能覆盖整个研究区域，因此网络分析法对区域平均可达性的分析在精度方面误差较大。而栅格数据模型更有利于揭示空间对象的分布特征，栅格成本加权距离法逐步成为测度区域交通可达性的有效方法。

（一）网络分析法

考虑到铁路在营运时间和班次方面的限制较严且站点较少，铁路网络与公路网络的换乘仅在特定地点才能展开，铁路网络还难以融入公路交通网络进行一体化的矢量网络分析，并且在铁路交通沿线附近一般都有主干公路交通线路通过，因此本书仅考虑公路交通的可达性效应。利用收集到的4个年份各等级公路的信息构建交通网络矢量信息数据库，继而进行拓扑处理建立网络数据集，将各县级及以上城市中心抽象为交通网络中的节点，利用 ArcGIS 9.3 的网络分析模块获取节点间的最短旅行时间距离矩阵，由于要获取的是节点间的时间距离成本，所以要对不同等级公路的行车速度进行设定，根据《中华人民共和国公路工程技术标准》（JTGB01 - 2003）对不同等级道路行车速度的规定，并结合不同时期各等级道路的实际行车状况设定各年份各等级道路的行车速度（见表5 - 3）。

表5 - 3　各等级公路行车速度的设定

单位：公里/小时

类别	1992 年	1998 年	2004 年	2010 年	类别	1992 年	1998 年	2004 年	2010 年
高速公路	—	80	100	100	轮渡	8	8	10	12
国　　道	50	50	60	60	桥梁	50	50	60	60
省　　道	40	40	50	50	隧道	—	—	—	80
县　　道	30	30	30	40					

（二）栅格成本加权距离法

栅格成本加权距离法的测算步骤为：①采用边长为 500 米的栅格将 1992 年、1998 年、2004 年和 2010 年 4 个年份的交通和行政区划矢量图进行栅格化，这对于整个长三角地区来说已非常小，其内部可达性的差异可以忽略不计，将区域外的栅格设为无效栅格，将具有阻隔效应的区域（长江、河流、湖泊和杭州湾等无法通行的区域视为阻隔区域）内的栅格设为阻隔栅格；②根据上述对各时期不同等级的道路所设定的不同速度，将栅格赋以不同的时间权重（见表5－4），对于无道路通过的区域，赋以5公里/小时的默认速度，当一个栅格内同时有不同等级的道路通过时，其速度以高级别道路的行车速度为准；③高速公路并非完全开放的，只有高速公路互通口位置才能与周边地区发生联系，采用靳诚等（2010）的方法对高速公路做特殊处理；④将水域经过的栅格设为阻隔栅格，通过栅格计算将其设为空值，不参与空间分析，只有桥梁、汽渡和过江隧道才参与计算，进而利用ArcGIS 9.3的空间分析模块计算出每个县市节点到达区域内任意点的最短旅行时间，根据可达性时间的可逆性，该时间也是区内任意点到达某县市节点的最短旅行时间，通过图层叠加并进行栅格运算得到整个区域内任意点到各县级及以上城市节点的平均可达性。

表5－4 不同等级公路的栅格时间成本

单位：分

类别	1992 年	1998 年	2004 年	2010 年	类别	1992 年	1998 年	2004 年	2010 年
高速公路	—	0.38	0.30	0.30	轮渡	3.75	3.75	3.00	2.50
国 道	0.60	0.60	0.50	0.50	桥梁	0.60	0.60	0.50	0.50
省 道	0.75	0.75	0.60	0.60	隧道	—	—	—	0.38
县 道	1.00	1.00	1.00	0.75	默认	6.00	6.00	6.00	6.00

第六节 长三角地区城市可达性空间格局演变

自1992年以来，长三角地区各县级及以上城市的节点可达性得到了较大幅度的提升，各节点间最短旅行时间的总和由1992年的38217.88小时降至2010年的16576.72小时，下降幅度为56.63%，节点间的平均旅行时间由1992年的7.075小时降至2010年的3.069小时，缩减了4.006小时。由加权平均旅行时间所反映的各城市节点可达性的平均值从1992年的6.625小时降至2010年的2.892小时，减小了56.35%，反映了随着长三角地区公路交通基础设施的建设、交通网络结构的改善和道路等级的提升，城市节点间的整体可达性得到了全面优化和提升。

一 城市节点平均可达性

对于不同地区而言，受路网密度、路网等级、路网结构、城市的空间区位和城市规模的影响，各城市节点的可达性水平及提升幅度还存在较大的差异。1992 年节点可达性最优的吴江的加权平均旅行时间为 4.125 小时，而可达性最差的嵊泗的加权平均旅行时间高达 20.183 小时，极差为 16.058 小时；2010 年节点可达性最优的苏州的加权平均旅行时间降至 1.893 小时，而可达性最差的嵊泗的加权平均旅行时间降至 6.213 小时，极差缩减至 4.320 小时。这反映了城市节点可达性有均衡发展的态势。采用标准差和变异系数对节点可达性的区域间差异进行测算发现，各节点加权平均旅行时间的标准差在 4 个年份分别为 2.441 小时、1.927 小时、1.414 小时和 0.824 小时，而变异系数则分别为 0.368、0.354、0.417 和 0.285，反映了各城市节点可达性的绝对差异呈持续降低的趋势，而相对差异呈波动降低的趋势（见表 5-5）。

表 5-5　长三角地区各城市节点加权平均旅行时间

单位：小时

县　　市	1992 年	1998 年	2004 年	2010 年	县　　市	1992 年	1998 年	2004 年	2010 年
上海市区	5.510	3.789	2.778	2.340	海 安 县	6.513	5.728	3.500	2.922
南京市区	6.576	5.103	3.215	3.141	如 东 县	6.764	6.455	4.074	3.151
溧 水 县	5.748	5.197	3.010	2.767	启 东 市	7.281	6.981	4.215	2.871
高 淳 县	6.929	6.195	3.759	3.371	如 皋 市	6.164	5.343	3.471	2.813
无锡市区	4.445	3.687	2.419	2.102	海 门 市	6.398	6.346	3.583	2.513
江 阴 市	4.807	3.844	2.421	2.269	扬州市区	6.554	5.409	3.367	2.946
宜 兴 市	4.465	4.067	2.359	2.260	宝 应 县	8.507	7.410	4.133	3.877
常州市区	4.584	3.975	2.582	2.347	仪 征 市	6.572	5.704	3.456	3.022
溧 阳 市	4.951	4.563	2.618	2.496	高 邮 市	7.218	6.128	3.627	3.361
金 坛 市	5.015	4.568	2.984	2.582	江 都 市	6.138	5.054	3.099	2.904
苏州市区	4.241	3.484	2.265	1.893	镇江市区	5.585	4.656	3.151	2.696
常 熟 市	4.564	3.933	2.465	2.180	丹 阳 市	5.304	4.400	2.872	2.589
张家港市	4.970	4.287	2.626	2.206	扬 中 市	5.539	5.121	3.271	3.074
昆 山 市	4.690	3.571	2.387	2.009	句 容 市	5.663	4.767	3.139	2.904
吴 江 市	4.215	3.466	2.378	1.896	泰州市区	6.186	5.033	3.147	2.936
太 仓 市	4.738	3.659	2.367	2.068	兴 化 市	7.591	6.484	3.839	3.626
南通市区	5.789	5.411	3.358	2.516	靖 江 市	5.210	4.229	2.547	2.348

县　　市	1992 年	1998 年	2004 年	2010 年	县　　市	1992 年	1998 年	2004 年	2010 年
泰 兴 市	5.370	4.620	2.845	2.642	湖州市区	4.338	3.957	2.427	2.137
姜 堰 市	6.183	5.313	2.983	2.824	德 清 县	4.761	4.094	2.454	2.251
杭州市区	4.823	3.946	2.386	2.208	长 兴 县	4.426	4.091	2.402	2.145
富 阳 市	5.481	4.474	2.851	2.661	安 吉 县	5.153	4.749	3.241	2.446
临 安 市	5.559	4.804	3.193	2.588	绍兴市区	5.540	4.569	2.656	2.520
建 德 市	7.604	6.372	4.338	3.416	诸 暨 市	6.709	5.692	2.797	2.731
桐 庐 县	6.386	5.313	3.564	2.882	上 虞 市	6.015	4.480	2.656	2.488
淳 安 县	8.189	7.096	5.007	3.729	嵊 州 市	6.737	5.332	3.052	2.849
宁波市区	7.789	5.149	3.148	2.855	绍 兴 县	5.302	4.319	2.510	2.370
余 姚 市	6.903	4.516	2.868	2.723	新 昌 县	7.349	5.493	3.084	2.948
慈 溪 市	6.776	5.807	3.168	2.659	舟山市区	11.227	7.789	5.252	3.752
奉 化 市	8.281	5.472	3.440	2.925	岱 山 县	12.944	9.811	6.999	4.681
象 山 县	9.555	7.397	4.597	4.193	嵊 泗 县	20.183	16.516	12.875	6.213
宁 海 县	8.363	6.390	3.688	3.303	台州市区	9.933	7.994	4.369	4.283
嘉兴市区	4.430	3.526	2.256	1.961	温 岭 市	10.363	8.491	4.858	4.768
平 湖 市	4.943	3.881	2.576	2.063	临 海 市	8.894	7.101	3.938	3.849
海 宁 市	5.829	3.880	2.455	2.090	玉 环 县	11.320	9.297	5.558	5.470
桐 乡 市	4.601	3.682	2.294	2.046	三 门 县	8.856	7.098	3.720	3.614
嘉 善 县	4.673	3.675	2.429	2.034	天 台 县	8.061	6.231	3.417	3.296
海 盐 县	5.355	4.576	3.476	2.134	仙 居 县	9.613	7.823	4.682	4.260

　　进一步对各县级及以上城市节点的相对可达性系数进行比较分析（见表5－6），1992 年长三角地区各县市节点可达性高于平均水平的有 47 个，可达性水平居前 10 位的依次为吴江、苏州、湖州、长兴、嘉兴、无锡、宜兴、常熟、常州和桐乡，相对可达性系数不足 0.7，加权平均旅行时间在 4.65 小时以内，绝大多数地级及以上中心城市的可达性都优于全区平均水平，可达性较差的嵊泗、岱山、玉环、舟山和温岭的相对可达性系数为 1.56~3.05，加权平均旅行时间在 10 小时以上，相对可达性系数最高的嵊泗是区域平均水平的 3.046 倍。2010 年各县市节点可达性水平均得到了大幅度的提升，但可达性在平均水平以上的节点降至 45 个，可达性水平居前 10 位的苏州、吴江、嘉兴、昆山、嘉善、桐乡、平湖、太仓、海宁和无锡的相对可达性系数均在 0.73 以内，加权平均旅行时间在 2.11 小时以内，绝大多数地级及以上中心城市节点的加权平均旅行时间在 3.2 小时以内，相对可达性系数在 1.1

以内，而仅舟山和台州的相对可达性系数较高，即便是可达性较差的嵊泗、玉环、温岭、岱山、台州、仙居和象山等的相对可达性系数也为 1.45 ~ 2.15，加权平均旅行时间为 4.19 ~ 6.21，这在一定程度上映射了城市节点可达性在不断提升的过程中也表现出明显的均衡发展特征。

表 5 – 6　长三角地区各城市节点的相对可达性系数

县　　市	1992 年	1998 年	2004 年	2010 年	县　　市	1992 年	1998 年	2004 年	2010 年
上海市区	0.832	0.696	0.819	0.809	扬 中 市	0.836	0.941	0.964	1.063
南京市区	0.993	0.937	0.948	1.086	句 容 市	0.855	0.876	0.925	1.004
溧 水 县	0.868	0.955	0.888	0.957	泰州市区	0.934	0.924	0.928	1.015
高 淳 县	1.046	1.138	1.108	1.165	兴 化 市	1.146	1.191	1.132	1.254
无锡市区	0.671	0.677	0.713	0.727	靖 江 市	0.786	0.777	0.751	0.812
江 阴 市	0.726	0.706	0.714	0.785	泰 兴 市	0.811	0.849	0.839	0.914
宜 兴 市	0.674	0.747	0.696	0.782	姜 堰 市	0.933	0.976	0.879	0.976
常州市区	0.692	0.730	0.761	0.811	杭州市区	0.728	0.725	0.703	0.764
溧 阳 市	0.747	0.838	0.772	0.863	富 阳 市	0.827	0.822	0.840	0.920
金 坛 市	0.757	0.839	0.880	0.893	临 安 市	0.839	0.882	0.941	0.895
苏州市区	0.640	0.640	0.668	0.654	建 德 市	1.148	1.170	1.279	1.181
常 熟 市	0.689	0.722	0.727	0.754	桐 庐 县	0.964	0.976	1.051	0.997
张家港市	0.750	0.788	0.774	0.763	淳 安 县	1.236	1.303	1.476	1.289
昆 山 市	0.708	0.656	0.704	0.695	宁波市区	1.176	0.946	0.928	0.987
吴 江 市	0.636	0.637	0.701	0.655	余 姚 市	1.042	0.830	0.845	0.941
太 仓 市	0.715	0.672	0.698	0.715	慈 溪 市	1.023	1.067	0.934	0.919
南通市区	0.874	0.994	0.990	0.870	奉 化 市	1.250	1.005	1.014	1.011
海 安 县	0.983	1.052	1.032	1.010	象 山 县	1.442	1.359	1.355	1.450
如 东 县	1.021	1.186	1.201	1.090	宁 海 县	1.262	1.174	1.087	1.142
启 东 市	1.099	1.282	1.243	0.993	嘉兴市区	0.669	0.648	0.665	0.678
如 皋 市	0.930	0.981	1.023	0.973	平 湖 市	0.746	0.713	0.759	0.713
海 门 市	0.966	1.166	1.056	0.869	海 宁 市	0.880	0.713	0.724	0.723
扬州市区	0.989	0.994	0.993	1.019	桐 乡 市	0.695	0.676	0.676	0.707
宝 应 县	1.284	1.361	1.218	1.340	嘉 善 县	0.705	0.675	0.716	0.703
仪 征 市	0.992	1.048	1.019	1.045	海 盐 县	0.808	0.841	1.025	0.738
高 邮 市	1.090	1.126	1.069	1.162	湖州市区	0.655	0.727	0.715	0.739
江 都 市	0.926	0.928	0.913	1.004	德 清 县	0.719	0.752	0.723	0.778
镇江市区	0.843	0.855	0.929	0.932	长 兴 县	0.668	0.752	0.708	0.742
丹 阳 市	0.801	0.808	0.847	0.895	安 吉 县	0.778	0.872	0.955	0.846

县　　市	1992 年	1998 年	2004 年	2010 年	县　　市	1992 年	1998 年	2004 年	2010 年
绍兴市区	0.836	0.839	0.783	0.872	嵊泗县	3.046	3.034	3.796	2.148
诸暨市	1.013	1.046	0.825	0.944	台州市区	1.499	1.468	1.288	1.481
上虞市	0.908	0.823	0.783	0.860	温岭市	1.564	1.560	1.432	1.649
嵊州市	1.017	0.979	0.900	0.985	临海市	1.342	1.304	1.161	1.331
绍兴县	0.800	0.793	0.740	0.820	玉环县	1.709	1.708	1.638	1.892
新昌县	1.109	1.009	0.909	1.019	三门县	1.337	1.304	1.097	1.250
舟山市区	1.695	1.431	1.548	1.298	天台县	1.217	1.145	1.007	1.140
岱山县	1.954	1.802	2.063	1.619	仙居县	1.451	1.437	1.380	1.473

从各城市节点可达性的绝对提升幅度来看，在 1992～2010 年整个研究期间，节点可达性绝对提升幅度还存在较大的差异（见表 5-7），研究期间节点加权平均旅行时间绝对提升幅度在平均值 3.733 小时以上的节点有 27 个，其中嵊泗、岱山、舟山、玉环、台州、温岭、象山、奉化、仙居、三门、宁海和临海等地的提升幅度都在 5 小时以上，而绝对提升幅度较低的湖州、宜兴、常州、长兴、吴江、无锡、苏州、常熟、金坛和溧阳等的提升幅度在 2.5 小时以内。从各县市节点可达性的相对提升率来看，相对提升率在平均水平 55.45% 以上的节点有 31 个，相对提升率在 60% 以上的节点分别为嵊泗、舟山、奉化、海宁、岱山、宁波、慈溪、海门、启东、余姚、宁海和海盐等，扬中、金坛、句容、常州、宜兴和溧阳的相对提升率较低，均在 50% 以内。绝对提升幅度与可达性初始值具有明显的空间耦合特征，可达性值越高的地区其可达性改善越明显；而相对变化率并无明显的规律性，主要原因在于相对变化率不仅与绝对提升幅度有关，而且受初始可达性值高低的影响。

对于各阶段而言，绝对提升幅度和相对提升率最高的为 1998～2004 年，各城市节点可达性绝对提升幅度的平均值为 2.052 小时，远高于 1992～1998 年和 2004～2010 年的 1.181 小时和 0.5 小时；1998～2004 年相对提升率的平均值达 37.82%，远高于 1992～1998 年和 2004～2010 年的 17.244% 和 12.699%。主要原因在于 1998～2004 年是长三角地区高速公路从无到有的大发展时期，高速公路的大规模建设使城市节点可达性在短期内得到了大幅度的改善，同时也可看出高速公路网络的构建对可达性的提升较为显著，而受交通建设边际效应递减规律的制约，随着路网结构的完善可达性改善的幅度逐步减弱。

表5-7　长三角地区各城市节点可达性提升幅度

单位：小时

县　市	1992～1998年	1998～2004年	2004～2010年	1992～2010年	县　市	1992～1998年	1998～2004年	2004～2010年	1992～2010年
上海市区	1.721	1.011	0.439	3.171	富阳市	1.007	1.623	0.190	2.821
南京市区	1.474	1.887	0.075	3.435	临安市	0.754	1.611	0.605	2.971
溧水县	0.551	2.186	0.244	2.981	建德市	1.232	2.034	0.922	4.188
高淳县	0.735	2.436	0.388	3.559	桐庐县	1.073	1.749	0.682	3.504
无锡市区	0.758	1.267	0.317	2.343	淳安县	1.094	2.089	1.278	4.461
江阴市	0.964	1.423	0.152	2.538	宁波市区	2.639	2.001	0.293	4.933
宜兴市	0.399	1.708	0.099	2.205	余姚市	2.386	1.648	0.145	4.180
常州市区	0.609	1.393	0.235	2.237	慈溪市	0.969	2.639	0.509	4.117
溧阳市	0.388	1.945	0.123	2.455	奉化市	2.809	2.032	0.515	5.356
金坛市	0.447	1.585	0.401	2.433	象山县	2.158	2.800	0.404	5.362
苏州市区	0.757	1.219	0.372	2.348	宁海县	1.972	2.702	0.385	5.060
常熟市	0.631	1.468	0.285	2.384	嘉兴市区	0.904	1.270	0.295	2.468
张家港市	0.683	1.661	0.420	2.764	平湖市	1.062	1.305	0.513	2.880
昆山市	1.119	1.184	0.379	2.682	海宁市	1.949	1.425	0.365	3.739
吴江市	0.749	1.089	0.482	2.320	桐乡市	0.920	1.387	0.249	2.556
太仓市	1.079	1.292	0.299	2.670	嘉善县	0.998	1.246	0.395	2.639
南通市区	0.378	2.053	0.842	3.273	海盐县	0.780	1.100	1.342	3.222
海安县	0.785	2.229	0.577	3.591	湖州市区	0.381	1.531	0.289	2.201
如东县	0.309	2.381	0.923	3.613	德清县	0.667	1.640	0.203	2.510
启东市	0.299	2.766	1.343	4.409	长兴县	0.335	1.689	0.258	2.281
如皋市	0.821	1.872	0.658	3.351	安吉县	0.405	1.508	0.795	2.708
海门市	0.051	2.763	1.070	3.884	绍兴市区	0.971	1.913	0.135	3.020
扬州市区	1.145	2.043	0.421	3.608	诸暨市	1.017	2.895	0.066	3.977
宝应县	1.097	3.276	0.256	4.630	上虞市	1.536	1.824	0.168	3.527
仪征市	0.868	2.249	0.433	3.550	嵊州市	1.406	2.279	0.203	3.888
高邮市	1.090	2.501	0.266	3.857	绍兴县	0.983	1.809	0.140	2.932
江都市	1.083	1.956	0.195	3.234	新昌县	1.856	2.410	0.136	4.402
镇江市区	0.929	1.505	0.455	2.889	舟山市区	3.438	2.536	1.500	7.475
丹阳市	0.904	1.528	0.283	2.715	岱山县	3.133	2.811	2.318	8.262
扬中市	0.418	1.851	0.197	2.465	嵊泗县	3.666	3.641	6.662	13.969
句容市	0.896	1.628	0.235	2.759	台州市区	1.939	3.625	0.086	5.651
泰州市区	1.153	1.885	0.211	3.250	温岭市	1.872	3.632	0.091	5.595
兴化市	1.107	2.645	0.212	3.965	临海市	1.792	3.163	0.090	5.045
靖江市	0.981	1.682	0.199	2.863	玉环县	2.023	3.739	0.087	5.850
泰兴市	0.751	1.775	0.203	2.728	三门县	1.758	3.378	0.106	5.242
姜堰市	0.870	2.330	0.159	3.359	天台县	1.830	2.813	0.122	4.765
杭州市区	0.877	1.561	0.177	2.615	仙居县	1.790	3.141	0.422	5.353

（二）城市节点机会可达性

累积机会法是指在设定出行成本（时间、距离或费用等）的前提下，将从某地点或城市节点出发能到达或接近其他城市节点的机会（包括就业、就学、就医、购物以及休闲等各个方面）的多少作为可达性的度量指标的一种方法，机会越多表明节点可达性水平越高。以节点间最短旅行时间为成本，以长三角地区 74 个县级及以上城市节点为出发地和目的地，以2 小时为间隔，测算 1992 年、1998 年、2004 年和 2010 年各县级及以上城市到达其他城市节点的机会频率和累积频率（见图 5 - 5）。整体来看，城市节点的机会可达性频率分布呈现典型的左偏态分布特征，且随着节点可达性的提升左偏态分布特征越来越显著。

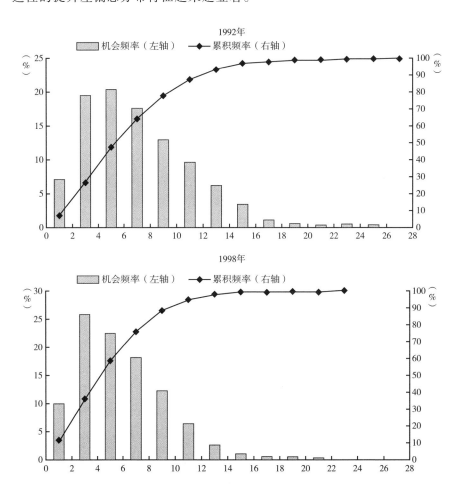

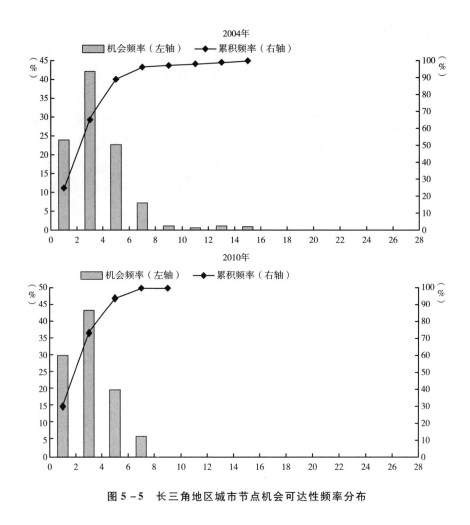

图 5 - 5　长三角地区城市节点机会可达性频率分布

1992 年各城市节点间最短旅行时间区域差异较大，任意两城市节点间可达性最优的绍兴与绍兴县仅为 0.573 小时，最差的宝应与嵊泗之间则高达 26.813 小时，由此造成了城市节点间机会可达性的频率分布较为分散，10 小时内可达的机会数占全部可达机会总数的 77.6%，其中在 2 小时内可达的机会数仅占 7.15%，50% 以上的可达机会集中在 2~8 小时，尤其是 4~6 小时的可达机会数最高，占全部可达机会总数的 20.36%，而 18~28 小时的可达机会数仅占全部可达机会总数的 2%。

1998 年任意两节点间的可达性都得到了不同程度的提升，节点间可达性最优的嘉善与嘉兴间仅为 0.372 小时，可达性最差的宝应与嵊泗间的最短旅行时间降至 22.078 小时，城市节点机会可达性频率分布有向左方集中的态势，10 小时内可达的机会数占全部可达机会总数的比重增至 88.37%，与 1992 年相比增长了 10.77 个百分点，其中 2 小时内可达的机会数占 9.92%，60% 以上的可达机会集中在 2～8 小时，尤其是 2～4 小时可达的机会数最高，占全部可达机会总数的 25.69%，然而尚有 1.55% 的可达机会集中在 16～24 小时。

2004 年任意两节点间的可达性进一步改善，节点可达性最优的绍兴与绍兴县降至 0.251 小时，可达性最差的宝应与嵊泗间的最短旅行时间也降至 15.695 小时，城市节点机会可达性频率分布继续向左方集中，10 小时内可达的机会数占全部可达机会总数的比重增至 97.37%，其中 2 小时内可达的机会数增至 24.03%，70% 以上的可达机会集中在 2～8 小时，尤其是 2～4 小时的可达机会数最高，占全部可达机会总数的比重增至 42.21%，与 1998 年相比提升了 16.52 个百分点，10 小时以上的可达机会数占全部可达机会总数的比重降至 3.59%。

2010 年任意两节点间的可达性再次得到提升，可达性最差的玉环与嵊泗间的最短旅行时间为 9.140 小时，节点机会可达性频率的左偏态分布特征越来越显著，8 小时内的可达机会数占全部可达机会总数的比重增至 99.78%，其中 2 小时内可达的机会数增至 30.06%，60% 以上的可达机会集中在 2～6 小时，尤其是 2～4 小时的可达机会数占全部可达机会总数的比重达 43.61%，而 8 小时以上的可达机会数仅占全部可达机会总数的 0.22%。

三　长三角地区区域可达性演变

采用栅格成本加权距离法借助 ArcGIS 9.3 的空间分析工具得出长三角地区区域空间可达性分布图（见图 5－6）。总体来看，1992～2010 年，随着长三角地区高速公路网络的构建和完善，以及过江通道和跨海大桥的相继建设，长三角地区区域平均可达性得到了大幅度的提升。由区域可达性指标所反映的全区可达性平均值由 1992 年的 6.519 小时降至 2010 年的 1.944 小时，降低了 70.18%。其中，区域可达性最小值由 1992 年的 4.929 小时降至 2010 年的 1.184 小时，降低了 75.98%；区域可达性最大值由 1992 年的 12.211 小时降至 2010 年的 4.903 小时，降低了 59.85%。与交通建设的发展阶段相对应，可达性改善在交通发展的不同阶段提升幅度差别也较为明显，1992～

1998 年长三角地区高速公路建设起步阶段区域可达性平均节约了 1.185 小时，环比减少 18.18%；1998~2004 年由于长三角地区高速公路的大规模建设，区域可达性平均节约了 2.986 小时，环比减少 55.98%，可达性提升幅度和速度明显高于前一阶段；但 2004~2010 年区域可达性平均仅节约了

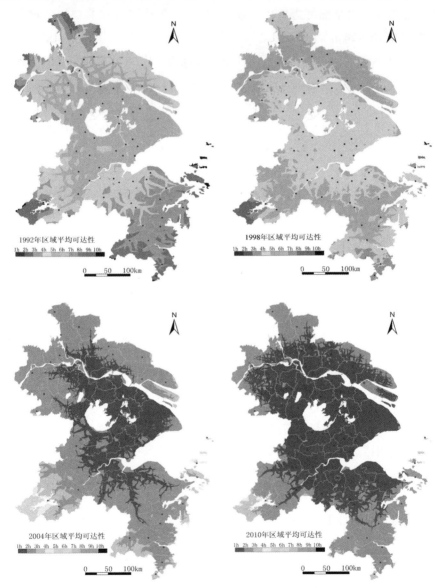

图 5-6　长三角地区区域平均可达性空间格局

0.404 小时，环比减少 17.21%。究其原因，主要在于 2004 年以来长三角地区进入高速公路网络的提升阶段，受交通建设的边际递减效应制约，区域交通可达性不可能随着交通的投入而无限制地提升，当交通网络建设到一定程度时，交通网络的完善和提升对可达性改善的效用会不断降低，但区域交通基础设施等级的提升和网络的完善则有利于交通运输效能的提升。

　　对比 1992 年、1998 年、2004 年和 2010 年 4 个时间断面区域平均可达性的空间分布格局（见图 5 - 6），并采用分类区统计法获得各县市单元的区域平均可达性值（见表 5 - 8），对其进行比较分析可发现，整体而言长三角地区各年份区域可达性表现出以上海和环太湖地区为中心向周边地区呈不规则圈层状和轴带延伸递减的趋势，但随着交通网络的发育，各年份各县市区域平均可达性空间格局也发生了显著的变化。

表 5 - 8　长三角地区各县市区域平均可达性

单位：小时

县　市	1992 年	1998 年	2004 年	2010 年	县　市	1992 年	1998 年	2004 年	2010 年
上海市区	5.55	4.79	2.08	1.62	海 门 市	6.07	5.66	2.35	1.80
南京市区	6.93	5.38	2.39	2.09	扬州市区	6.63	5.29	2.28	2.00
溧 水 县	6.15	5.13	2.28	1.95	宝 应 县	7.85	6.49	2.61	2.54
高 淳 县	6.83	5.46	2.64	2.25	仪 征 市	6.62	5.46	2.36	1.98
无锡市区	5.47	4.37	1.64	1.43	高 邮 市	7.00	5.87	2.45	2.28
江 阴 市	5.48	4.44	1.65	1.47	江 都 市	6.34	5.21	2.11	1.93
宜 兴 市	5.59	4.56	1.89	1.60	镇江市区	6.10	4.86	2.00	1.79
常州市区	5.61	4.52	1.78	1.57	丹 阳 市	5.95	4.71	1.91	1.72
溧 阳 市	6.12	4.85	2.12	1.80	扬 中 市	6.34	5.65	2.16	1.87
金 坛 市	5.85	4.82	2.19	1.78	句 容 市	6.03	4.90	2.14	1.87
苏州市区	5.39	4.47	1.74	1.40	泰州市区	6.05	4.99	1.97	1.80
常 熟 市	5.47	4.61	1.67	1.42	兴 化 市	7.50	6.33	2.37	2.20
张家港市	5.70	4.73	1.86	1.56	靖 江 市	5.69	4.70	1.80	1.65
昆 山 市	5.48	4.53	1.79	1.46	泰 兴 市	5.93	4.83	1.93	1.68
吴 江 市	5.30	4.33	1.62	1.37	姜 堰 市	6.41	5.29	2.04	1.85
太 仓 市	5.56	4.80	1.80	1.49	杭州市区	5.85	4.53	1.85	1.53
南通市区	6.07	5.45	2.19	1.72	富 阳 市	5.98	5.01	2.42	1.85
海 安 县	6.36	5.51	2.36	1.97	临 安 市	6.19	5.39	2.71	2.02
如 东 县	6.45	5.82	2.60	2.06	建 德 市	6.54	5.84	3.13	2.25
启 东 市	6.53	6.16	2.63	2.00	桐 庐 县	6.03	5.40	2.75	2.20
如 皋 市	6.08	5.16	2.13	1.80	淳 安 县	7.90	7.28	4.68	3.08

县　　市	1992 年	1998 年	2004 年	2010 年	县　　市	1992 年	1998 年	2004 年	2010 年
宁波市区	7.29	5.10	2.20	1.88	绍兴市区	6.29	4.55	1.78	1.63
余 姚 市	6.92	4.79	1.95	1.76	诸 暨 市	6.82	5.33	2.18	1.85
慈 溪 市	7.09	5.02	2.24	1.62	上 虞 市	6.68	4.81	1.97	1.75
奉 化 市	7.36	5.33	2.36	1.94	嵊 州 市	6.96	5.20	2.23	1.90
象 山 县	7.90	6.46	2.99	2.58	绍 兴 县	6.60	4.75	1.93	1.70
宁 海 县	7.47	5.86	2.49	2.13	新 昌 县	7.14	5.35	2.26	1.96
嘉兴市区	5.34	4.30	1.59	1.39	舟山市区	8.98	6.52	3.29	2.38
平 湖 市	5.48	4.56	1.90	1.44	岱 山 县	10.16	7.82	4.50	3.27
海 宁 市	5.39	4.46	1.79	1.43	嵊 泗 县	11.36	10.92	7.32	3.99
桐 乡 市	5.49	4.30	1.69	1.38	台州市区	8.04	6.88	2.89	2.60
嘉 善 县	5.57	4.34	1.75	1.42	温 岭 市	8.23	7.13	2.88	2.74
海 盐 县	5.50	4.64	1.87	1.50	临 海 市	7.77	6.09	2.62	2.45
湖州市区	5.58	4.48	1.90	1.49	玉 环 县	9.08	7.55	3.19	3.06
德 清 县	5.56	4.59	1.90	1.51	三 门 县	7.78	6.13	2.56	2.49
长 兴 县	5.56	4.69	2.01	1.59	天 台 县	7.41	5.63	2.34	2.23
安 吉 县	5.89	4.86	2.36	1.83	仙 居 县	8.28	6.59	3.11	2.73

1992 年区域平均可达性较优的区域以上海和苏锡常地区为核心沿 312 国道、318 国道和 320 国道呈"＞"形向南京和西南方向延伸，其中上海、苏州、无锡、常州、嘉兴、湖州及其所辖县市的区域平均可达性值基本在 6 小时以内，可达性最优的吴江的区域平均可达性值为 5.30 小时，由此向南、北两翼的区域平均可达性水平逐渐降低，长江以北和杭州湾以南的绝大部分地区的区域平均可达性值都在 6 小时以上，台州及其所辖的温岭、仙居、玉环以及舟山及其所辖县市的区域平均可达性值都在 8 小时以上，区域平均可达性最差的嵊泗的可达性值高达 11.36 小时。

1998 年绝大部分地区的区域平均可达性值降至 6 小时以内，可达性值为 4～5 小时的较优区域的范围分别沿沪宁、沪杭和杭甬高速呈"Z"形向南京和宁波方向延伸，上海、嘉兴、苏州、无锡、湖州、常州、镇江等中心城市及其所辖县市以及杭州、绍兴、绍兴县、余姚、上虞等 34 个区域单元的平均可达性值在 5 小时以内，可达性值在 6 小时以上的主要是位于边缘地区的县市，如台州、舟山及其所辖县市以及苏中地区的兴化、宝应等地，区域平均可达性值最高的嵊泗仍高达 10.92 小时。在这里尤其需要指出的是长江水域的阻隔效应仍较为显著，与上海一江之隔的启东的区域平均可达性值也在6小时以上，长江的阻隔影响和杭州湾水域的阻隔依然是制约苏中地区和杭州湾以南地区区域经济发展以及与沪苏锡地区经济往来的重要瓶颈。

2004年随着长三角地区高速公路网络的逐步形成，绝大部分地区的区域平均可达性值降至3小时以内，可达性较优的区域沿沪宁、沪杭、杭甬、杭金衢和上三高速轴线延伸，苏州、嘉兴、无锡及其所辖县市，以及常州、湖州、杭州、绍兴、泰州、靖江、丹阳等地的区域平均可达性值都降至2小时以内；江阴长江大桥的建成通车也使得长江以北沿广盐高速的部分地区的区域平均可达性值降至2小时以内，区域平均可达性值在3小时以上的仅有淳安、建德、仙居、玉环、舟山及其所辖的岱山和嵊泗等地，其中可达性水平最低的嵊泗的区域平均可达性值在7小时以上。

2010年可达性值为1~2小时的区域大幅度拓展，长江以北和杭州湾以南的部分地区可达性值也都提升至2小时以内，尤其是嘉兴和苏州及其所辖县市的区域平均可达性值已基本降至1.5小时以内。可达性水平最优的吴江的区域平均可达性值仅为1.37小时，可达性值在2小时以内的较优区域的空间分布格局由"Z"形向"Σ"形转变，这得益于过江通道和杭州湾跨海大桥等巨型工程的建成，使长江和杭州湾对区域经济往来的阻隔作用大幅度减弱；而与此同时，可达性较差的玉环、淳安、岱山和嵊泗等地的区域平均可达性值也都降到了4小时以内。

从可达性改善幅度来看，研究期间区域可达性均得到了不同程度的提升，但不同地区的获益程度还存在较大的差距，区域可达性的改善幅度与初始可达性水平的高低有关，初始可达性值越高的地区提升幅度越大，由此地区可达性绝对提升幅度的空间分布与区域平均可达性值的空间分布表现出相对较为一致的空间格局特征。在1992~2010年整个研究期间，可达性提升幅度也表现出以上海和苏锡常地区为中心向外围地区逐渐增大的空间格局，绝大多数县市区域平均可达性值的提升幅度都在5小时以内，而杭州湾以南包括宁波、台州和舟山及其所辖县市以及苏中地区的宝应、兴化等地提升幅度在5小时以上，区域平均可达性值提升幅度最高的嵊泗达7.37小时，即可达性较优的地区获益程度小于可达性较差的地区（见表5-9）。

表 5－9　长三角地区各县市区域可达性改善幅度

单位：小时

县　市	1992～1998 年	1998～2004 年	2004～2010 年	1992～2010 年	县　市	1992～1998 年	1998～2004 年	2004～2010 年	1992～2010 年
上海市区	0.77	2.71	0.46	3.93	富阳市	0.97	2.59	0.56	4.13
南京市区	1.56	2.99	0.31	4.85	临安市	0.79	2.68	0.69	4.16
溧水县	1.02	2.85	0.32	4.20	建德市	0.69	2.71	0.88	4.29
高淳县	1.37	2.82	0.38	4.57	桐庐县	0.63	2.65	0.55	3.83
无锡市区	1.10	2.73	0.21	4.03	淳安县	0.63	2.60	1.60	4.82
江阴市	1.05	2.78	0.18	4.01	宁波市区	2.18	2.91	0.32	5.41
宜兴市	1.04	2.67	0.28	3.99	余姚市	2.14	2.84	0.19	5.17
常州市区	1.08	2.74	0.21	4.04	慈溪市	2.07	2.78	0.62	5.47
溧阳市	1.27	2.72	0.32	4.31	奉化市	2.03	2.97	0.42	5.42
金坛市	1.03	2.64	0.40	4.07	象山县	1.44	3.48	0.41	5.32
苏州市区	0.92	2.73	0.34	3.99	宁海县	1.61	3.36	0.37	5.34
常熟市	0.86	2.94	0.25	4.04	嘉兴市区	1.04	2.71	0.20	3.99
张家港市	0.97	2.87	0.29	4.13	平湖市	0.93	2.65	0.47	4.05
昆山市	0.95	2.74	0.33	4.02	海宁市	0.93	2.67	0.35	3.96
吴江市	0.97	2.71	0.25	3.93	桐乡市	1.19	2.60	0.32	4.12
太仓市	0.75	3.00	0.31	4.07	嘉善县	1.23	2.59	0.33	4.15
南通市区	0.63	3.25	0.47	4.35	海盐县	0.86	2.77	0.38	4.00
海安县	0.85	3.15	0.39	4.39	湖州市区	1.10	2.58	0.42	4.10
如东县	0.63	3.22	0.54	4.38	德清县	0.97	2.69	0.39	4.05
启东市	0.36	3.54	0.63	4.53	长兴县	0.87	2.68	0.41	3.97
如皋市	0.92	3.03	0.34	4.28	安吉县	1.03	2.50	0.54	4.06
海门市	0.42	3.31	0.55	4.28	绍兴市区	1.74	2.77	0.15	4.66
扬州市区	1.34	3.01	0.28	4.63	诸暨市	1.49	3.15	0.32	4.97
宝应县	1.35	3.89	0.07	5.31	上虞市	1.87	2.84	0.22	4.93
仪征市	1.16	3.10	0.38	4.64	嵊州市	1.76	2.97	0.33	5.06
高邮市	1.13	3.42	0.17	4.72	绍兴县	1.84	2.82	0.23	4.89
江都市	1.12	3.11	0.18	4.41	新昌县	1.80	3.09	0.30	5.19
镇江市区	1.24	2.85	0.21	4.31	舟山市区	2.46	3.23	0.91	6.60
丹阳市	1.24	2.80	0.19	4.23	岱山县	2.34	3.32	1.23	6.89
扬中市	0.69	3.49	0.29	4.47	嵊泗县	0.44	3.60	3.33	7.37
句容市	1.13	2.77	0.26	4.16	台州市区	1.16	4.00	0.28	5.44
泰州市区	1.06	3.08	0.11	4.25	温岭市	1.10	4.25	0.14	5.49
兴化市	1.17	3.96	0.17	5.29	临海市	1.68	3.50	0.14	5.32
靖江市	0.98	2.90	0.15	4.04	玉环县	1.53	4.36	0.13	6.02
泰兴市	1.09	3.00	0.15	4.24	三门县	1.65	3.57	0.07	5.29
姜堰市	1.11	3.25	0.19	4.56	天台县	1.78	3.29	0.11	5.18
杭州市区	1.31	2.68	0.32	4.31	仙居县	1.69	3.49	0.37	5.55

　　不同时段内各地区区域平均可达性的提升幅度也表现出明显不同的空间差异性特征。其中，1992～1998 年绝大多数地区的区域平均可达性提升幅度都在 1.5 小时以内，可达性提升幅度较高的地区主要集中在南京以及杭州湾以南的宁波、台州和舟山及其所辖的县市，尤其是宁波、奉化、慈溪、余姚、舟山和岱山等地的提升幅度都在 2 小时以上；1998～2004 年各地区的区域平均可达性提升幅度较为突出，均在 2.5 小时以上，尤其是南通、扬州、台州和舟山及其所辖的广大地区可达性提升幅度都在 3 小时以上，温岭和玉环等个别县市提升幅度在 4 小时以上；2004～2010 年各地区的区域平均可达性提升幅度均相对较低，绝大部分地区的提升幅度在 0.5 小时以内，仅有南通、杭州和舟山等所辖部分县市的提升幅度在 0.5 小时以上，这在很大程度上得益于苏通大桥、上海长江隧桥及杭州湾跨海大桥的建成通车，仅有岱山、淳安和嵊泗等县市的提升幅度在 1 小时以上。

第六章　长三角地区城市经济联系
强度时空演变

　　密切的经济联系是区域空间结构形成演变的重要动力，城市间各种物质和生产要素依托各级各类交通基础设施在不同地区间的流动和分配，即城市节点和线状交通设施的组合形式及运动过程在地域空间上的投影就表现为区域空间结构的基本形态，由此我们可以认为城市经济联系是城市空间结构的内在机制和外在表现。作为揭示区域空间结构特征和测度区域城市体系发育水平的重要工具，空间相互作用与城市间互动关系的刻画与测度一直是城市地理学研究的重要内容，通过城市经济联系强度以及城市经济联系空间格局的分析可以有效地映射城市区域的空间结构特征，尤其是随着交通基础设施的网络化发展，也将逐步引导地区间经济联系和区域空间结构由"点-轴"式向网络化联系方向发展。

　　作为我国区域空间结构发育水平较为成熟的长三角地区，已逐步形成了中心地等级空间结构体系和网络化空间结构体系的复合体，"等级+网络"的演化趋势日益显现，区域经济与基础设施的发展也将进一步呈现均衡发展的态势（罗震东等，2011）。基于上述基本判断，本章主要基于空间相互作用理论和复杂网络理论与方法，在对长三角地区县级及以上城市间经济联系强度及其空间格局分析的基础上，采用复杂网络理论的主要统计量对长三角地区县级及以上城市节点间的经济联系网络化结构特征进行深入探讨，以揭示自20世纪90年代以来长三角地区城市空间格局的演变过程。

第一节　城市经济联系规模测算与比较

一　城市经济联系内涵与测算方法

区域经济联系是建立在交通可达性基础上表征区域间联系和相互作

114

用紧密程度的重要概念，区域经济联系表现为经济实体区域间的相互作用和关联，其大小也就是空间相互作用的强弱是衡量城市或区域间经济联系强度的指标，既能反映经济中心对周围地区的人口和资本等各种要素的集聚辐射能力，也能反映周围地区对经济中心集聚辐射能力的接受程度。在无法准确而全面地获取城市间各种要素流量经验数据的情况下，基于空间相互作用理论的引力模型是测算区域经济联系和相互作用强度的常用替代方法，自 20 世纪 50 年代空间相互作用理论产生以来，引力模型在人口迁移、市场区划分、城市经济联系、城市影响范围或腹地划分等领域得到了广泛的应用。自 20 世纪 90 年代以来，国内很多学者开始广泛应用空间相互作用引力模型对区域经济联系强度及空间格局进行探讨，该方法成为区域空间结构研究的有效方法。但是在应用过程中对模型相关参数的选取尚未达成一致意见，有学者采用人口和经济总量的几何平均值表示区域的质量，也有学者采用人口、经济和区域面积的几何平均值表示区域的质量，还有学者加入了克鲁格曼区域分工指数、信息化指数等对引力模型加以修正。在距离参数的使用上，有学者使用两点间的直线距离，也有学者使用公路交通里程，还有学者使用基于交通网络的时间距离。

考虑到单指标不足以全面反映城市或区域的经济质量，且随着快速交通网络的建设以及现代交通工具的发展，直线距离已显现出较大的局限性，在交通便捷的地方道路里程也不具可比性。基于此，在基本相互作用引力模型基础上，采用经济综合实力表示城市的综合质量，采用最短旅行时间表示地区间的距离，对引力模型进行优化，则修正后的表达式为：

$$R_{ij} = k\frac{M_i \times M_j}{T_{ij}^{b}}, R_i = \sum_{j=1}^{n} R_{ij} \qquad (6-1)$$

式 6-1 中，R_{ij} 表示城市 i 和城市 j 的经济联系强度；M_i 和 M_j 表示城市产生的社会经济活动的需求量或发生力，采用城市综合实力指数表示；T_{ij} 表示城市间的距离，采用最短旅行时间表示城市间的距离；b 为距离摩擦系数，一般取 2；k 为引力常数，一般取 1。R_i 表示城市 i 的对外经济联系总量或规模（不计自身），经济联系总量反映了城市在区域城市体系中的集聚辐射能力或对其他城市集聚辐射作用的接受潜能，值越大表明城市 i 在区域中的整体经济联系越强（李沛权、曹小曙，2011），是城市在区域城市中地位高低的表现。

二 城市经济联系总量规模的比较

依据前述 1992 年、1998 年、2004 年和 2010 年 4 个年份各县级及以上城市的综合实力和地区间最短旅行时间距离矩阵数据，采用改进后的空间相互作用引力模型对各县级及以上城市间的经济联系强度和各县市的经济联系总量规模进行测算（见表 6-1）。自 20 世纪 90 年代以来，随着长三角地区各县市经济的发展、城市经济实力的增强和地区间交通便捷性的提升，各县级及以上城市间的空间相互强度也得到了大幅度的提升，各县级及以上城市对外经济联系总量的平均值由 1992 年的 6.9 提升至 2010 年的 4234.7，增长了 612.7 倍。由于各县市在城市规模、城市经济综合发展实力等方面的巨大差异，各县级及以上城市对外经济联系规模无论是在不同年份还是在相同年份的不同地区间均存在较大的差距。1992 年各县市对外经济联系总量的规模均比较小，居首位的苏州对外经济联系总量为 40.3，经济联系规模的首位度为 1.09，而居第 2 至第 6 位的上海、昆山、无锡、太仓、常州的对外经济联系总量也仅在 20 以上，有 14 个县市的对外经济联系总量不足 1，对外经济联系总量最低的嵊泗为 0.1，仅相当于苏州的 0.25%；2010 年各地区对外经济联系均得到了大幅度的提升，对外经济联系规模最大的为上海，其对外经济联系总量增至 27369.1，对外经济联系规模的首位度增至 1.68，居第 2 至第 7 位的苏州、昆山、太仓、杭州、吴江和无锡的对外经济联系总量均在 10000 以上，但仍有 12 个县市的对外经济联系总量不足 1000，对外经济联系总量最低的嵊泗虽也增至 209.8，但仅相当于对外经济联系总量最高的上海的 0.77%。

为进一步衡量各县市对外经济联系规模的地区间差异状况，采用标准差、变异系数和绝对集中度指数对各县级及以上城市间经济联系规模的绝对差异和相对差异程度进行测度，发现各县市对外经济联系总量的标准差指数由 1992 年的 8.3 增至 2010 年的 4384.3，增长了 527.2 倍，反映了各地区随着各县市对外经济联系规模的扩大，县市间的绝对差异也在近 20 年间骤然扩大；但衡量县市间相对差异的变异系数则由 1992 年的 0.207 降至

表 6 - 1　长三角地区各城市经济联系总量

县　市	1992 年	1998 年	2004 年	2010 年	县　市	1992 年	1998 年	2004 年	2010 年
上海市区	36.8	745.1	4737.8	27369.1	富 阳 市	3.8	48.4	409.6	2294.9
南京市区	11.3	123.7	1012.9	5281.3	临 安 市	2.6	33.3	235.9	2035.8
溧 水 县	1.8	29.3	344.3	2363.9	建 德 市	1.2	13.6	107.0	958.5
高 淳 县	0.8	13.6	150.2	1141.5	桐 庐 县	2.0	26.0	195.6	1646.4
无锡市区	26.4	290.6	1678.3	10265.9	淳 安 县	0.4	6.0	60.5	625.4
江 阴 市	13.7	169.9	1532.7	9817.7	宁波市区	5.9	94.6	1080.3	6232.7
宜 兴 市	6.9	62.4	702.2	3806.8	余 姚 市	3.1	91.1	810.6	4100.1
常州市区	21.2	157.1	997.5	7260.2	慈 溪 市	2.2	27.7	560.7	3562.5
溧 阳 市	3.7	48.5	494.2	2608.3	奉 化 市	2.6	33.7	432.4	2582.9
金 坛 市	4.2	56.0	364.3	2744.4	象 山 县	0.7	12.8	122.6	617.1
苏州市区	40.3	454.2	2243.2	16326.0	宁 海 县	1.1	20.9	356.4	1571.0
常 熟 市	13.5	135.1	1314.1	6935.9	嘉兴市区	18.3	156.2	996.2	7766.5
张家港市	9.5	112.5	1106.5	7792.9	平 湖 市	5.1	69.3	532.0	5391.3
昆 山 市	26.9	315.1	2344.7	15525.9	海 宁 市	3.3	82.4	647.6	5190.1
吴 江 市	17.8	194.9	989.7	11057.8	桐 乡 市	8.2	96.1	720.6	5001.7
太 仓 市	22.7	269.8	1930.5	11816.1	嘉 善 县	11.6	123.8	703.5	6101.6
南通市区	6.6	43.6	411.7	3816.7	海 盐 县	3.3	37.8	239.0	4228.6
海 安 县	4.3	37.3	239.7	2028.0	湖州市区	8.0	70.5	637.5	4788.4
如 东 县	1.6	18.8	120.0	1038.6	德 清 县	4.3	51.0	532.8	3482.0
启 东 市	1.0	12.9	120.1	1483.2	长 兴 县	6.3	53.5	564.6	3343.2
如 皋 市	3.8	31.8	181.0	1969.1	安 吉 县	1.8	24.4	196.1	1868.1
海 门 市	2.0	22.0	260.7	2705.2	绍兴市区	14.3	113.4	1475.6	7695.4
扬州市区	11.9	74.8	592.2	4494.3	诸 暨 市	1.4	22.7	360.8	1856.0
宝 应 县	0.7	7.3	89.1	609.2	上 虞 市	3.2	90.7	740.7	3748.3
仪 征 市	3.8	37.1	353.2	2604.1	嵊 州 市	1.4	39.5	461.7	2485.4
高 邮 市	1.6	15.6	160.9	1163.5	绍 兴 县	11.4	118.5	1457.3	7706.3
江 都 市	7.2	58.3	446.5	3039.4	新 昌 县	1.1	38.6	471.7	2481.9
镇江市区	17.5	148.8	593.2	4894.9	舟山市区	0.7	10.1	83.3	1122.9
丹 阳 市	9.2	90.4	525.5	3847.4	岱 山 县	0.4	4.5	38.2	484.8
扬 中 市	4.9	51.1	314.9	1770.8	嵊 泗 县	0.1	1.6	9.2	209.8
句 容 市	3.7	49.1	259.4	1895.1	台州市区	1.7	15.9	233.4	1302.9
泰州市区	8.4	67.8	516.8	3338.0	温 岭 市	0.9	17.6	173.8	887.3
兴 化 市	0.9	10.3	104.7	661.5	临 海 市	0.9	13.2	216.6	987.7
靖 江 市	5.3	66.2	756.1	6291.2	玉 环 县	0.6	13.0	120.1	559.5
泰 兴 市	2.3	41.9	350.7	2333.6	三 门 县	0.6	11.1	274.1	949.8
姜 堰 市	3.0	30.8	327.8	2219.8	天 台 县	0.8	16.5	243.4	1158.0
杭州市区	17.8	163.6	1726.5	11493.9	仙 居 县	0.4	6.9	79.8	531.9

2010 年的 0.160，反映了各县级及以上城市对外经济联系规模呈相对均衡的发展态势（见表 6 - 2）。为进一步揭示各县市对外经济联系总量的均衡发展态势，通过对各县市对外经济联系总量由大到小进行排序，按等间隔分别计算绝对集中度指数 C_5、C_{10}、C_{15}……C_{70}、C_{74}，发现排在前 5 位的城市集中度指数由 1992 年的 30.01% 降至 2010 年的 26.34%，排在前 10 位的城市集中度指数由 1992 年的 48.14% 降至 2010 年的 41.24%，排在前 70 位的城市集中度指数由 1992 年的 99.76% 降至 2010 年的 99.43%（见表 6 - 3），再次表明各县市对外经济联系呈现均衡化的发展态势。

表 6 - 2　长三角地区城市对外经济联系总量的区域差异变化

指　标	1992 年	1998 年	2004 年	2010 年
标准差	8.3	111.1	709.0	4384.3
变异系数	0.207	0.149	0.150	0.160

表 6 - 3　长三角地区城市对外经济联系总量规模的 C_n 指数

单位：%

指数	1992 年	1998 年	2004 年	2010 年	指数	1992 年	1998 年	2004 年	2010 年
C_5	30.01	34.79	27.64	26.34	C_{45}	93.59	91.78	89.45	88.72
C_{10}	48.14	48.90	43.51	41.24	C_{50}	95.61	94.35	92.51	91.96
C_{15}	60.88	59.80	54.57	52.69	C_{55}	97.18	96.29	95.04	94.74
C_{20}	70.64	68.31	63.12	61.69	C_{60}	98.30	97.71	97.09	96.73
C_{25}	77.85	75.17	70.11	69.16	C_{65}	99.11	98.82	98.53	98.34
C_{30}	83.24	80.60	76.04	75.33	C_{70}	99.76	99.68	99.60	99.43
C_{35}	87.26	84.97	81.29	80.68	C_{74}	100	100	100	100
C_{40}	90.74	88.69	85.69	84.90					

注：绝对集中度指数为排在前 n 位的城市对外经济联系总量占全部经济联系总量的比重。

三　城市经济联系规模的地域分解

随着区域空间组织形式由中心地模式向网络化模式的转化，城市间经济联系的网络交互作用在区域空间组织中的作用越来越突出，Batten（1993）认为中心地系统强调空间组织的向心性和自上而下的单向垂直联系，网络化模式强调结节性和多向化的水平联系，笔者将长三角地区各县级及以上城市间经济联系按照纵向联系和横向联系两方面进行分解，其中纵向联系是指地级及以上中心城市与县及县级市间的联系，横向联系包括地级及以上中心城市间的联系、县及县级市间的联系两个方面（见图 6 -1）。通过对 1992 年、1998 年、2004 年和 2010 年 4 个年份城市间经济联系总量的分解发现，整体来看长三角地区地级及以上中心城市与县及县级市间的纵向联系总量由 1992 年的 307.4 增至 2010 年的 171020，而占全域经济联系总量的比重却由 1992 年的 60.23% 降至 2010 年的 54.57%；地级及以上中心城市间、县及县级市间的横向联系总量由 1992 年的 203 增至 2010 年的 142349，占全域经济联系总量的比重由 1992 年的 39.77% 增至 2010 年的 45.43%，地区间横向联系总量和相对比重的增加反映了长三角地区城市间网络交互作用的增强。

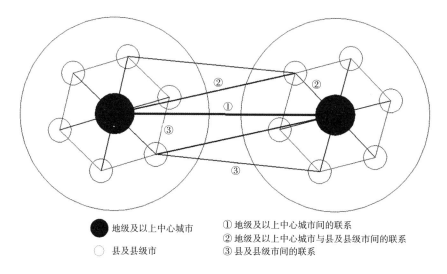

图 6 -1　长三角地区城市经济联系地域结构分解

为比较各县市对外经济联系的地域结构特征，将各县级及以上城市对外经济联系也分解为纵向联系和横向联系两个方面，进而求出各县市纵向联系总量和横向联系总量各占其对外经济联系总量的比重，比较各县级及以上城市的纵向联系总量和横向联系总量所占的比重得出以下几点结论。

大多数地级及以上中心城市对县及县级市的经济联系总量占其对外经济联系总量的比重呈上升态势（见表 6 - 4），平均比重由 1992 年的

63.27%增至 2010 年的 68.37%。1992 年，宁波对各县及县级市的经济联系总量占其对外经济联系总量的比重最高，为 77.39%；绍兴、台州和嘉兴的比重也在 70% 以上。2010 年，绍兴对各县及县级市的经济联系总量占其对外经济联系总量的比重最高，达 81.34%；台州、宁波、上海、杭州、泰州和嘉兴等中心城市的比重也都在 70% 以上。而从上升幅度来看，南京、无锡的增幅都在 10 个百分点以上，扬州、泰州、常州、上海和杭州的增幅也都在 5 个百分点以上，仅宁波和嘉兴有小幅度的降低。地级及以上中心城市对县及县级市直接经济联系强度的增加在一定程度上反映了城市经济联系网络交互作用的扁平化趋势日益显现。

表 6 - 4　地级及以上中心城市对县及县级市的经济联系总量占
其对外经济联系总量的比重

单位：%

城市	1992 年	1998 年	2004 年	2010 年	城市	1992 年	1998 年	2004 年	2010 年
上海	65.66	67.95	73.23	72.92	泰州	61.35	70.06	67.98	70.17
南京	54.18	58.44	66.58	65.59	杭州	65.97	69.28	69.21	71.22
无锡	47.75	49.49	59.98	58.98	宁波	77.39	77.04	78.37	75.54
常州	52.55	49.37	61.05	61.32	嘉兴	73.46	69.38	62.47	70.16
苏州	64.52	57.61	62.66	68.50	湖州	64.70	70.66	68.10	66.83
南通	61.81	68.93	69.69	66.73	绍兴	76.67	81.04	81.08	81.34
扬州	58.25	63.31	64.85	67.40	舟山	56.53	60.46	61.33	57.89
镇江	57.22	56.00	57.49	61.56	台州	74.36	81.25	77.37	77.76

大多数县及县级市对地级及以上中心城市的经济联系总量占其对外经济联系总量的比重呈降低的态势（见表 6 - 5），平均比重由 1992 年的 52.68% 降至 2010 年的 41.90%。1992 年，县及县级市对地级及以上中心城市的经济联系总量占其对外经济联系总量的比重高于 50% 的县市多达 35 个，比重最高的绍兴县达 83.14%；2010 年，县及县级市对地级及以上中心城市的经济联系总量占其对外经济联系总量的比重高于 50% 的县市降至 10 个，比重最高的绍兴县降至 69.95%，降幅在 10 个百分点以上的县及县级市有 28 个，江都、江阴、桐乡、靖江、富阳、嘉善、扬中、姜堰、余姚、平湖、吴江和奉化等县市的比重降幅都在 15 个百分点以上，仅有太仓和启东的比重稍有提升。

表6－5　县及县级市对地级及以上中心城市的经济联系总量占其
对外经济联系总量的比重

单位：%

县　市	1992 年	1998 年	2004 年	2010 年	县　市	1992 年	1998 年	2004 年	2010 年
溧水县	53.49	50.32	51.80	45.98	建德市	38.48	32.03	31.87	30.35
高淳县	50.88	42.94	42.72	40.50	桐庐县	40.19	33.41	35.26	34.18
江阴市	57.95	58.97	41.26	32.76	淳安县	36.38	32.99	31.73	30.06
宜兴市	54.93	44.49	42.89	46.00	余姚市	55.53	43.09	39.38	37.25
溧阳市	46.54	36.82	37.88	39.41	慈溪市	45.48	38.22	31.87	35.70
金坛市	58.43	49.12	44.91	43.52	奉化市	69.32	52.61	51.32	52.24
常熟市	56.27	53.47	45.21	42.96	象山县	42.04	34.01	36.17	37.66
张家港市	41.95	43.09	40.45	39.44	宁海县	36.86	29.43	31.81	35.45
昆山市	52.01	64.24	57.49	48.90	平湖市	61.02	57.61	52.45	43.06
吴江市	81.23	76.57	61.45	63.76	海宁市	51.05	49.30	46.89	43.58
太仓市	43.67	60.01	52.66	47.61	桐乡市	68.52	56.92	48.90	47.06
海安县	36.36	29.67	34.16	32.48	嘉善县	75.28	70.52	56.07	55.36
如东县	52.88	43.25	42.33	41.72	海盐县	52.93	47.86	41.58	38.94
启东市	47.25	38.19	41.41	47.79	德清县	62.50	53.60	50.41	55.36
如皋市	35.35	27.97	33.99	32.42	长兴县	66.95	58.26	52.03	57.38
海门市	53.37	42.17	50.72	45.35	安吉县	53.07	44.60	40.05	44.99
宝应县	49.67	42.09	41.53	38.08	诸暨市	52.49	42.93	45.20	44.18
仪征市	65.02	61.17	57.60	57.47	上虞市	55.49	38.18	44.43	42.15
高邮市	53.16	42.75	42.60	39.47	嵊州市	38.10	21.59	23.02	23.99
江都市	78.76	61.41	54.53	52.15	绍兴县	83.14	67.60	71.09	69.95
丹阳市	71.18	63.57	53.03	56.62	新昌县	37.11	20.43	22.90	23.31
扬中市	64.70	53.30	45.86	45.19	岱山县	59.65	50.21	46.98	46.15
句容市	67.22	60.85	51.82	52.35	嵊泗县	48.10	41.38	39.98	44.91
兴化市	50.92	42.70	41.05	38.28	温岭市	48.20	33.14	36.97	44.46
靖江市	45.19	41.91	32.06	24.96	临海市	39.84	29.36	32.42	33.86
泰兴市	50.42	42.51	39.68	35.58	玉环县	37.08	25.58	29.55	31.12
姜堰市	60.23	51.43	42.64	41.36	三门县	33.15	23.52	26.20	30.31
富阳市	59.73	47.70	47.63	39.80	天台县	36.09	24.83	26.63	26.32
临安市	53.65	44.19	43.05	48.64	仙居县	39.01	29.38	32.03	30.07

　　绝大多数地级及以上中心城市间的横向联系呈降低趋势，表现为地级
及以上中心城市间的经济联系总量占其对外经济联系总量的比重除宁波和

嘉兴外均呈不同程度的下降趋势。1992 年，地级及以上城市间的经济联系总量占其对外经济联系总量比重最高的无锡为 52.25%，常州、南京、舟山、镇江、扬州的比重也都在 40% 以上，比重最低的宁波为 22.61%；2010 年，地级及以上城市间的经济联系总量占其对外经济联系总量的比重除舟山和无锡稍高于 40% 外，其他地级及以上中心城市的比重均降至 40% 以下，比重最低的绍兴仅 18.66%，南京、无锡、扬州、泰州、常州和上海的降幅都在 7 个百分点以上（见表 6 - 6）。

表 6 - 6　地级及以上中心城市间的经济联系总量占其对外经济联系总量的比重

单位：%

城市	1992 年	1998 年	2004 年	2010 年	城市	1992 年	1998 年	2004 年	2010 年
上海	34.34	32.05	26.77	27.08	泰州	38.65	29.94	32.02	29.83
南京	45.82	41.56	33.42	34.41	杭州	34.03	30.72	30.79	28.78
无锡	52.25	50.51	40.02	41.02	宁波	22.61	22.96	21.63	24.46
常州	47.45	50.63	38.95	38.68	嘉兴	26.54	30.62	37.53	29.84
苏州	35.48	42.39	37.34	31.50	湖州	35.30	29.34	31.90	33.17
南通	38.19	31.07	30.31	33.27	绍兴	23.33	18.96	18.92	18.66
扬州	41.75	36.69	35.15	32.60	舟山	43.47	39.54	38.67	42.11
镇江	42.78	44.00	42.51	38.44	台州	25.64	18.75	22.63	22.24

　　绝大多数县及县级市间的经济联系总量占其对外经济联系总量的比重在研究期间呈上升的态势（见表 6 - 7）。1992 年，县及县级市间的经济联系总量占其对外经济联系总量的比重高于 50% 的县市有 23 个，三门、如皋、天台、海安、淳安、宁海、玉环等 12 个县市的比重都在 60% 以上，比重最高的三门为 66.85%；2010 年，县及县级市间的经济联系总量占其对外经济联系总量的比重高于 50% 的县市增至 48 个，新昌、嵊州、靖江、天台、淳安、仙居、三门、建德、玉环等 14 个县市的比重增至 65% 以上，比重最高的新昌为 76.69%。从提升幅度来看，江都、江阴、桐乡、靖江、富阳、嘉善、扬中、姜堰、余姚、平湖、吴江、奉化 12 个县市的提升幅度都在 15 个百分点以上，进一步反映了长三角地区县及县级市间横向经济联系的增强和城市经济联系网络交互作用的提升。

表6－7　县及县级市间的经济联系总量占其对外经济联系总量的比重

单位：%

县　市	1992 年	1998 年	2004 年	2010 年	县　市	1992 年	1998 年	2004 年	2010 年
溧水县	46.51	49.68	48.20	54.02	建德市	61.52	67.97	68.13	69.65
高淳县	49.12	57.06	57.28	59.50	桐庐县	59.81	66.59	64.74	65.82
江阴市	42.05	41.03	58.74	67.24	淳安县	63.62	67.01	68.27	69.94
宜兴市	45.07	55.51	57.11	54.00	余姚市	44.47	56.91	60.62	62.75
溧阳市	53.46	63.18	62.12	60.59	慈溪市	54.52	61.78	68.13	64.30
金坛市	41.57	50.88	55.09	56.48	奉化市	30.68	47.39	48.68	47.76
常熟市	43.73	46.53	54.79	57.04	象山县	57.96	65.99	63.83	62.34
张家港市	58.05	56.91	59.55	60.56	宁海县	63.14	70.57	68.19	64.55
昆山市	47.99	35.76	42.51	51.10	平湖市	38.98	42.39	47.55	56.94
吴江市	18.77	23.43	38.55	36.24	海宁市	48.95	50.70	53.11	56.42
太仓市	56.33	39.99	47.34	52.39	桐乡市	31.48	43.08	51.10	52.94
海安县	63.64	70.33	65.84	67.52	嘉善县	24.72	29.48	43.93	44.64
如东县	47.12	56.75	57.67	58.28	海盐县	47.07	52.14	58.42	61.06
启东市	52.75	61.81	58.59	52.21	德清县	37.50	46.40	49.59	44.64
如皋市	64.65	72.03	66.01	67.58	长兴县	33.05	41.74	47.97	42.62
海门市	46.63	57.83	49.28	54.65	安吉县	46.93	55.40	59.95	55.01
宝应县	50.33	57.91	58.47	61.92	诸暨市	47.51	57.07	54.80	55.82
仪征市	34.98	38.83	42.40	42.53	上虞市	44.51	61.82	55.57	57.85
高邮市	46.84	57.25	57.40	60.53	嵊州市	61.90	78.41	76.98	76.01
江都市	21.24	38.59	45.47	47.85	绍兴县	16.86	32.40	28.91	30.05
丹阳市	28.82	36.43	46.97	43.38	新昌县	62.89	79.57	77.10	76.69
扬中市	35.30	46.70	54.14	54.81	岱山县	40.35	49.79	53.02	53.85
句容市	32.78	39.15	48.18	47.65	嵊泗县	51.90	58.62	60.02	55.09
兴化市	49.08	57.30	58.95	61.72	温岭市	51.80	66.86	63.03	55.54
靖江市	54.81	58.09	67.94	75.04	临海市	60.16	70.64	67.58	66.14
泰兴市	49.58	57.49	60.32	64.42	玉环县	62.92	74.42	70.45	68.88
姜堰市	39.77	48.57	57.36	58.64	三门县	66.85	76.48	73.80	69.69
富阳市	40.27	52.30	52.37	60.20	天台县	63.91	75.17	73.37	73.68
临安市	46.35	55.81	56.95	51.36	仙居县	60.99	70.62	67.97	69.93

注：对于地级及以上中心城市而言，纵向联系是指其与县及县级市间的联系，横向联系是指地级及以上中心城市间的联系；对于县及县级市而言，纵向联系是指其与地级及以上中心城市间的联系，横向联系是指县及县级市间的联系。

123

第二节　城市首位经济联系强度时空演变

一　城市经济联系强度聚散特征

为衡量和比较各县市之间经济联系强度的时空分布特征，采用统计学中的锡尔熵指数对县级及以上城市对外经济联系强度的集聚或均衡状况进行测度（朱道才等，2010），其表达式为：

$$H_i(s) = -\frac{1}{\ln n} \sum_{j=1}^{n} \frac{R_{ij}}{R_i} \ln \frac{R_{ij}}{R_i} \qquad (6-2)$$

式 6-2 中，R_{ij} 和 R_i 的含义同式 6-1，n 为县市个数，$H_i(s)$ 为锡尔熵指数。$H_i(s)$ 的取值范围为 $[0, 1]$，$H_i(s)$ 值越大表示该城市对外经济联系强度越均衡，$H_i(s)$ 值越小表示该城市对外经济联系强度越集中；$H_i(s)$ 为 1 时表示该城市对外经济联系强度绝对均衡，$H_i(s)$ 为 0时表示该城市的对外经济联系完全集中于一个城市。

通过对县级及以上城市对其他地区经济联系强度的锡尔熵指数进行测算，发现各县市对外经济联系强度的非均衡态势较为突出（见表 6-8）。

1992 年，各县市对外经济联系强度锡尔熵指数的平均值为 0.714，锡尔熵指数低于平均值的县市有 30 个，其中对外经济联系集聚程度较高的绍兴县、吴江、太仓、昆山、奉化、嘉善、江都和绍兴等县市对外经济联系强度的锡尔熵指数低于 0.6，而嵊泗、舟山、象山、宝应、岱山、高淳、南通、仙居、台州、建德、兴化、安吉、天台和淳安等长三角边缘县市的对外经济联系强度则相对较为均衡，锡尔熵指数在 0.8 以上。

2010 年，各县市对外经济联系强度锡尔熵指数的平均值增至 0.781，锡尔熵指数低于平均值的县市有 30 个，但锡尔熵指数低于 0.6 的县市降至3 个，依次为绍兴县、太仓和绍兴，反映了各县市对外经济联系向均衡发展态势转变，嵊泗、岱山、象山、兴化、宝应、舟山、如东、扬中、南京、杭州等县市对外经济联系强度的锡尔熵指数都在 0.85 以上，锡尔熵指数在 0.8 以上的县市由 1992 年的 14 个增至 2010 年的 34 个。进一步对各县市对外经济联系强度的集聚与均衡度变化情况进行考察，发现对外经济联系强度的锡尔熵指数上升幅度较大的是江都、吴江、嘉善、奉化、富阳、绍兴县、昆山、姜堰和句容，其锡尔熵指数在 1992~2010 年的上升幅度都在 0.15 以上，仅嵊州、靖江、新昌、慈溪、嵊泗和启东的对外经济联系表现出一定程度的集聚发展态势。

表 6－8　长三角地区各县市对外经济联系强度的集聚或均衡状况

县　　市	1992 年	1998 年	2004 年	2010 年	县　　市	1992 年	1998 年	2004 年	2010 年
上海市区	0.725	0.735	0.770	0.814	富 阳 市	0.652	0.750	0.802	0.822
南京市区	0.780	0.774	0.847	0.852	临 安 市	0.730	0.791	0.842	0.794
溧 水 县	0.765	0.736	0.728	0.791	建 德 市	0.812	0.815	0.848	0.824
高 淳 县	0.818	0.828	0.845	0.835	桐 庐 县	0.761	0.787	0.848	0.821
无锡市区	0.703	0.690	0.804	0.803	淳 安 县	0.805	0.836	0.854	0.820
江 阴 市	0.661	0.693	0.763	0.714	宁波市区	0.725	0.745	0.779	0.809
宜 兴 市	0.761	0.786	0.822	0.839	余 姚 市	0.676	0.640	0.677	0.713
常州市区	0.742	0.745	0.817	0.823	慈 溪 市	0.772	0.797	0.697	0.751
溧 阳 市	0.777	0.786	0.814	0.839	奉 化 市	0.519	0.686	0.668	0.691
金 坛 市	0.719	0.758	0.831	0.833	象 山 县	0.835	0.855	0.861	0.883
苏州市区	0.623	0.616	0.729	0.698	宁 海 县	0.761	0.800	0.737	0.798
常 熟 市	0.668	0.680	0.724	0.768	嘉兴市区	0.613	0.639	0.766	0.740
张家港市	0.692	0.719	0.763	0.776	平 湖 市	0.672	0.676	0.774	0.730
昆 山 市	0.491	0.504	0.603	0.653	海 宁 市	0.767	0.733	0.817	0.777
吴 江 市	0.445	0.527	0.703	0.645	桐 乡 市	0.625	0.699	0.806	0.774
太 仓 市	0.470	0.466	0.535	0.590	嘉 善 县	0.520	0.569	0.717	0.698
南通市区	0.814	0.828	0.838	0.821	海 盐 县	0.749	0.763	0.853	0.763
海 安 县	0.671	0.693	0.818	0.784	湖州市区	0.710	0.745	0.802	0.793
如 东 县	0.771	0.817	0.866	0.857	德 清 县	0.727	0.783	0.806	0.753
启 东 市	0.793	0.806	0.849	0.784	长 兴 县	0.655	0.699	0.782	0.752
如 皋 市	0.645	0.661	0.814	0.779	安 吉 县	0.806	0.841	0.877	0.840
海 门 市	0.770	0.799	0.792	0.798	绍兴市区	0.541	0.578	0.587	0.595
扬州市区	0.666	0.711	0.781	0.767	诸 暨 市	0.781	0.825	0.820	0.840
宝 应 县	0.825	0.866	0.873	0.872	上 虞 市	0.678	0.662	0.741	0.766
仪 征 市	0.718	0.720	0.756	0.739	嵊 州 市	0.785	0.662	0.669	0.687
高 邮 市	0.779	0.830	0.838	0.839	绍 兴 县	0.423	0.592	0.579	0.589
江 都 市	0.532	0.692	0.762	0.760	新 昌 县	0.788	0.659	0.676	0.692
镇江市区	0.707	0.759	0.814	0.783	舟山市区	0.844	0.878	0.896	0.858
丹 阳 市	0.621	0.696	0.794	0.763	岱 山 县	0.819	0.867	0.896	0.891
扬 中 市	0.739	0.779	0.851	0.853	嵊 泗 县	0.909	0.927	0.936	0.893
句 容 市	0.627	0.695	0.790	0.784	台州市区	0.813	0.783	0.818	0.815
泰州市区	0.758	0.785	0.833	0.833	温 岭 市	0.643	0.677	0.761	0.733
兴 化 市	0.807	0.854	0.882	0.881	临 海 市	0.777	0.791	0.792	0.808
靖 江 市	0.736	0.765	0.709	0.639	玉 环 县	0.697	0.666	0.762	0.781
泰 兴 市	0.765	0.772	0.823	0.803	三 门 县	0.777	0.768	0.746	0.812
姜 堰 市	0.646	0.728	0.807	0.805	天 台 县	0.805	0.801	0.809	0.817
杭州市区	0.795	0.803	0.845	0.851	仙 居 县	0.814	0.839	0.858	0.825

就横向比较而言，首先，大多数地级及以上中心城市的对外经济联系较为均衡，各时段对外经济联系强度的锡尔熵指数在全区平均值以上，仅绍兴、嘉兴、苏州和扬州各年份对外经济联系强度的锡尔熵指数在平均值以下，表明这些地级中心城市对外经济联系的集中度相对较高，主导经济联系方向明显。其次，邻近地级及以上中心城市的县市对外经济联系的集中性较强，主要是因为中心城市对这些县市的集聚辐射作用较为显著。如绍兴县、吴江、太仓、昆山等由于邻近地级及以上中心城市绍兴、苏州和上海，这些县市的对外经济联系具有显著的中心城市指向性，其对外经济联系的集聚性位居全区前列。最后，边缘县市或远离地级及以上中心城市的县市对外经济联系强度较为均衡，如嵊泗、岱山、仙居、宝兴、兴化等县市位于长三角的南翼或北翼边界地区，周边缺乏大中城市的辐射带动，各县市对外经济联系没有明确的主导经济联系方向，致使其对外经济联系较为分散和均衡。

二　城市首位经济联系空间格局

根据前述各县市经济联系强度矩阵，对各县市 i 筛选出其对外经济联系的最大经济联系强度 T_i^{max}：

$$T_i^{max} = \max[T_{i1}, T_{i2}, \cdots, T_{ij}, \cdots, T_{i(n-1)}, T_{in}] \qquad (6-3)$$

根据式 6-3 获得各县市的最大经济联系强度节点，进而将各县市与其最大经济联系强度节点两两相连，得到长三角地区各县市对外经济联系的首位经济联系分布情况（见图 6-2），从各年份首位经济联系分布情况可得出以下几点认识。

一是各县市首位经济联系强度明显提升，首位经济联系强度的平均值由 1992 年的 1.92 增至 2010 年的 866.3，增长了 450 倍。1992 年，首位经济联系强度居前 5 位的节点对依次为苏州—吴江、昆山—太仓、绍兴—绍兴县、上海—昆山、嘉兴—嘉善，其经济联系强度在 5.5 以上，而经济联系强度最高的苏州—吴江也仅为 10.84。2010 年，首位经济联系居前 5 位的节点对依次为苏州—吴江、上海—太仓、昆山—上海、绍兴—绍兴县、靖江—江阴，其经济联系强度都在 2500 以上，经济联系强度最高的苏州—吴江为 4015。

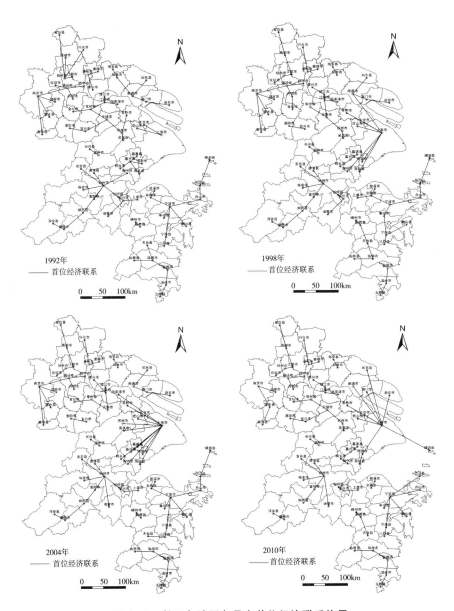

图 6 - 2　长三角地区各县市首位经济联系格局

二是首位经济联系具有显著的中心城市导向性，首位经济联系连接线越多的城市在区域中的空间支配地位就越高，城市中心作用也越强，从各年份各县市的首位经济联系连接线图上可以看出，首位经济联系连接线在 3 条以上的主要为地级及以上中心城市。1992 年，首位经济联系连接线最多的杭州为 7 条，其余依次为宁波、南京、扬州、嘉兴等，反映了这些中心城市对其所辖县市及周边地区具有较强的主导作用；首位经济联系连接线数量变化最大的上海由 1992 年的 2 条增至 2004 年的 12 条，被连接的县市主要为苏州、嘉兴及其所辖县市。2010 年，上海首位经济联系连接线为 9 条，被连接县市转移至苏州、南通及其所辖县市，这一方面反映了随着苏通大桥和上海长江隧桥的开通，上海对南通地区的辐射带动作用大幅度增强；另一方面也反映了南通及其所辖县市接轨上海和融入上海都市圈的发展趋势。

三是首位经济联系具有明显的地域邻近性，受距离衰减效应的影响，各县市首位经济联系呈现明显的空间邻近特征，尤其是距离地级及以上中心城市较远的县及县级市间的首位经济联系主要表现为与邻接县市的结对连接，如海安—如皋、溧阳—宜兴、淳安—建德、临海—仙居、温岭—玉环等在研究期间始终保持首位经济联系的连接关系；省域行政区界对首位经济联系的影响较为突出，各年份均未出现江苏板块和浙江板块的县市间发生首位经济联系的连接现象。

第三节　城市经济联系强度地域结构分解

为进一步对县级及以上城市间经济联系强度的空间格局特征进行测度，考虑到各城市间 74 行 ×74 列的经济联系强度矩阵数据量较大以及进行空间可视化的可行性，根据长三角地区 4 个年份县级及以上城市间经济联系强度平均值的 0.05 倍、0.1 倍、0.5 倍、1 倍、5 倍、10 倍、20 倍、50 倍、100 倍，其强度值依次为 0.849、1.698、8.488、16.976、84.88、169.76、339.52、848.80、1697.60，将各年份城市间的 2701 对单向联系强度值分为 10 个等级，各等级的值域范围依次为 $R_{ij} < 0.849$、$0.849 \leqslant R_{ij} < 1.698$、$1.698 \leqslant R_{ij} < 8.488$、$8.488 \leqslant R_{ij} < 16.976$、$16.976 \leqslant R_{ij} < 84.880$、$84.880 \leqslant R_{ij} < 169.760$、$169.760 \leqslant R_{ij} < 339.520$、$339.520 \leqslant R_{ij} < 848.800$、$848.800 \leqslant R_{ij} < 1697.600$、$R_{ij} \geqslant 1697.600$。同时，在地域上把县市间的经济联系分为地级及以上中心城市间的经济联系、地级及以上中心城市与县及县级市间的经济联系、县及县级市间的经济联系三个部分，对各县市间经济联系的地域结构特征进行探讨。

一 地级及以上中心城市间的经济联系

自1992年以来，长三角地区地级及以上中心城市间的相互作用得到了较大幅度的增强，通过将各年份各地级及以上中心城市间的经济联系强度进行分类和空间可视化可以看出，1992~2010年各城市间的经济联系强度日益提升，经济联系的线路也越来越密集（见图6-3）。

1992年，绝大多数中心城市间的经济联系强度较低，经济联系强度高于0.849的节点对仅16对，占中心城市节点对总数的13.3%，主要集中在上海、苏州、无锡、嘉兴、南京和杭州之间，上海—苏州、苏州—无锡、无锡—常州、南京—镇江、杭州—绍兴等中心城市间的经济联系强度较高，在1.698以上，经济联系强度最高的苏州—无锡也仅为5.017；经济联系强度在0.5以下的节点对多达97对，苏中地区的扬州、泰州、南通以及浙江的湖州、宁波、台州和舟山等中心城市与绝大多数中心城市间的经济联系强度在0.2以下。

1998年，长三角地区地级及以上中心城市间的经济联系有所提升，城市间的经济联系强度高于0.849的节点对增至63对，占中心城市节点对总数的52.5%。上海与其他中心城市间的经济联系强度都增至0.849以上，经济联系强度最高的上海—苏州增至95.5；江苏板块中地市间除扬州—南通外，其他各城市间的经济联系强度都在0.849以上；浙江板块中杭州、嘉兴、绍兴和宁波间的经济联系强度也都在0.849以上，而湖州、舟山和台州与各城市间的经济联系还较为微弱，尤其是台州和舟山与大多数中心城市的经济联系强度在0.5以下；城市间的跨省区联系尚不显著，行政区对城市间经济联系的限制作用较为突出。

2004年，长三角地区地级及以上中心城市间的经济联系进一步增强，平均经济联系强度增至24.8，城市间经济联系强度高于8.488的节点对增至65对，占中心城市节点对总数的54.2%。上海与除舟山和台州以外的其他中心城市间的经济联系强度增至27以上，经济联系强度最高的上海—苏州增至386.0，上海—无锡、上海—杭州、上海—嘉兴的经济联系强度也都在130以上；江苏板块中南京、苏州、无锡、常州、镇江间的经济联系强度增至15以上，经济联系强度较高的苏州—无锡达169.6；浙江板块中杭州、宁波、嘉兴和绍兴间的经济联系强度增至12以上，经济联系强度

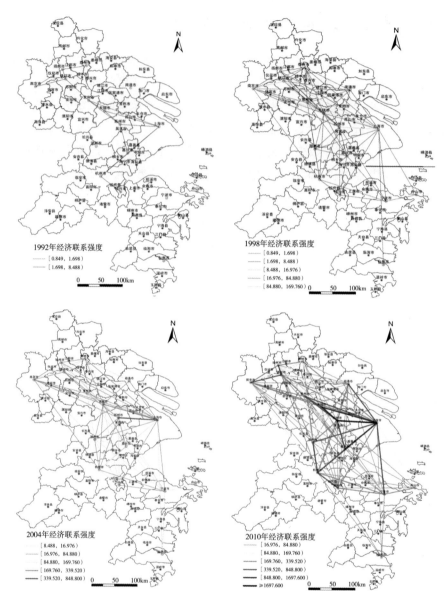

图 6-3 长三角地区地级及以上中心城市间的经济联系

较高的杭州—绍兴达 101.1；城市间的跨省区经济联系也大幅度增强，尤其是苏州、无锡与杭州、湖州、嘉兴、宁波、绍兴间的经济联系强度都增至 9.5 以上。

2010 年，长三角地区地级及以上中心城市间的平均经济联系强度增至
158.1，经济联系强度高于 16.976 的节点对增至 96 对，占中心城市节点对
总数的 80%。上海与其他地级及以上中心城市间的经济联系强度都在 58
以上，经济联系强度最高的上海—苏州达 1957，上海—无锡、上海—嘉
兴、上海—杭州的经济联系强度也都在 800 以上，尤其是上海—南通的经
济联系强度增至 513.4；江苏板块中苏州、无锡、常州、南京和镇江间的
经济联系强度增至 99 以上，尤其是无锡—苏州的经济联系强度高达 1229；
浙江板块中杭州、宁波、嘉兴、绍兴和湖州 5 个中心城市间的经济联系强度
也都提升至 50 以上，杭州—宁波、杭州—嘉兴、杭州—湖州、杭州—绍兴
的经济联系强度都在 275 以上；江苏的无锡、苏州与浙江的杭州、嘉兴、湖
州间的经济联系强度也都在 100 以上，而南京除与杭州的经济联系强度稍高
外，与浙江其他中心城市间的经济联系强度还相对较低；苏中地区的南通、
泰州和扬州除与上海、南京、无锡、苏州间的经济联系强度稍高外，与浙江
各城市间的经济联系强度都在 50 以下；台州和舟山两市与绝大多数中心城
市间的经济联系强度均较低，仅与上海、宁波的经济联系强度相对较高。

二 地级及以上中心城市与县及县级市间的经济联系

地级及以上中心城市与县及县级市间的经济联系是中心城市的辐射带
动作用和各县市对中心城市辐射带动作用接受程度的体现。随着各中心城
市及各县市综合经济发展水平的提升，以及地区间高等级公路网络的构建
和地区间可达性的提升，中心城市与县市间的经济联系强度也得到了大幅
度的提升（见图 6 - 4），其平均经济联系强度由 1992 年的 0.166 增至 2010
年的 92.1，增长了 553.8 倍。

1992 年，地级及以上中心城市与县及县级市间的经济联系强度高于
0.848 的节点对仅有 39 对，占全部节点对总数的 4.2%，且主要表现为与
地域空间上相邻接的县市间发生联系，如上海与邻接的昆山、太仓和嘉
善，无锡与邻接的江阴、张家港、常熟，杭州与邻接的绍兴县、临安、富
阳、德清等，经济联系强度最高的绍兴与绍兴县也仅为 7。长江以北和杭
州湾以南的绝大多数县市与中心城市间的经济联系强度比较低，尤其是杭
州、绍兴、宁波和台州所辖的大多数县市与中心城市间的经济联系强度在
0.1 以下。

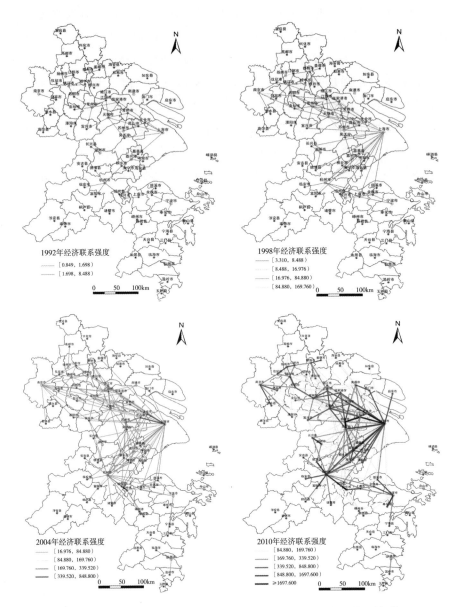

图 6 - 4　长三角地区地级及以上中心城市与县及县级市间的经济联系

　　1998 年，地级及以上中心城市与县及县级市间的经济联系得到了一定程度的提升，经济联系强度高于 1.698 的节点对增至 168 对，占全部节点对总数的 18.1%，其中经济联系强度高于 3.310 的节点对增至 87 对。上海与大部分县市间的经济联系强度增至 1.698 以上，与周边的太仓、昆山、嘉善、常熟、吴江、平湖等的经济联系强度增至 20 以上，经济联系强度最高的上海—太仓为 123.9，无锡、苏州与其下辖县市江阴、昆山、张家港、常熟、吴江、太仓等的经济联系强度在 7 以上；省会城市南京和杭州与周边县市的经济联系尚不突出，杭州仅与空间邻近的绍兴县、富阳、德清、海宁和桐乡等县市间的经济联系强度在 8.5 以上；南北两翼的扬州、南通、绍兴和台州与其所辖的大多数县市间的经济联系强度则较低。

　　2004 年，长三角地区 16 个地级及以上中心城市与大部分县及县级市间的经济联系强度增至 1.698 以上，经济联系强度高于 16.976 的节点对增至 146 对，占全部节点对总数的 15.7%。上海与长三角地区五成以上县市间的经济联系强度增至 17 以上，尤其是与苏州和嘉兴所辖的太仓、昆山、常熟、嘉善、张家港、吴江、平湖和桐乡等的经济联系强度都在 85 以上，经济联系强度最高的上海—太仓增至 779.2；无锡、苏州与昆山、吴江、常熟、太仓、江阴、张家港、桐乡和靖江等周边邻近县市间的经济联系强度也都在 17 以上；省会城市南京、杭州对周边县市的辐射带动作用也得到了大幅度提升，其中南京与镇江、扬州、常州、无锡、苏州所辖的 14 个县市间的经济联系强度增至 16.976 以上，杭州与湖州、嘉兴、绍兴、苏州、宁波及其所辖的 22 个县市间的经济联系强度增至 17 以上；苏中地区的南通、泰州、扬州以及浙江的台州、舟山与绝大多数县市的经济联系强度增幅不大。

　　2010 年，地级及以上中心城市除扬州、泰州、舟山和台州外均与五成以上县及县级市间的经济联系强度增至 17 以上，经济联系强度在 84.880 以上的节点对为 199 对，占全部节点对总数的 21.4%。上海与所有县市间的经济联系强度增至 25 以上，与 38 个县市间的经济联系强度增至 85 以上，尤其是与太仓、昆山、吴江、嘉善和常熟间的经济联系强度增至 1000 以上，经济联系强度最高的上海—太仓达 3711，充分彰显了上海在长三角地区的统领和主导地位；无锡、常州、苏州与江阴、昆山、张家港、吴江、常熟、宜兴、太仓、靖江、丹阳和金坛等县市间的经济联系强度都在 85 以上；省会城市南京的集聚辐射范围主要集中在镇江、常州和扬州等周边地区，与 13 个县市间的经济联系强度在 90 以上，与溧水、句容、丹阳、仪征和溧阳等县市间的经济联系强度在 170 以上；杭州的对外辐射带动作用显著大于南京，其与湖州、嘉兴、绍兴、苏州及其所辖的 20 多个县市间的经济联系强度增至 90 以上。尤其需要指出的是，南通与苏州的昆山、常熟、太仓、张家港等县市的经济联系强度得到了大幅度的提升，经济联系强度均在 150 以上，这得益于苏通大桥的建成通车；而中心城市扬州、泰州、台州和舟山与半数以上县市间的经济联系强度在 17 以下，尤其是舟山与绝大多数县市间的经济联系强度均较低，在此不再做过多讨论。

三　县及县级市间的经济联系

研究期间，长三角地区县及县级市间的平均经济联系强度由 1992 年的 0.033 增至 2010 年的 31.58，增长了 956.0 倍（见图 6-5）。

1992 年，县及县级市间的经济联系尚未发育，经济联系强度高于 0.085 的节点对仅为 105 对，且主要集中在无锡、苏州、嘉兴、杭州、绍兴和湖州的县市间，仅常熟、昆山和太仓间的经济联系强度稍高，在 0.849 以上，经济联系强度最高的昆山—太仓也仅为 9.24。

1998 年，县及县级市间的经济联系得到了初步提升，经济联系强度在 0.849 以上的节点对增至 178 对，占县市间节点对总数的 10.8%。江苏板块中昆山、太仓、常熟、张家港和江阴间的经济联系强度相对较高，经济联系强度最高的昆山—太仓为 65.7，常熟—张家港、常熟—太仓、江阴—张家港、昆山—吴江等县市间的经济联系强度都在 9.1 以上；浙江板块中嘉善、平湖、海宁、桐乡间的经济联系强度相对较高，都在 2.5 以上，而余姚与上虞、慈溪、绍兴县、嵊州，桐庐与富阳、建德、临安，以及绍兴县与海宁、桐乡、诸暨、上虞间的经济联系强度在 1.7 以上；苏中地区的扬州、泰州和南通所辖的县市间，以及台州、宁波所辖的县市间的经济联系强度大多在 0.2 以下；县市间的跨省区经济联系尚不明显，仅有嘉善—昆山、嘉善—吴江、嘉善—太仓、宜兴—长兴的经济联系强度在 1.698 以上。

2004 年，经济联系强度在 1.698 以上的县及县级市节点对增至 689 对，占县市间节点对总数的 41.7%；经济联系强度在 8.488 以上的县及县级市节点对增至 170 对，占县市间节点对总数的 10.3%。江苏板块中常熟、张家港、昆山、吴江和太仓间的经济联系强度都增至 17.5 以上，经济联系强度最高的昆山—太仓增至 442，江阴与靖江、张家港、常熟、昆山、泰兴等 11 个县市间的经济联系强度增至 18 以上；浙江板块中嘉善、平湖、

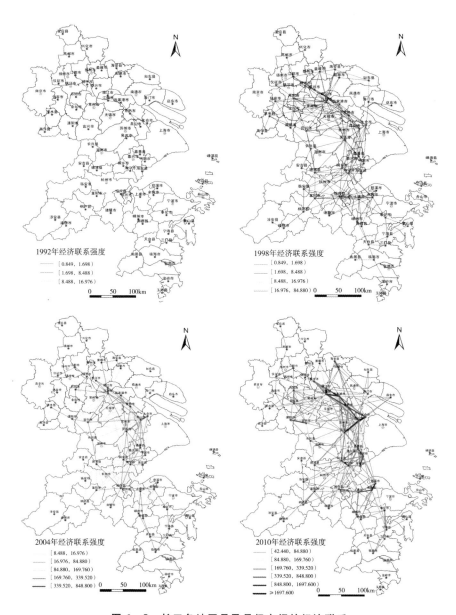

图 6 - 5　长三角地区县及县级市间的经济联系

海宁、桐乡间的经济联系强度增至 21 以上，绍兴县与富阳、余姚、海宁、桐乡、德清、诸暨、上虞等县市的经济联系强度都在 16.9 以上，余姚与慈溪、上虞、奉化间的经济联系强度增至 20 以上。另外，需要指出的是，临海—天台、临海—三门、温岭—玉环、天台—三门的经济联系强度增至 18 以上；跨省区县市间的经济联系依然主要集中在常熟、昆山、吴江、太仓与嘉兴所辖的嘉善、桐乡、平湖、海宁、绍兴县等县市，其经济联系强度都在 8.5 以上。

2010 年，长三角地区县及县级市间的经济联系强度在 16.976 以上的节点对增至 553 对，占县市间节点对总数的 33.5%，经济联系强度在 42.440 以上的节点对为 241 对，占县市间节点对总数的 14.6%。江苏板块中江阴、常熟、张家港、昆山、吴江和太仓间的经济联系强度都在 144 以上，尤其是昆山—太仓的经济联系强度增至 3241，靖江与江阴、常熟、张家港、昆山、太仓间的经济联系强度也都在 86 以上，其中江阴—靖江的经济联系强度高达 2580；浙江板块中嘉兴所辖的平湖、海宁、桐乡、嘉善、海盐间的经济联系强度都增至 132 以上，上虞与绍兴县、嵊州、新昌，以及绍兴县与富阳、余姚、慈溪、海宁、桐乡、海盐、德清等县市间的经济联系强度也都增至 89 以上；跨省区联系主要集中在苏南地区与浙江杭州湾沿岸县市间，如吴江、昆山、太仓与嘉善、桐乡、平湖、海宁、海盐间的经济联系强度都在 63 以上，而苏中地区各县市与浙江广大地区的经济联系尚不明朗。

第四节　长三角地区城市经济联系空间特征

通过前述三个方面的比较与分析可以看出，长三角地区各县级及以上城市间的经济联系在空间上呈现以下几个方面的特征与趋势。

一是随着地区间经济发展水平的提升、城市综合经济实力的增强和交通条件的改善，地区间的交流和往来也越来越密切，各地级及以上中心城市间、地级及以上中心城市与县及县级市间、县及县级市间的经济联系强度都得到了不同程度的提升，联系线路越来越密集，各级城市间的经济联系在空间上表现为由相对孤立的极核式发展状态向轴线连接式拓展，进而向中心与轴线的网络系统演化。

二是城市间的经济联系具有明显的中心城市主导特征。上海对全域各级城市间的经济联系强度均较高，充分彰显了上海对长三角地区各城市的辐射带动作用和上海在长三角地区的主导与统领地位，越靠近上海的城市，其承接上海的辐射带动作用就越强，获取的发展机会也越多，尤其是苏州、无锡及其所辖县市与上海的经济联系强度大多居全区前列，上海与昆山、太仓等县市互动融合的趋势越来越突出，呈现明显的同城化和一体化趋势。

三是城市间的经济联系具有明显的交通导向性特征。主导经济联系轴线由 20 世纪 90 年代的沿 312 国道、320 国道、329 国道和 104 国道分布逐步向沿宁沪高速、沪杭高速、杭甬高速、宁杭高速、苏嘉杭高速、锡宜高速、锡澄高速、宁通高速等快速交通干线分布转变，主导经济联系轴线也由早期的" ＞ "形向 21 世纪初的"Ｚ"形转变，进而向"Σ"形转变，未来将形成"区"字形的主导经济联系发展轴。

四是沪、苏、锡、嘉将逐步形成紧密的经济联系圈。苏、锡、嘉下辖 12 个县市，这些县市以其邻接上海的区位优势主动接轨上海，早在改革开放之初，苏锡地区乡镇集体企业就异军突起成为长三角地区工业化、城镇化的先锋军，尤其是近 10 年来各级各类开发区相继建设，FDI 的大规模集聚促进该地区经济实现了突飞猛进的发展，公路交通基础设施网络日益完善，再加上未来城际轨道交通的规划与建设，城市间的经济联系越来越密切，区域一体化趋势越来越明显。

五是过江跨海通道建设使长江与杭州湾的阻隔影响被急剧削弱。自 20 世纪 90 年代以来，长三角地区陆续建成了江阴大桥、长江二桥、长江三桥、润扬大桥、苏通大桥、杭州湾跨海大桥和上海长江隧桥，尤其是苏通大桥、杭州湾跨海大桥和上海长江隧桥的建成通车，极大地推进了上海与南通、宁波及其所辖县市间的经济联系，以及南通与苏锡地区、嘉兴和宁波县市间的经济联系，苏南与绍甬地区间的经济联系强度也得到了较大幅度的提升。

六是行政区界壁垒的影响越来越小，苏州、无锡与嘉兴、杭州所辖县市间的经济联系与 20 世纪 90 年代初相比，无论是联系强度还是联系线路密集度都得到了较大改观，长三角地区由行政区经济向经济区经济转型的趋势越来越明显，打破行政区划的限制，加快推进基础设施共建共享，进一步深化区域间的分工与合作，实现长三角地区网络化和一体化发展将是未来的主要趋势。

七是空间距离仍然是地区间经济联系的主要障碍。长三角地区南北两翼的边界县市，尤其是北部边界的宝应、兴化、高邮，南部台州所辖的玉环、温岭、临海、仙居、天台和三门，西南地区的淳安、建德以及舟山及其所辖的岱山和嵊泗，地处长三角地区的边缘或受海岛地形的阻碍，与主要中心城市的距离较远，加上自身经济发展水平也相对较低，导致这些地区与各中心城市或县市的经济联系较弱，处于长三角地区城市经济联系系统的边缘地带。

第七章　长三角地区城市经济联系
网络时空演变

　　基于统计物理学的复杂网络理论与方法现已在社会学领域得到了广泛的应用，被称为社会网络分析。社会网络分析作为对行动者关系和结构分析的一套方法和技术，主要探究隐藏在复杂社会系统表面之下的特定网络模式。在社会网络研究领域，任何一个社会单位或者行动者都可以被看作网络中的成员，关系是网络分析的基础，现已在产业集群、企业合作生产网络、旅游合作网络、知识合作网络等方面得到了广泛的应用，但把该方法应用于城市经济联系网络结构特征的研究还较少。城市系统的本质是城市间存在各种各样的社会经济联系网络，这些网络关系的连接又通过空间经济联系的辐射作用来推动城市的发展，所以对城市空间经济联系的研究不仅要分析城市经济联系的强度及格局演变，而且要了解城市经济联系的关系结构，而复杂网络分析则为城市空间经济联系网络结构特征分析提供了一种新的分析方法。

　　长三角地区是我国经济发展水平、城市化水平和经济全球化水平最高的地区，也是城市体系发育最成熟的地区，不同等级层次和不同功能的大、中、小城市通过交通基础设施网络、商品网络、资金网络、技术网络、人才网络和信息网络等的紧密联系，形成了相互分工、互补交流和竞争与合作并存的城市经济联系网络体系。基于前述由空间相互作用理论模型构建的城市间经济联系关联矩阵，选用复杂网络分析的主要统计指标包括网络密度、网络中心度、网络凝聚性、凝聚子群、核心－边缘结构等，对长三角地区县级及以上城市经济联系的关系网络结构进行刻画，进而对长三角地区经济联系网络结构及其演变特征进行综合探讨。

第一节 城市经济联系网络密度异质性

一 网络密度测算方法

网络密度是衡量网络中各行动者或网络成员联系紧密程度的指标，网络密度越大表示城市节点间经济联系的渠道越多，城市间的经济联系越密切。网络密度的数值大小可以通过网络中实际存在的连接关系数量与理论上可能存在的最大关系数量相比得到，其表达式为：

$$D = \sum_{i=1}^{k} \sum_{j=1}^{k} \frac{d(n_i, n_j)}{k(k-1)} \qquad (7-1)$$

式 7-1 中，D 表示网络的总体密度。当网络密度为 1 时，表示网络的节点间都有联系；当网络密度为 0 时，表示节点间无联系。

二 长三角地区城市网络密度

以 1992 年、1998 年、2004 年和 2010 年 4 个年份的经济联系强度矩阵为基础，同时为了便于比较，首先界定网络连接的临界值，然后通过 UCINET 6.357 软件进行二值化处理，考虑到不同年份节点间的经济联系强度相差较大，暂取各年份任意两节点间经济联系强度的 1/4 个标准差为临界值，对 1992 年节点间的经济联系强度大于 0.12、1998 年节点间的经济联系强度大于 1.35、2004 年节点间的经济联系强度大于 8.40、2010 年节点间的经济联系强度大于 50.00 的节点联系赋值为 1，其余赋值为 0，由此构建两两节点间经济联系网络拓扑图，进而得到各年份的经济联系网络密度（见表 7-1）。

表 7-1 长三角地区城市经济联系网络密度

指 标	1992 年	1998 年	2004 年	2010 年
实际连接边数（条）	632	688	1016	1124
最大连接边数（条）	5402	5402	0.1881	5402
网络密度	0.117	0.127	0.158	0.208

　　整体而言，1992～2010年长三角地区各县级及以上城市节点间的经济联系网络密度呈逐步增大的态势，实际连接边数由1992年的632条增至2010年的1124条，网络密度由1992年的0.117增至2010年的0.208，增长了0.78倍，反映了各县级及以上城市的对外经济活动越来越频繁，但总体上网络密度并不大，城市经济联系处于一种弱连接的状态。从网络结构连接图（见图7-1）可以看出，1992年，经济联系强度在0.12以上的连接边还较为稀疏，且高淳、宝应、兴化、淳安、象山、舟山、岱山、嵊泗、三门、天台和仙居11个县市未融入经济联系强度临界值为0.12的网络体系中，呈相对孤立发展状态；随着城市间经济联系强度的提升，1998年，绝大多数县市融入了长三角地区城市经济联系网络体系中，不过宝应、兴化、淳安、舟山、岱山、嵊泗和仙居7个边缘和海岛地区县市仍未融入经济联系强度临界值为1.35的网络体系中；2004年，经济联系强度高于临界值8.40的连接边数增至1016条，但宝应、兴化、岱山和嵊泗4个县市仍被排斥在网络体系之外；随着各县级及以上城市间经济联系强度的大幅度提升，2010年，高于经济联系强度临界值50.00的连接边数增至1124条，除了兴化、岱山和嵊泗3个县市外，其余县市均融入了长三角城市经济联系网络体系中。由于这里采用的是无权网络密度指标，网络密度的大小与经济联系强度临界值的设定有关。随着地区间经济联系强度差异的缩小，以及网络连接临界值的大幅度降低，网络连接密度也会随之增大，当城市间的经济联系完全均衡时，城市间的经济联系就会构成完备网络，网络密度达到最大值1。

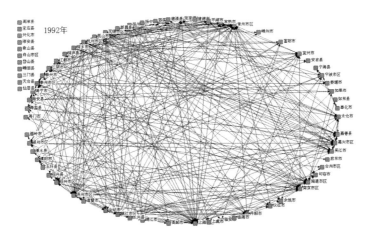

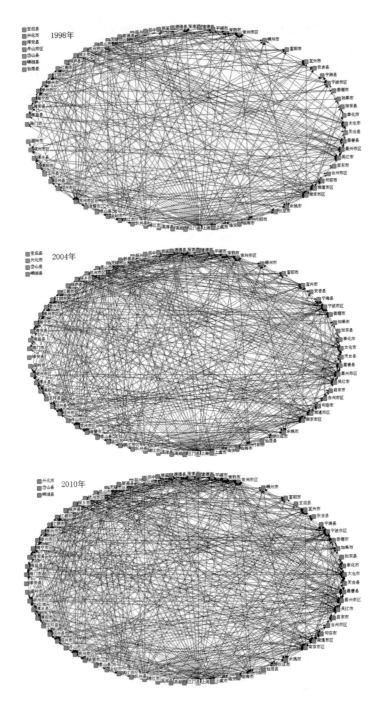

图 7 - 1　长三角地区城市经济联系网络可视化

为进一步比较网络中各节点对外联系的密集程度，通过 UCINET 6.357 软件得到各城市节点连接边的数量（见表 7 - 2）。从表 7 - 2 可以看出，1992 年，经济联系强度在 0.12 以上的对外连接边数最多的上海为 37 条，连接边数排在前 5 位的均为地级及以上中心城市，分别为上海、杭州、常州、苏州和无锡，其对外连接边数均在 27 条及以上，占总连接边数的 24.7%；1998 年，上海对外连接的城市数大幅度增加，经济联系强度在 1.35 以上的连接边数达 55 条，除上海外，其余依次为苏州、杭州、无锡、南京、镇江、常州和江阴等，其对外连接边数都在 20 条以上，连接边数排在前 10 位的城市的对外连接边数占总连接边数的 37.6%；2004 年，江阴、昆山和张家港的对外经济联系密度大幅度提升，经济联系强度在 8.40 以上的连接边数分别达到 32 条、28 条和 28 条，居南京、常州和宁波等地级及以上中心城市的前列；2010 年，上海的对外经济联系强度在 50.00 以上的连接边数增至 61 条，杭州、无锡、苏州、昆山、宁波和常州的连接边数都在 30 条以上，而作为省会城市的南京则排在第 11 位，尽管南京的综合经济实力较强，但受其偏居长三角西北边陲的经济地理区位的限制，其对外经济联系密度还比较小，城市的辐射带动作用相对较弱。

表 7 - 2　长三角地区各城市节点连接边数量

单位：条

县　　市	1992 年	1998 年	2004 年	2010 年	县　　市	1992 年	1998 年	2004 年	2010 年
上海市区	37	55	60	61	吴 江 市	15	16	20	28
南京市区	19	23	27	26	太 仓 市	13	14	18	23
溧 水 县	3	7	8	13	南通市区	17	11	16	20
高 淳 县	0	2	3	3	海 安 县	7	5	7	8
无锡市区	27	27	40	38	如 东 县	1	2	3	6
江 阴 市	20	21	32	30	启 东 市	1	3	2	2
宜 兴 市	13	11	19	21	如 皋 市	5	3	4	9
常州市区	31	21	27	31	海 门 市	3	4	5	14
溧 阳 市	9	11	15	17	扬州市区	19	14	18	22
金 坛 市	9	12	12	17	宝 应 县	0	0	0	1
苏州市区	30	30	39	37	仪 征 市	7	6	8	10
常 熟 市	14	12	24	26	高 邮 市	8	11	14	15
张家港市	13	15	28	27	江 都 市	3	1	4	5
昆 山 市	15	15	28	35	镇江市区	23	23	17	22

续表

县　　市	1992 年	1998 年	2004 年	2010 年	县　　市	1992 年	1998 年	2004 年	2010 年
丹 阳 市	16	13	15	21	桐 乡 市	10	12	22	21
扬 中 市	11	13	12	11	嘉 善 县	11	12	15	19
句 容 市	5	9	8	9	海 盐 县	7	7	5	18
泰州市区	19	16	20	22	湖州市区	12	10	21	26
兴 化 市	0	0	0	0	德 清 县	8	9	18	18
靖 江 市	11	12	18	24	长 兴 县	9	8	14	14
泰 兴 市	5	11	14	14	安 吉 县	2	5	4	6
姜 堰 市	3	3	11	13	绍兴市区	15	9	24	25
杭州市区	31	27	38	38	诸 暨 市	2	4	12	7
富 阳 市	6	8	11	11	上 虞 市	6	9	16	12
临 安 市	3	6	5	8	嵊 州 市	2	7	10	10
建 德 市	2	1	2	5	绍 兴 县	6	12	23	25
桐 庐 县	4	5	4	6	新 昌 县	1	6	11	10
淳 安 县	0	0	1	1	舟山市区	0	0	1	2
宁波市区	9	11	27	32	岱 山 县	0	0	0	0
余 姚 市	5	10	12	11	嵊 泗 县	0	0	0	0
慈 溪 市	5	5	10	13	台州市区	2	2	8	5
奉 化 市	2	4	9	10	温 岭 市	2	2	2	2
象 山 县	0	1	2	1	临 海 市	1	2	6	6
宁 海 县	2	4	10	7	玉 环 县	1	1	2	1
嘉兴市区	18	14	23	23	三 门 县	0	1	7	5
平 湖 市	10	9	14	17	天 台 县	0	2	10	6
海 宁 市	6	11	20	21	仙 居 县	0	0	1	1

第二节　城市经济联系网络节点中心性

行动者在网络中具有怎样的权利关系或者居于何种地位是社会网络分析的重要内容。中心性是衡量网络节点在网络中权利关系的重要指标，网络节点中心性可分为中心度和中心势两个方面。中心度是衡量网络成员处于网络中心位置的程度，反映了行动者在不同区域范围内参与活动的程度和影响力的大小，主要包括节点中心度、接近中心度和中间中心度等统计指标。

一 网络节点中心性测度方法

(一) 节点中心度

节点中心度是衡量哪些城市在空间经济联系网络中处于重要地位的指标，对于无权网络，可用一个节点城市与其直接相连城市的数量来表示，如果一个城市与其他许多节点城市直接相连，则该城市具有较高的点度中心度；而对于有权网络，城市节点中心度为与该点相连接的点的连接权重之和，其表达式为：

$$C(n_i) = \sum_{j=1}^{n} R_{ij} \qquad (7-2)$$

式 7-2 中，$C(n_i)$ 为城市经济联系网络中城市节点 i 的节点中心度，R_{ij} 为与 i 节点直接相连的节点间经济联系强度，节点中心度可以反映其在空间经济联系网络中的权利地位。而当网络规模不同时，不同网络中节点的局部中心度具有不可比性，为了弥补这个缺陷，Freeman（1979）提出了相对中心度的概念，并指出相对中心度是节点的绝对中心度与网络中最大可能的度数之比。在城市经济联系网络关系系统中，城市节点的中心度高则表明该点为网络中的中心城市，具有较大的网络权力（刘军，2004）。

(二) 接近中心度

接近中心度用某城市与其他所有城市的最短距离表示其在网络中的地位。如果一个成员在联系过程中较少依赖其他成员，则该行动者具有较高的接近中心度。城市节点的接近中心度越高，表明它与其他城市间经济联系的通达性越好，经济联系越紧密，受其他节点的影响控制程度越低，其核心作用越强。

(三) 中间中心度

中间中心度表示两个非邻接城市间的相互联系依赖于区域中其他城市的程度，是度量行动者对网络控制能力的指标，或者说行动者在多大程度上是网络中其他行动者的中介。如果一个城市位于其他城市的多条最短路径上，则该城市具有核心地位，具有较高的中间中心度。节点 i 的介数可表示为：

$$B_i = \sum_{j<k} \frac{g_{jk}(i)}{g_{jk}} \qquad (7-3)$$

式 7-3 中，g_{jk} 为城市节点 j 和 k 之间的最短路径数，$g_{jk}(i)$ 表示节点 j 和节点 k 之间经过节点 i 的最短路径数。

二 网络节点中心性测算与比较

(一) 城市节点中心度

城市对外经济联系直接连接的城市越多、联系强度越大，该城市在网络中的中心度就越高，城市在经济联系网络中的权利地位就越高，则该城市为区域城市体系中的中心城市或门户城市。通过对各城市节点的中心度进行测算并进行归一化处理，得到各节点的相对中心度。可以看出，长三角地区各城市节点在网络中的权利地位存在较大差异，4个年份中各城市节点相对中心度的标准差分别为0.21、0.15、0.15、0.16，变异系数分别为0.15、0.09、0.11、0.13，表明各县级及以上城市节点关系的权利中心地位的绝对差异和相对差异均呈波动降低态势，1998年各节点间的相对中心度差异最小，而2004～2010年绝对差异和相对差异均呈小幅增大的态势。

通过比较各城市节点相对中心度的大小、频率分布和累积频率分布（见表7-3、图7-2）可以看出，1992年，相对中心度在0.9及以上的城市节点有2个，相对中心度最高的是苏州，其次是上海，其相对中心度分别为1.0和0.9，反映了20世纪90年代上海在长三角地区的门户和核心地位尚未正式确立。长三角地区城市经济联系仍然采用以中心地联系为主导的模式，苏州以其居中的地理位置和优越的交通可达性优势在长三角地区城市经济联系网络中居核心位置，与其所辖县市及其周边的无锡、嘉兴和湖州等地的经济联系相对较紧密，以苏州为中心的环太湖地区包括昆山、无锡、太仓、常州的相对中心度都在0.5以上，相对中心度在0.2以上的城市节点有18个，占节点总数的24.3%，相对中心度在0.1及以下的城市节点有48个，反映了该时期长三角地区城市节点在城市经济联系网络中的权利关系比较集中。

1998年，相对中心度在0.2以上的城市节点有7个，占节点总数的9.4%，节点网络权利有所发散，上海的相对中心度居首位，成为长三角地区经济联系网络的权利中心，居第2位的苏州的相对中心度仅相当于上海的59%。随着长三角地区的全面开放，上海在长三角地区的辐射带动作用逐步增强，上海国际经济、金融、贸易、航运中心地位的提升，以及经济全球化进程的逐步加快和跨国公司投资的增加，使上海逐步成为长三角地区内资金、信息、人才和技术的集聚扩散中心。苏州、昆山、无锡、太仓、

表 7 – 3　长三角地区各城市节点的相对中心度

县　　市	1992 年	1998 年	2004 年	2010 年	县　　市	1992 年	1998 年	2004 年	2010 年
上海市区	0.90	1.00	1.00	1.00	富 阳 市	0.06	0.04	0.05	0.05
南京市区	0.24	0.15	0.18	0.16	临 安 市	0.03	0.02	0.02	0.04
溧 水 县	0.02	0.02	0.05	0.06	建 德 市	0.01	0.00	0.01	0.02
高 淳 县	0.00	0.00	0.01	0.01	桐 庐 县	0.02	0.02	0.02	0.03
无锡市区	0.63	0.37	0.34	0.35	淳 安 县	0.00	0.00	0.00	0.00
江 阴 市	0.32	0.21	0.30	0.33	宁波市区	0.10	0.09	0.20	0.20
宜 兴 市	0.13	0.06	0.12	0.11	余 姚 市	0.05	0.10	0.14	0.11
常州市区	0.51	0.19	0.18	0.24	慈 溪 市	0.03	0.04	0.09	0.09
溧 阳 市	0.06	0.04	0.07	0.07	奉 化 市	0.04	0.03	0.07	0.07
金 坛 市	0.07	0.06	0.05	0.07	象 山 县	0.00	0.00	0.01	0.00
苏州市区	1.00	0.59	0.45	0.57	宁 海 县	0.01	0.01	0.05	0.03
常 熟 市	0.30	0.15	0.25	0.22	嘉兴市区	0.43	0.18	0.18	0.25
张家港市	0.20	0.13	0.21	0.25	平 湖 市	0.10	0.07	0.08	0.17
昆 山 市	0.65	0.40	0.47	0.54	海 宁 市	0.04	0.08	0.11	0.16
吴 江 市	0.42	0.24	0.18	0.38	桐 乡 市	0.17	0.10	0.13	0.15
太 仓 市	0.55	0.34	0.38	0.40	嘉 善 县	0.26	0.15	0.12	0.19
南通市区	0.13	0.04	0.06	0.11	海 盐 县	0.05	0.03	0.02	0.13
海 安 县	0.07	0.03	0.03	0.04	湖州市区	0.10	0.06	0.10	0.15
如 东 县	0.01	0.01	0.00	0.01	德 清 县	0.07	0.04	0.08	0.10
启 东 市	0.00	0.01	0.01	0.03	长 兴 县	0.12	0.05	0.08	0.09
如 皋 市	0.06	0.02	0.01	0.04	安 吉 县	0.01	0.01	0.01	0.03
海 门 市	0.02	0.01	0.02	0.07	绍兴市区	0.32	0.12	0.28	0.26
扬州市区	0.27	0.08	0.10	0.14	诸 暨 市	0.01	0.01	0.05	0.03
宝 应 县	0.00	0.00	0.00	0.00	上 虞 市	0.05	0.10	0.13	0.10
仪 征 市	0.06	0.03	0.05	0.06	嵊 州 市	0.01	0.04	0.07	0.07
高 邮 市	0.01	0.00	0.01	0.02	绍 兴 县	0.24	0.13	0.28	0.26
江 都 市	0.15	0.06	0.07	0.08	新 昌 县	0.01	0.03	0.07	0.07
镇江市区	0.41	0.18	0.10	0.15	舟山市区	0.00	0.01	0.00	0.01
丹 阳 市	0.21	0.10	0.08	0.12	岱 山 县	0.00	0.00	0.00	0.00
扬 中 市	0.09	0.05	0.04	0.04	嵊 泗 县	0.00	0.00	0.00	0.00
句 容 市	0.06	0.05	0.03	0.05	台州市区	0.01	0.01	0.03	0.02
泰州市区	0.19	0.07	0.09	0.10	温 岭 市	0.01	0.01	0.01	0.01
兴 化 市	0.00	0.00	0.00	0.00	临 海 市	0.00	0.00	0.02	0.02
靖 江 市	0.10	0.06	0.13	0.21	玉 环 县	0.00	0.01	0.01	0.01
泰 兴 市	0.03	0.04	0.05	0.06	三 门 县	0.00	0.00	0.04	0.01
姜 堰 市	0.04	0.02	0.04	0.05	天 台 县	0.00	0.01	0.03	0.02
杭州市区	0.42	0.20	0.34	0.39	仙 居 县	0.00	0.00	0.00	0.00

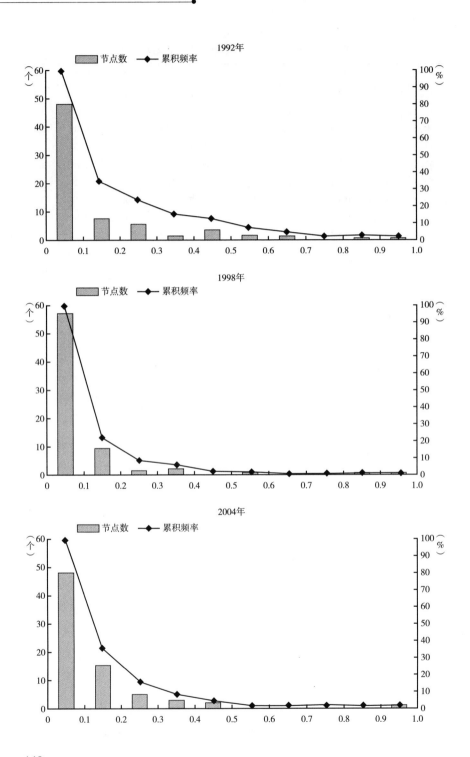

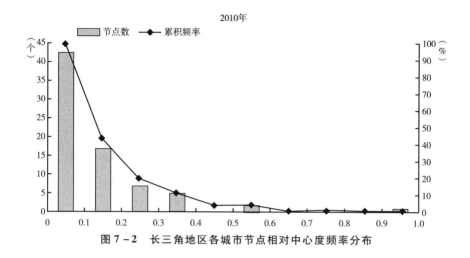

图 7-2 长三角地区各城市节点相对中心度频率分布

吴江、江阴等周边县市以其邻接上海的区位优势，主动接轨上海，充分利用上海的溢出效应与其建立了紧密的社会经济联系，这些城市的相对中心度都在 0.2 以上；而杭州、常州、镇江、嘉兴、南京等中心城市的相对中心度较低，77.0% 的县市相对中心度在 0.1 及以下。

2004 年，相对中心度在 0.2 以上的城市节点有 11 个，占节点总数的14.9%，昆山的相对中心度超过苏州居第 2 位，相对中心度增至 0.47，这得益于昆山与上海及周边县市经济联系强度的增强，太仓、江阴、绍兴县、常熟和张家港的相对中心度也都在 0.2 以上，位居除上海、苏州、杭州和无锡之外的所有地级及以上中心城市之上，反映了这些县级城市在局部地区的区域中心城市地位越来越突出。杭州的相对中心度也由 1998 年的第 8 位上升至 2004 年的第 5 位，而宁波、嘉兴、常州、南京、湖州、扬州和镇江等中心城市的相对中心度为 0.1~0.2，相对中心度在 0.1 以下的城市节点有 48 个，占节点总数的64.9%，其中还包括泰州、南通、台州和舟山 4 个地级及以上中心城市。

2010 年，相对中心度在 0.2 以上的城市节点有 15 个，苏州赶超昆山居第 2 位，两者的相对中心度分别为 0.57 和 0.54，吴江、嘉兴、常州和靖江在局部地区的中心地位得到了大幅度的提升，相对中心度提升至 0.2以上，而宁波、南京、镇江、湖州和扬州等中心城市的相对中心度仍然为0.1~0.2，尤其是作为长三角副中心之一的南京在经济联系网络中的中心地位并不高，这也恰恰反映了网络中心性与中心地等级体系中城市中心性的区别，网络中心性不仅与中心城市的经济和行政等级有关，而且是由该城市在城市经济联系网络体系中与其他所有节点的相互关系所决定的。相对中心度在 0.1 以下的城市节点仍多达 42 个，占节点总数的 56.8%，包括地级及以上中心城市台州和舟山。

综上可知，首先，地级及以上中心城市的相对中心度较高，除台州和舟山等中心城市外，绝大多数地级及以上中心城市的相对中心度在 0.1 以上，反映了网络中心性与经济和行政等级中心的耦合性，但杭州、南京、宁波等副省级中心城市的网络节点中心性还相对较弱，这在一定程度上反映了以上城市的网络中心性与其经济和行政等级的不对等；其次，上海周边县市由于受其强烈的辐射和溢出效应影响，尤其是昆山、太仓、吴江、张家港、常熟、江阴、靖江和绍兴县等的相对中心度较高，显示了这些县市节点在局部地区的中心地位日益突出，沪苏锡地区和杭嘉地区的多中心化发展趋势逐步显现。

（二）城市节点接近中心度

前述节点中心度注重的是城市节点与其他节点间的直接连接关系，而没有考虑间接连接关系，因此可能会出现这样的情况，一个节点的中心度很高，但与其直接相连接的节点与网络中其他节点的联系较少或没有联系，则该节点的中心地位是局域性的，而不是全局性的。而接近中心性是衡量节点在整个网络中不受其他节点控制程度的方法，是衡量网络中城市之间联系便捷程度的指标，较高的接近中心性反映了该城市节点在网络中占据有利的区位，在联系中较少受到其他节点的控制。在 UCINET 6.357 中对各节点的接近中心性进行测算并进行归一化处理，得到相对接近中心度。可以看出，长三角地区各城市节点的相对接近中心度存在较大的差异，4 个年份中各城市节点相对接近中心度的标准差分别为 0.28、0.21、0.18、0.17，变异系数分别为 0.54、0.40、0.31、0.28，表明各县级及以上城市节点对外经济联系便捷性的绝对差异和相对差异均持续降低，各节点的接近中心性呈均衡发展的态势。

通过比较各城市节点相对接近中心度的大小、频率分布和累积频率分布（见表 7-4、图 7-3）可以看出，1992 年，相对接近中心度在 0.9 以上的城市节点有 4 个，相对接近中心度最高的是上海，其次是杭州、苏州和常州；相对接近中心度在 0.6 以上的城市节点有 37 个，主要为地级及以上中心城市和苏州、无锡、常州、嘉兴所辖的县市，占节点总数的 50%，这说明城市节点接近中心度呈右偏态分布；相对接近中心度在 0.3 以上的城市节点有 59 个，占节点总数的 79.7%；相对接近中心度在 0.1 以下的城市节点多达 15 个，反映了该时期长三角地区城市节点在经济联系网络中对外联系的便捷性还存在很大的差异。

表 7－4　长三角地区各城市节点的相对接近中心度

县 市	1992 年	1998 年	2004 年	2010 年	县 市	1992 年	1998 年	2004 年	2010 年
上海市区	1.00	1.00	1.00	1.00	富 阳 市	0.63	0.59	0.61	0.61
南京市区	0.79	0.71	0.72	0.71	临 安 市	0.54	0.57	0.55	0.57
溧 水 县	0.54	0.58	0.57	0.61	建 德 市	0.53	0.37	0.38	0.55
高 淳 县	0.00	0.43	0.54	0.53	桐 庐 县	0.55	0.56	0.55	0.56
无锡市区	0.88	0.75	0.84	0.81	淳 安 县	0.00	0.00	0.28	0.37
江 阴 市	0.78	0.70	0.76	0.74	宁波市区	0.67	0.63	0.74	0.77
宜 兴 市	0.72	0.61	0.66	0.67	余 姚 市	0.57	0.61	0.62	0.61
常州市区	0.91	0.70	0.72	0.75	慈 溪 市	0.57	0.56	0.60	0.62
溧 阳 市	0.65	0.61	0.63	0.64	奉 化 市	0.44	0.56	0.59	0.60
金 坛 市	0.65	0.62	0.61	0.64	象 山 县	0.00	0.31	0.44	0.44
苏州市区	0.92	0.77	0.83	0.81	宁 海 县	0.44	0.43	0.61	0.58
常 熟 市	0.74	0.62	0.70	0.71	嘉兴市区	0.78	0.63	0.70	0.70
张家港市	0.70	0.64	0.73	0.72	平 湖 市	0.67	0.59	0.62	0.65
昆 山 市	0.75	0.64	0.74	0.79	海 宁 市	0.63	0.61	0.68	0.68
吴 江 市	0.74	0.65	0.67	0.74	桐 乡 市	0.68	0.62	0.69	0.68
太 仓 市	0.72	0.64	0.65	0.70	嘉 善 县	0.68	0.63	0.67	0.67
南通市区	0.75	0.61	0.64	0.66	海 盐 县	0.64	0.57	0.55	0.66
海 安 县	0.64	0.56	0.57	0.57	湖州市区	0.71	0.60	0.69	0.72
如 东 县	0.46	0.54	0.53	0.53	德 清 县	0.65	0.59	0.66	0.66
启 东 市	0.40	0.53	0.54	0.56	长 兴 县	0.68	0.58	0.62	0.62
如 皋 市	0.62	0.54	0.54	0.58	安 吉 县	0.53	0.56	0.54	0.56
海 门 市	0.58	0.55	0.55	0.62	绍兴市区	0.74	0.60	0.71	0.71
扬州市区	0.77	0.64	0.65	0.68	诸 暨 市	0.54	0.55	0.62	0.58
宝 应 县	0.00	0.00	0.00	0.37	上 虞 市	0.58	0.60	0.65	0.62
仪 征 市	0.59	0.57	0.57	0.59	嵊 州 市	0.47	0.59	0.60	0.60
高 邮 市	0.51	0.39	0.54	0.55	绍 兴 县	0.64	0.62	0.70	0.71
江 都 市	0.60	0.61	0.62	0.63	新 昌 县	0.34	0.58	0.61	0.60
镇江市区	0.81	0.71	0.64	0.68	舟山市区	0.00	0.00	0.43	0.54
丹 阳 市	0.73	0.63	0.63	0.67	岱 山 县	0.00	0.00	0.00	0.00
扬 中 市	0.68	0.63	0.61	0.60	嵊 泗 县	0.00	0.00	0.00	0.00
句 容 市	0.57	0.59	0.57	0.58	台州市区	0.05	0.26	0.59	0.57
泰州市区	0.77	0.66	0.67	0.68	温 岭 市	0.05	0.22	0.39	0.39
兴 化 市	0.00	0.00	0.00	0.00	临 海 市	0.04	0.32	0.48	0.49
靖 江 市	0.68	0.62	0.65	0.70	玉 环 县	0.04	0.19	0.39	0.29
泰 兴 市	0.57	0.61	0.62	0.62	三 门 县	0.00	0.31	0.49	0.48
姜 堰 市	0.49	0.54	0.60	0.61	天 台 县	0.00	0.40	0.61	0.48
杭州市区	0.92	0.75	0.82	0.82	仙 居 县	0.00	0.00	0.33	0.33

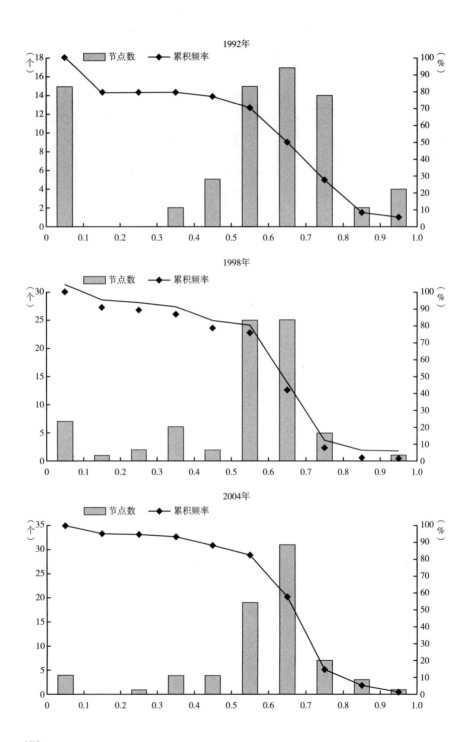

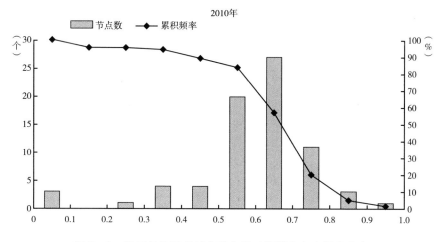

图 7 - 3　长三角地区各城市节点相对接近中心度频率分布

1998 年，相对接近中心度在 0.9 以上的仅为上海，苏州、杭州、无锡、镇江和南京的相对接近中心度为 0.7 ~ 0.8，相对接近中心度在 0.6 以上的城市节点降至 31 个，占节点总数的 41.9%，86.5% 的城市节点的相对接近中心度在 0.3 以上，相对接近中心度在 0.1 以下的城市节点降至 7 个，反映了该时期长三角地区城市节点经济联系的便捷性向均衡方向转变。

2004 年，相对接近中心度在 0.7 以上的城市节点有 11 个，占节点总数的 14.9%，除上海的相对接近中心度为 1 外，无锡、苏州、杭州、江阴、宁波、昆山、张家港、南京、常州和绍兴的相对接近中心度都在 0.7 以上；93.2% 的城市节点的相对接近中心度在 0.3 以上，相对接近中心度在 0.2 以下的城市节点降至 4 个，城市节点相对接近中心度有向右偏态分布转移的态势。

2010 年，相对接近中心度在 0.6 以上的城市节点有 42 个，占节点总数的 56.8%，相对接近中心度的右偏态分布态势进一步增强。其中，相对接近中心度在 0.9 以上的仍然为上海，杭州、无锡和苏州的相对接近中心度增至 0.8 以上，苏州、无锡、嘉兴、常州和湖州所辖县市的相对接近中心度较高，94.6% 的县市相对接近中心度在 0.3 以上，相对接近中心度在 0.5 以下的主要为南北两翼的边缘县市，其对外经济联系的便捷性还较差，处于经济联系网络的边缘位置。

接近中心性反映了节点在整个网络中的位置，是城市之间联系便捷程度的反映，高的接近中心性表明该城市在网络中占有区位优势，很可能是全局的中心，越靠近网络中心位置的城市具有越高的接近中心性，上海、苏州、无锡、常州及其所辖县市在全局经济联系网络中处于较优的位置；接近中心性的分布则反映了网络的整体结构特征，接近中心度的右偏态分布态势逐步增强，中等接近中心度的节点数量大幅度增加，反映了长三角地区节点对外经济联系的通达性增强，经济联系日益紧密且向均衡态势发展。另外，从节点中心度和接近中心度的分布频率来看，二者呈现相反的分布状态，表明这两个指标反映了城市节点在经济联系网络中不同侧面的特征。

（三） 城市节点中间中心度

中间中心性用以衡量一个城市在经济联系网络中起中介作用的能力，是测度行动者对资源控制能力的指标。如果一个城市具有较高的中间中心度，则表示该城市为网络中的枢纽城市，对整个网络具有较强的控制能力。通过 UCINET 6.357 计算得到各城市节点的相对中间中心度并进行极大值归一化处理，得到各城市节点的相对中间中心度。整体而言，各年份各城市节点的相对中间中心度存在很大的差异，4 个年份中各城市节点相对中间中心度的标准差分别为 0.171、0.121、0.123 和 0.123，变异系数分别为 2.667、3.625、3.466 和 3.438，反映了各城市节点相对中间中心度的绝对差异波动减小，而相对差异呈波动增大的态势。

从各年份城市节点相对中间中心度的大小及频率分布来看（见表 7 - 5、图 7 - 4），1992 年，相对中间中心度在 0.1 以上的城市节点有 14 个，占节点总数的 18.9%，主要为各地级及以上城市。其中，相对中间中心度居首位的是上海，其次是杭州，分别为 1.000 和 0.920，常州、绍兴、苏州和宁波的相对中间中心度都在 0.2 以上，绝大多数城市节点的相对中间中心度较低，相对中间中心度为 0 的城市节点多达 34 个。2010 年，城市节点相对中间中心度的相对差异大幅度增大，相对中间中心度在 0.1 以上的城市节点降至 4 个，除居首位的上海外，仅宁波、台州和杭州的相对中间中心度在 0.1 以上，占节点总数的 5.4%，绝大多数城市节点的相对中间中心度为 0.001 ~ 0.1，相对中间中心度为 0 的城市节点降至 19 个，反映了在长三角地区经济联系网络中具有枢纽控制作用的城市节点大幅度减少，城市间的直接经济联系增强，这与前述接近中心度的分析结论相吻合。从各节点相对中间中心度的累积频率来看，各县市相对中间中心度呈现重尾分布特征，且这一特征越来越显著，进一步反映了少数相对中间中心度较高的县市在城市经济联系网络中处于枢纽地位。需要指出的是，相对中间中心度没有考虑城市规模的差异，而仅与网络结构特征密切相关，造成一些处于特殊位置的经济发展水平较低和城市规模较小的县市的相对中间中心度也可能较高，如 2010 年临海、温岭、建德、高邮等县市的相对中间中心度高于常州、绍兴、湖州、南京、扬州、泰州、南通等地级及以上城市的相对中间中心度。

表 7 - 5　长三角地区各城市节点的相对中间中心度

县　　市	1992 年	1998 年	2004 年	2010 年	县　　市	1992 年	1998 年	2004 年	2010 年
上海市区	1.000	1.000	1.000	1.000	丹阳市	0.030	0.001	0.003	0.006
南京市区	0.136	0.052	0.033	0.023	扬中市	0.005	0.001	0.001	0.000
溧水县	0.000	0.015	0.002	0.004	句容市	0.000	0.001	0.001	0.000
高淳县	0.000	0.000	0.000	0.000	泰州市区	0.136	0.013	0.012	0.021
无锡市区	0.140	0.031	0.127	0.092	兴化市	0.000	0.000	0.000	0.000
江阴市	0.042	0.012	0.053	0.028	靖江市	0.010	0.002	0.004	0.011
宜兴市	0.017	0.002	0.007	0.007	泰兴市	0.000	0.001	0.001	0.001
常州市区	0.380	0.009	0.020	0.029	姜堰市	0.000	0.000	0.001	0.002
溧阳市	0.000	0.002	0.004	0.003	杭州市区	0.920	0.095	0.190	0.140
金坛市	0.000	0.001	0.002	0.002	富阳市	0.029	0.003	0.014	0.010
苏州市区	0.288	0.052	0.106	0.079	临安市	0.000	0.001	0.000	0.000
常熟市	0.016	0.001	0.013	0.016	建德市	0.000	0.000	0.072	0.074
张家港市	0.005	0.003	0.020	0.016	桐庐县	0.002	0.050	0.141	0.001
昆山市	0.022	0.005	0.031	0.070	淳安县	0.000	0.000	0.000	0.000
吴江市	0.015	0.006	0.004	0.023	宁波市区	0.279	0.103	0.270	0.344
太仓市	0.013	0.003	0.003	0.013	余姚市	0.000	0.008	0.003	0.002
南通市区	0.196	0.010	0.020	0.018	慈溪市	0.000	0.000	0.000	0.003
海安县	0.021	0.001	0.001	0.000	奉化市	0.000	0.049	0.008	0.004
如东县	0.000	0.000	0.000	0.000	象山县	0.000	0.000	0.000	0.000
启东市	0.000	0.000	0.000	0.000	宁海县	0.000	0.100	0.045	0.031
如皋市	0.000	0.000	0.000	0.001	嘉兴市区	0.048	0.005	0.016	0.010
海门市	0.131	0.001	0.001	0.003	平湖市	0.004	0.001	0.000	0.001
扬州市区	0.142	0.003	0.007	0.023	海宁市	0.003	0.003	0.010	0.009
宝应县	0.000	0.000	0.000	0.000	桐乡市	0.007	0.004	0.011	0.007
仪征市	0.000	0.000	0.000	0.000	嘉善县	0.003	0.002	0.001	0.003
高邮市	0.000	0.000	0.000	0.074	海盐县	0.001	0.000	0.000	0.001
江都市	0.000	0.051	0.004	0.007	湖州市区	0.039	0.003	0.012	0.024
镇江市区	0.141	0.019	0.005	0.007	德清县	0.003	0.003	0.015	0.009

续表

县　　市	1992 年	1998 年	2004 年	2010 年	县　　市	1992 年	1998 年	2004 年	2010 年
长 兴 县	0.002	0.001	0.001	0.002	岱 山 县	0.000	0.000	0.000	0.000
安 吉 县	0.000	0.000	0.000	0.000	嵊 泗 县	0.000	0.000	0.000	0.000
绍兴市区	0.360	0.003	0.024	0.027	台州市区	0.005	0.099	0.158	0.167
诸 暨 市	0.000	0.000	0.001	0.000	温 岭 市	0.005	0.050	0.000	0.074
上 虞 市	0.001	0.005	0.006	0.002	临 海 市	0.000	0.147	0.072	0.075
嵊 州 市	0.131	0.002	0.001	0.009	玉 环 县	0.000	0.000	0.000	0.000
绍 兴 县	0.008	0.010	0.019	0.026	三 门 县	0.000	0.000	0.003	0.002
新 昌 县	0.000	0.237	0.009	0.009	天 台 县	0.000	0.192	0.031	0.004
舟山市区	0.000	0.000	0.000	0.000	仙 居 县	0.000	0.000	0.000	0.000

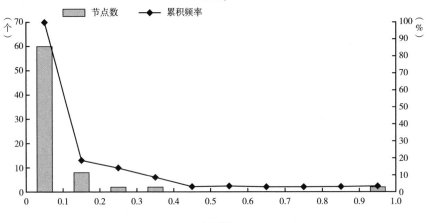

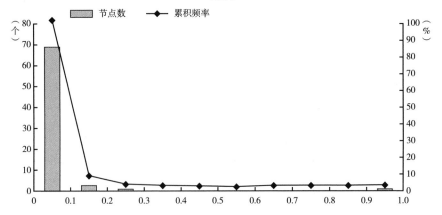

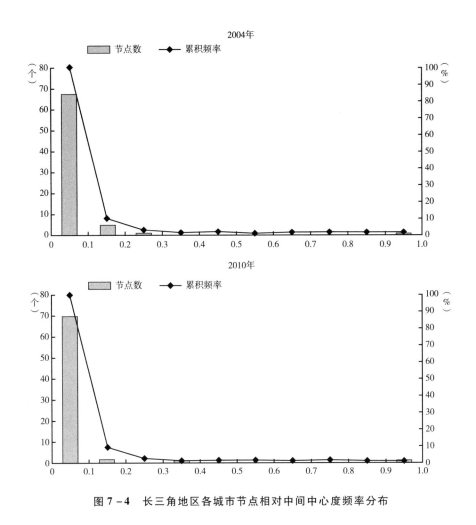

图 7 - 4 长三角地区各城市节点相对中间中心度频率分布

第三节 城市经济联系网络节点凝聚性

一 凝聚系数测算方法

凝聚系数是反映与节点相连的其他节点间是否相连的指标,在社会关系网络分析中可以理解为"某人的朋友之间相互认识的可能性大小",反映的是网络连接的局部特性。网络的局部凝聚性越高越容易产生抱团现象，在社会关系中容易产生利益团体，在城市经济联系网络中则会产生城市经济联系子群或城市经济协作区等。依据凝聚系数的基本模型，城市经济联系网络中各城市节点的凝聚系数可表示为：

$$c_i = \frac{1}{k_i(k_i - 1)} \sum_{j \neq k}^{n} a_{ij} a_{ik} a_{jk} \qquad (7-4)$$

式 7 - 4 中，a_{ij}、a_{ik}、a_{jk} 为邻接矩阵中的元素，相连为 1，不相连为 0，从几何关系看，为包含节点 i 的三角形实际数量除以包含节点 i 的三角形最大可能数量。

二 节点凝聚性比较

凝聚系数是网络连接中局部连接特征的反映，通过对各年份各城市节点凝聚系数、节点凝聚系数的频率分布的计算发现，各节点凝聚系数存在很大的差异（见表 7 - 6、图 7 - 5）。1992 年，凝聚系数在 0.9 以上的城市节点有 19 个，占节点总数的 25.7%。其中，凝聚系数为 1 的城市节点有 14 个，主要为县及县级市，如仪征、安吉、句容、临安等，原因主要在于与这些县市直接连接的城市节点较少，其相互间连接的概率较高；凝聚系数在 0.5 以上的城市节点有 46 个，占节点总数的 62.2%，绝大多数地级及以上城市节点的凝聚系数为 0.3~0.6，原因主要在于地级及以上中心城市直接连接的节点相对较多，其相互间连接的概率相对较低；19 个城市节点的凝聚系数为 0，主要为台州、舟山、南通所辖的部分县市及高淳、宝应、兴化等县市，这些县市尚未与邻近县市形成紧密连接的局部经济联系团体。

表 7 - 6　长三角地区各城市节点的凝聚系数

县　　市	1992 年	1998 年	2004 年	2010 年	县　　市	1992 年	1998 年	2004 年	2010 年
上海市区	0.32	0.19	0.24	0.26	溧 阳 市	0.97	0.78	0.80	0.82
南京市区	0.56	0.52	0.56	0.63	金 坛 市	0.97	0.83	0.85	0.87
溧 水 县	1.00	0.71	0.75	0.82	苏州市区	0.44	0.43	0.45	0.51
高 淳 县	0.00	1.00	1.00	1.00	常 熟 市	0.81	0.91	0.67	0.65
无锡市区	0.50	0.48	0.43	0.50	张家港市	0.83	0.77	0.60	0.65
江 阴 市	0.62	0.62	0.49	0.58	昆 山 市	0.77	0.74	0.61	0.53
宜 兴 市	0.74	0.78	0.74	0.76	吴 江 市	0.74	0.69	0.81	0.66
常州市区	0.40	0.63	0.60	0.58	太 仓 市	0.85	0.80	0.83	0.74

续表

县　　市	1992 年	1998 年	2004 年	2010 年	县　　市	1992 年	1998 年	2004 年	2010 年
南通市区	0.55	0.47	0.56	0.64	奉化市	1.00	0.67	0.75	0.82
海安县	0.76	0.60	0.81	0.86	象山县	0.00	0.00	1.00	0.00
如东县	0.00	1.00	1.00	1.00	宁海县	1.00	0.17	0.56	0.57
启东市	0.00	1.00	1.00	1.00	嘉兴市区	0.59	0.66	0.68	0.75
如皋市	0.95	1.00	1.00	0.86	平湖市	0.82	0.89	0.96	0.93
海门市	0.33	0.67	0.80	0.84	海宁市	0.87	0.71	0.74	0.75
扬州市区	0.51	0.80	0.74	0.63	桐乡市	0.82	0.67	0.72	0.79
宝应县	0.00	0.00	0.00	0.00	嘉善县	0.84	0.77	0.92	0.86
仪征市	1.00	1.00	1.00	1.00	海盐县	0.90	1.00	1.00	0.90
高邮市	1.00	0.00	1.00	0.60	湖州市区	0.70	0.64	0.72	0.64
江都市	0.96	0.69	0.78	0.80	德清县	0.86	0.58	0.65	0.73
镇江市区	0.50	0.55	0.75	0.73	长兴县	0.89	0.75	0.87	0.81
丹阳市	0.69	0.82	0.81	0.75	安吉县	1.00	0.90	1.00	1.00
扬中市	0.93	0.87	0.91	0.95	绍兴市区	0.35	0.72	0.58	0.56
句容市	1.00	0.89	0.82	1.00	诸暨市	1.00	1.00	0.92	0.95
泰州市区	0.51	0.63	0.67	0.65	上虞市	0.87	0.78	0.73	0.80
兴化市	0.00	0.00	0.00	0.00	嵊州市	0.00	0.90	0.91	0.82
靖江市	0.85	0.80	0.78	0.70	绍兴县	0.80	0.55	0.62	0.58
泰兴市	1.00	0.93	0.87	0.86	新昌县	0.00	0.67	0.78	0.82
姜堰市	1.00	1.00	0.89	0.82	舟山市区	0.00	0.00	0.00	1.00
杭州市区	0.27	0.32	0.40	0.43	岱山县	0.00	0.00	0.00	0.00
富阳市	0.60	0.64	0.75	0.71	嵊泗县	0.00	0.00	0.00	0.00
临安市	1.00	0.73	0.90	0.96	台州市区	0.00	0.00	0.50	0.40
建德市	1.00	0.00	0.00	0.60	温岭市	0.00	0.00	1.00	0.00
桐庐县	0.67	0.60	0.50	0.87	临海市	0.00	0.00	0.67	0.53
淳安县	0.00	0.00	0.00	0.00	玉环县	0.00	0.00	1.00	0.00
宁波市区	0.47	0.56	0.42	0.40	三门县	0.00	0.00	0.67	0.80
余姚市	1.00	0.67	0.79	0.82	天台县	0.00	0.00	0.64	0.60
慈溪市	1.00	1.00	0.93	0.79	仙居县	0.00	0.00	0.00	0.00

　　2010 年，凝聚系数在 0.9 以上的城市节点降至 11 个，占节点总数的 14.9%。其中，凝聚系数为 1 的城市节点降至 7 个；凝聚系数在 0.5 以上的城市节点增至 60 个，占节点总数的 81.1%；大多数地级及以上中心城市的凝聚系数在 0.65 以下，尤其是上海的凝聚系数仅为 0.26，2010 年与

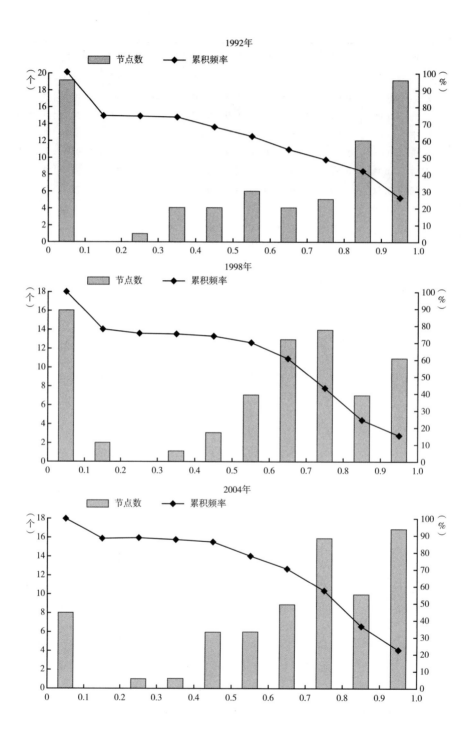

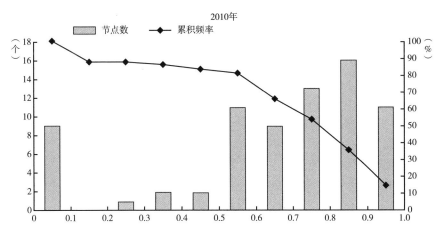

图 7 - 5　长三角地区各城市节点凝聚系数频率分布

上海直接相连的城市节点达到了 61 个，尽管其相互连接边数较多，但凝聚系数相对较低；凝聚系数为 0 的城市节点降至 9 个，分别为象山、温岭、玉环、宝应、兴化、淳安、岱山、嵊泗和仙居。各城市节点凝聚系数的标准差由 1992 年的 0.39 降至 2010 年的 0.29，变异系数由 1992 年的 0.67 降至 2010 年的 0.44，反映了各城市节点凝聚系数的绝对差异和相对差异都呈降低的趋势，表明了城市节点局部连接呈现均衡发展的特征。

第四节　城市经济联系网络核心 - 边缘结构

　　无论是世界经济体系还是区域经济的空间组织均存在对核心 - 边缘结构的广泛探讨。其中，世界经济体系理论认为整个世界由核心区、半边缘区和边缘区三类国家组成，而人文 - 经济地理学领域对区域经济空间格局的描述多将非均衡发展经济格局中经济发达地区认为是核心地区，将经济落后地区认为是边缘地区，而在绝大多数研究中对于什么是核心、什么是边缘并没有明确可操作性的量化标准。社会网络分析从模型的角度探讨核心 - 边缘结构，且已在精英网络、科学引文关系网络以及组织关系网络等社会现象的核心 - 边缘结构分析中得到了应用，该方法也将为城市经济空间结构核心 - 边缘空间格局的识别提供一种新的分析方法。例如，Borgatti 和 Everett（2000）引入了核心区、半边缘区和边缘区三类分区的思想，利用相关分析法对经济联系网络矩阵中节点间的联系进行拟合度评价,得到各节点的核心度指数,进而进行核心－边缘结构划分。本书拟尝试采用该种方法结合 UCINET 6.357 软件系统对长三角地区经济联系网络的核心－边缘型空间结构形态进行划分。

根据上述 4 个年份长三角地区县市间经济联系网络矩阵数据库,采用 UCINET 6.357 软件中的 core/periphery 功能测算各城市节点在经济联系网络中的核心度指数,进而根据各年份各县市核心度指数的 $\bar{Co}+1/4\sigma$、$\bar{Co}$、$\bar{Co}-1/4\sigma$ 将长三角地区各县市分为核心区、半核心区、半边缘区和边缘区四种类型,并采用 ArcGIS 9.3 软件系统进行空间可视化,得到图 7－6,可以得出以下几点认识。

1992 年,长三角地区城市经济联系网络核心区以苏州为中心,包括上海、无锡、常州、嘉兴以及苏州所辖的昆山、太仓、吴江和常熟等,其核心度指数都在 0.074 以上,核心度指数最高的苏州为 0.542,上海虽是长三角地区的经济中心,但从联系网络的视角看,改革开放之初,上海尚在苏州之下而居第 2 位,这可能与既有的相关研究结论稍有不同;半核心区除杭州外,还有江阴、张家港和嘉善等与苏州和上海邻接的地区,其核心度指数平均值在 0.047 以上;半边缘区主要环绕在核心区和次核心区的外围,集中分布在环太湖和沿江地区,包括南京、镇江、丹阳、靖江、南通、宜兴、湖州、长兴、桐乡和绍兴等;边缘区则集中连片分布在苏中地区、杭州湾以南地区、杭州所辖县市以及句容、高淳、溧水、金坛和溧阳等县市,这些地区的核心度指数在 0.02 以下。

1998 年,长三角地区城市经济联系网络的核心－边缘结构在总体格局保持相对稳定的状态下部分地区发生了类型区的变迁,上海取代苏州成为长三角地区的中心,核心度指数达 0.74,昆山和太仓以其邻近上海的优越区位,积极融入上海核心区,其核心度指数也跃居苏州之上位列前三,嘉善也进入核心区的行列,而常州则由核心区降至次核心区;半核心区的区域范围较小且变化不大,仅平湖由半边缘区升格为半核心区;半边缘区的范围有所拓展,其中海宁、海盐和绍兴县由边缘区升格为半边缘区,而南通和长兴则由半边缘区降至边缘区,苏中地区和杭州湾以南的广大地区仍然被排斥在长三角地区城市经济联系网络之外而处于边缘化地区的地位。

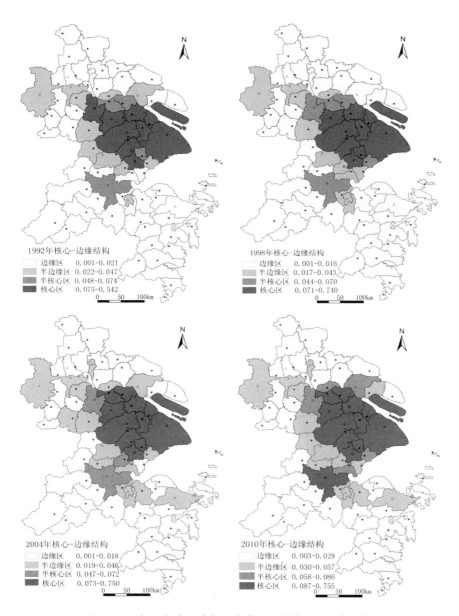

图 7 - 6　长三角地区城市经济联系网络核心 - 边缘结构

　　2004 年，长三角地区城市经济联系网络核心区的地域单元数量增至
11 个，张家港和江阴进入核心区的行列，核心度指数都在 0.072 以上；
半核心区范围有所收缩，仅涵盖杭州、常州和桐乡，核心度指数在 0.046

以上;半边缘区的区域单元数量增至 16 个,其中宁波、泰州、南通、德清、溧阳和上虞升格为半边缘区,其核心度指数为 0.019 ~ 0.046;边缘区的范围有所缩小,主要分布在长江以北、杭州湾以南和以西的地区,包括南京、扬州、泰州、南通、杭州、宁波、台州和舟山所辖的大部分县市。

2010 年,长三角地区城市经济联系网络核心区和半核心区的范围均有所拓展,其中杭州由半核心区升格为核心区,海宁、靖江、平湖和南通升格为半核心区,其核心度指数都在 0.057 以上,核心度指数最高的上海为 0.755;半边缘区和边缘区的个别县市也发生了置换的现象,海盐、海门和长兴由边缘区升格为半边缘区,而溧阳则降为边缘区,扬州、台州、南通、杭州、宁波、台州及舟山所辖县市在长三角地区城市经济联系网络体系中的核心度指数仍然较低,尤其是舟山、宁海、高淳、高邮、台州、建德、天台、兴化、象山、三门、宝应、温岭、临海、淳安、岱山、玉环、仙居和嵊泗等的网络核心度指数仍在 0.01 以下,边缘化态势依然很突出。

长三角地区城市经济联系网络存在较为显著的核心 - 边缘结构现象,且经过近 20 年的发展演变,其核心 - 边缘结构并未发生剧烈的变动,仅个别县市发生了不同类型区的置换或变动。上海、无锡、苏州及其所辖县市始终位居核心区和半核心区,杭州、绍兴和宁波在城市经济联系网络中的地位不断提升,而南京作为长三角地区的副中心城市,尽管在行政级别和综合经济实力方面较高,而且与周边地区相比在争夺资源、人才、资金及信息方面均具有较强的竞争优势,但始终处于网络的半边缘地区,对周边地区的辐射带动作用还较弱,这与南京的经济地理区位密切相关。

第五节　城市经济联系网络凝聚子群分析

在复杂网络分析中还没有关于凝聚子群的确切定义,一般意义上指的是由行动者之间具有的相对较强的、直接的、紧密的、经常的或者积极的关系所构成的一个成员的子集合(罗家德,2005)。采用 UCINET 6.357 软件系统,对长三角地区 1992 年、1998 年、2004 年和 2010 年 4 个年份的城市经济联系网络凝聚子群分析发现,长三角地区各年份城市经济联系网络可分为 8 个凝聚子群（见表 7-7），以凝聚子群内部行动者成员中的地级及以上中心城市来命名子群，并采用 ArcGIS 9.3 软件进行空间可视化发现，随着城市经济联系强度的变化，各年份凝聚子群在整体格局保持大致稳定的前提下，部分子群的成员组成和空间分布格局也在不断发生变化。

表 7-7　长三角地区城市经济联系网络凝聚子群

年份	群类	城　　市
1992	子群 1	上海、苏州、常熟、张家港、昆山、吴江、太仓、无锡、江阴、宜兴、常州
	子群 2	南通、如东、启东、如皋、海门、靖江
	子群 3	南京、溧水、高淳、溧阳、金坛、镇江、丹阳、句容、扬中、仪征
	子群 4	扬州、宝应、高邮、江都、泰州、兴化、泰兴、姜堰、海安
	子群 5	杭州、富阳、临安、建德、桐庐、淳安、德清、长兴、安吉、绍兴、诸暨、绍兴县、上虞、海宁
	子群 6	湖州、嘉兴、平湖、桐乡、嘉善、海盐
	子群 7	宁波、余姚、慈溪、奉化、象山、宁海、嵊州、新昌、舟山、岱山、嵊泗
	子群 8	台州、温岭、临海、玉环、三门、天台、仙居
1998	子群 1	上海、苏州、常熟、张家港、昆山、吴江、太仓、无锡、江阴、宜兴、常州、靖江
	子群 2	南通、海安、如东、启东、如皋、海门
	子群 3	南京、溧水、高淳、溧阳、金坛、镇江、丹阳、句容
	子群 4	扬州、宝应、仪征、高邮、江都、扬中、泰州、兴化、泰兴、姜堰
	子群 5	杭州、富阳、临安、建德、桐庐、淳安、湖州、德清、长兴、安吉、绍兴、诸暨、绍兴县
	子群 6	嘉兴、平湖、海宁、桐乡、嘉善、海盐
	子群 7	宁波、余姚、慈溪、奉化、象山、宁海、上虞、嵊州、新昌、舟山、岱山、嵊泗
	子群 8	台州、温岭、临海、玉环、三门、天台、仙居
2004	子群 1	上海、苏州、常熟、张家港、昆山、吴江、太仓、无锡、宜兴、常州、嘉善
	子群 2	江阴、南通、海安、如东、启东、如皋、海门、靖江、泰兴、姜堰
	子群 3	南京、溧水、高淳、溧阳、金坛、镇江、丹阳、扬中、句容
	子群 4	扬州、宝应、仪征、高邮、江都、泰州、兴化
	子群 5	杭州、富阳、临安、建德、桐庐、淳安、湖州、德清、长兴、安吉、绍兴、诸暨、绍兴县
	子群 6	嘉兴、平湖、海宁、桐乡、海盐
	子群 7	宁波、余姚、慈溪、奉化、象山、宁海、上虞、舟山、岱山、嵊泗
	子群 8	嵊州、新昌、台州、温岭、临海、玉环、三门、天台、仙居

年份	群类	城 市
2010	子群1	上海、苏州、常熟、昆山、吴江、太仓、南通、海安、如东、启东、如皋、海门、无锡
	子群2	常州、江阴、宜兴、张家港、靖江
	子群3	南京、溧水、高淳、溧阳、金坛、镇江、丹阳、扬中、句容
	子群4	扬州、宝应、仪征、高邮、江都、泰州、兴化、泰兴、姜堰
	子群5	杭州、富阳、临安、建德、桐庐、淳安、湖州、德清、长兴、安吉、绍兴、诸暨、绍兴县
	子群6	嘉兴、平湖、海宁、桐乡、嘉善、海盐
	子群7	宁波、余姚、慈溪、奉化、象山、宁海、上虞、舟山、岱山、嵊泗
	子群8	嵊州、新昌、台州、温岭、临海、玉环、三门、天台、仙居

1992年，长三角地区可分为8个凝聚子群，分别为沪苏锡常子群、南通子群、宁镇子群、扬泰子群、杭绍子群、湖嘉子群、甬舟子群、台州子群，各子群所涵盖县市的范围见图7-7。分别对子群内和子群间的经济联系密度进行比较分析发现，子群内经济联系最紧密的是沪苏锡常子群，其经济联系密度为1.383；其次是湖嘉子群，其经济联系密度为0.610。子群间经济联系最紧密的是沪苏锡常子群与湖嘉子群，其经济联系密度为0.205；其次是沪苏锡常子群与宁镇子群、南通子群，宁镇子群与扬泰子群等，其经济联系密度都在0.1以上，其他各子群间的经济联系强度还较弱，子群间经济联系密度都在0.1以下（见表7-8）。

1998年，个别子群的区域范围发生了变化，其中靖江并入沪苏锡常子群，海安并入南通子群，湖州并入杭绍子群形成杭绍湖子群，嘉兴子群的范围仅限于其自身的行政辖区内部，上虞并入甬舟子群；各子群内部经济联系强度都得到了不同程度的提升，子群内经济联系最紧密的依然是沪苏锡常子群，其经济联系密度为16.962；其次是宁镇子群，其经济联系密度为4.341。子群间经济联系最紧密的是沪苏锡常子群与宁镇子群，其经济联系密度为1.962；其次是沪苏锡常子群与嘉兴子群；子群间经济联系密度最低的是扬泰子群与台州子群，仅为0.020。

2004年，嘉善并入沪苏锡常子群，江阴、靖江、泰兴和姜堰并入南通子群使其范围大幅度拓展，嵊州和新昌并入台州子群。子群内部经济联系最紧密的是沪苏锡常子群，其经济联系密度增至93.385；其次是杭绍湖子群、甬舟子群、宁镇子群，其经济联系密度都增至20以上。子群间的经济

图 7-7　长三角地区城市经济联系网络凝聚子群

联系也得到了大幅度的提升，其中子群间经济联系最紧密的是沪苏锡常子群与嘉兴子群，其经济联系密度为 15.670；其次是沪苏锡常子群与南通子群；子群间经济联系密度最低的是扬泰子群与台州子群，仅为 0.337。

表 7-8 长三角地区城市经济联系网络凝聚子群密度

1992 年	子群 1	子群 2	子群 3	子群 4	子群 5	子群 6	子群 7	子群 8
子群 1	1.383	0.116	0.133	0.060	0.058	0.205	0.016	0.007
子群 2	0.116	0.147	0.027	0.079	0.008	0.015	0.003	0.002
子群 3	0.133	0.027	0.327	0.109	0.014	0.021	0.005	0.002
子群 4	0.060	0.079	0.109	0.251	0.007	0.010	0.003	0.001
子群 5	0.058	0.008	0.014	0.007	0.271	0.087	0.033	0.008
子群 6	0.205	0.015	0.021	0.010	0.087	0.610	0.013	0.005
子群 7	0.016	0.003	0.005	0.003	0.033	0.013	0.110	0.017
子群 8	0.007	0.002	0.002	0.001	0.008	0.005	0.017	0.063
1998 年	子群 1	子群 2	子群 3	子群 4	子群 5	子群 6	子群 7	子群 8
子群 1	16.962	0.772	1.962	0.892	0.837	1.767	0.432	0.119
子群 2	0.772	2.041	0.225	0.400	0.077	0.088	0.055	0.022
子群 3	1.962	0.225	4.341	0.892	0.215	0.179	0.105	0.038
子群 4	0.891	0.400	0.892	1.868	0.078	0.088	0.052	0.020
子群 5	0.837	0.077	0.215	0.078	2.151	0.676	0.919	0.107
子群 6	1.767	0.088	0.179	0.088	0.676	3.482	0.347	0.071
子群 7	0.432	0.055	0.105	0.052	0.919	0.347	3.864	0.402
子群 8	0.119	0.022	0.038	0.020	0.107	0.071	0.402	1.005
2004 年	子群 1	子群 2	子群 3	子群 4	子群 5	子群 6	子群 7	子群 8
子群 1	93.385	14.115	11.701	5.819	10.452	15.670	4.923	2.274
子群 2	14.115	15.881	3.895	5.864	1.58	1.668	0.875	0.446
子群 3	11.701	3.895	20.702	6.689	2.571	1.759	1.281	0.642
子群 4	5.819	5.864	6.689	17.769	1.036	1.052	0.655	0.337
子群 5	10.452	1.58	2.571	1.036	27.447	7.053	8.427	2.883
子群 6	15.67	1.668	1.759	1.052	7.053	17.177	3.352	1.364
子群 7	4.923	0.875	1.281	0.655	8.427	3.353	26.154	6.866
子群 8	2.274	0.446	0.642	0.337	2.883	1.364	6.866	14.233
2010 年	子群 1	子群 2	子群 3	子群 4	子群 5	子群 6	子群 7	子群 8
子群 1	382.153	173.539	40.646	33.901	42.021	116.376	23.432	8.565
子群 2	173.539	587.277	92.490	68.566	29.384	37.655	12.274	5.243
子群 3	40.646	92.490	142.387	46.276	14.804	14.417	6.308	2.993
子群 4	33.901	68.566	46.275	106.799	6.586	8.454	3.727	1.727
子群 5	42.021	29.384	14.804	6.586	167.888	70.104	38.450	13.476
子群 6	116.376	37.655	14.417	8.454	70.104	462.729	30.948	9.595
子群 7	23.432	12.274	6.308	3.727	38.450	30.948	153.736	30.442
子群 8	8.565	5.243	2.993	1.727	13.476	9.595	30.442	70.645

　　2010 年，长三角地区经济联系网络凝聚子群发生了较大的变化，常州脱离沪苏锡常子群与周边的江阴、靖江、张家港和宜兴形成常州子群，南通子群融入沪苏锡子群形成沪苏锡通子群，泰兴和姜堰并入扬泰子群，嘉善并入嘉兴子群。子群内部经济联系最紧密的是常州子群，其经济联系密度高达 587.277；其次是嘉兴子群和沪苏锡通子群，其经济联系密度分别为 462.729 和 382.153。子群间经济联系最紧密的是沪苏锡通子群与常州子群，其经济联系密度为 173.539；子群间经济联系密度最低的扬泰子群与台州子群也得到了一定程度的提升，但与其他子群间经济联系密度相比仍较低，仅为 1.727。

第八章　长三角地区空间结构与
交通发展的耦合机理

第一节　长三角地区空间结构特征及演变趋势

一　由单中心向多中心转变

中心城市是一个在其周围地区产生权利的地方，若区域通过两个或两个以上的集聚中心点向整个或部分区域提供中心功能而组织起来，则该区域被看作多中心的功能区域。不少学者认为多中心城市区域包括两方面的内涵。首先是中心功能的专业化。当区域经济系统具有专业化的分工特征并导致城市间功能互补时，该区域系统就可被认为是一个多中心的经济系统。其次是中心的联系网络。在多中心功能区域，各城市间依托基础设施并通过各种"流"而发生相互作用，多中心功能区域不在于强调"流"强度的高低，而在于强调联系或"流"的多向性。在区域尺度上多中心不仅指大城市向外扩散到其影响范围内的中小规模城市的过程，而且也指多个较小或中等规模的城市在各自影响范围内发生相互作用的过程。多中心城市区域的各城市间在空间上并不是彼此邻接的，而是在空间上相互分离，但城市之间总是通过专业化的职能分工和密集的经济联系网络而发生密切的相互作用。

对多中心城市区域的测度可从形态多中心和功能多中心两个方面来进行，其中形态多中心是指作为一种城市地理表象的多中心城市区域，多中心的空间形态可以通过地理学和形态学的方法进行定量测度，常用的方法有首位城市比重法、等级－规模指数法等。位序－规模法则是区域城市体系普遍存在的客观现象，城市规模越大，城市的数量就越少；而城市规模越小，城市的数量就越多。对位序－规模法则取双对数进行变换得：

$$\ln P = \ln P_1 - q \ln R \qquad (8-1)$$

式 8-1 中，P 表示城市规模，采用前述的城市综合实力表示；P_1 为首位城市规模的理论值；R 为城市等级的位序。q 为 Zipf 维数，当 $q < 1$ 时，表示区域城市的规模分布均匀，中间位序的城市发育较多；当 $q = 1$ 时，表示最大城市与最小城市的规模之比恰好为城市的数量；当 $q > 1$ 时，表示城市规模差异较大，首位城市的垄断性较强；当 q 趋近于 0 时，表示城市规模越均衡，多中心性越强。

对功能多中心的衡量则需将这种具有隐性和不可见的功能"流"所形成的联系网络进行空间可视化，将多中心城市区域抽象为一个由节点或地域单元及其相互作用构成的系统，多中心城市区域的显著特征是城市节点间的紧密联系，城市间联系越紧密，系统的中心性就越强。节点间的联系是均衡的，不是所有的经济联系"流"都向单一的中心集中，可以通过城市间的相互作用和相互作用的潜力两个方面来实现对多中心区域功能联系的图形化和多中心程度的度量，常用的方法有 3S 指数（结构指数、强度指数和对称性指数）法和一般多中心指数法等，这里采用网络结构熵指数和相对强度指数来测度功能联系的多中心性。

网络结构熵指数可以用来表征多中心城市区域内各节点间的整体联系强度，其表达式为：

$$E = -\sum_{i=1}^{n} \frac{Z_i \ln Z_i}{\ln n} \qquad (8-2)$$

式 8-2 中，n 表示多中心城市区域网络的节点数，Z_i 表示节点 i 的对外经济联系总量占全部经济联系总量的比重。E 表示网络结构熵，其值为 0~1，当 E 接近于 0 时，表示所有的功能联系"流"都朝向一个节点，区域是完全的单中心结构；而当 E 接近于 1 时，表示区域的功能联系"流"在各节点间达到最大均衡，区域为完全的多中心结构。

进一步采用城市中心相对强度指数反映节点间相互作用程度和节点在城市网络体系中的地位，其中相对强度指数也称为城市经济区位度（王海江，2006），是测度节点在城市经济联系网络中功能中心地位高低的重要指标，其表达式为：

$$Li = \frac{\sum_{j=1}^{n} R_{ij}}{\sum_{i=1}^{n} \sum_{j=1}^{n} R_{ij}} \times 100 \qquad (8-3)$$

式 8 - 3 中，R_{ij} 表示节点 i 到节点 j 的经济联系量；L_i 的值为 0 ~ 100，其值越大表示节点在网络中的功能中心地位越高，若所有节点的相对强度指数都相等，则表明区域内城市体系为完全多中心结构。

随着长三角地区经济的快速发展、开放型经济向创新型经济的转型以及城市化进程的加快，长三角巨型城市化地区正逐步形成，并且以中心城市为主导的多中心空间结构形态也日益突出。采用位序 – 规模法则对 1992 年和 2010 年长三角地区县级及以上城市的综合实力进行回归分析发现（见图 8 - 1），两个年份的回归判别系数 R^2 都在 0.95 以上，双对数线性回归拟合性较好，说明长三角地区城市综合实力的位序 – 规模具有显著的分形特征，Zipf 维数均小于 1，且由 1992 年的 0.714 降至 2010 年的 0.524，反映了长三角地区城市规模分布向均衡化方向演进，多中心特征越来越明显。自 1992 年以来，长三角地区各县级及以上城市的综合实力均得到了大幅度的提升，尤其是地级及以上中心城市以及昆山、张家港、太仓、江阴、常熟、吴江、绍兴县和慈溪等县市，长三角地区首位核心城市上海、副中心城市杭州和南京的经济聚合力与辐射力明显增强，宁波、苏州、无锡、昆山、常州、张家港等城市的经济能级也得到了快速提升，日益彰显出区域中心的功能，城市经济的外向型和包容性特征越来越明显。经济结构也日益优化和高级化。2010 年，上海、杭州、南京和苏州等城市已形成明显的"三二一"结构体系，进入工业化后期阶段；其他地级及以上中心城市则为"二三一"结构，处于工业化加速发展阶段。区域整合发展趋势日益明显，尤其是随着基础设施一体化和网络化进程的推进，经济的协同与整合发展将得到更大的提升。

通过对测度功能多中心的网络结构熵和节点相对强度指数进行计算发现，长三角地区经济联系的网络结构熵由 1992 年的 0.868 增至 2010 年的 0.907，反映了长三角地区城市经济联系网络的功能多中心特征逐步明显。进一步采用城市中心相对强度指数对各县级及以上城市经济区位度进行比较，城市经济区位度是衡量各级城市在城市经济联系网络体系中所处的功能地位高低的指标，不仅与城市的经济能级有关，而且与城市所处的地理位置和经济地理区位密切相关，位居区域中心、交通枢纽中心或毗邻核心城市的县市经济区位优势较为明显，在城市经济联系网络中的功能地位也较高。研究发现，1992 ~ 2010 年，上海在长三角地区城市经济联系网络中

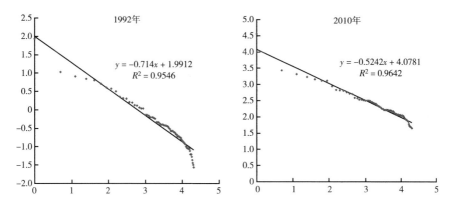

图 8 - 1　长三角地区城市综合实力的位序 - 规模双对数回归

的主导功能地位越来越突出（见表 8 - 1），其经济区位度远远高出其他县市而居长三角地区首位。经济区位度在 1% 以上的城市数量由 1992 年的 28 个增至 2010 年的 34 个，大多数县及县级市的功能地位得到了不同程度的提升，而与此相对应的是个别地级及以上中心城市相对功能地位的降低，这也在一定程度上印证了前述长三角地区城市功能多中心特征增强的判断。从横向比较看，地级及以上中心城市的区域功能中心地位均较高，尤其是上海、苏州、杭州、无锡和嘉兴等位居前列，吴江、江阴、张家港、绍兴县、平湖、海盐和余姚等县市的功能地位也都得到了大幅度的提升。

表 8 - 1　长三角地区各城市经济区位度

单位：%

县　　市	1992 年	1998 年	2004 年	2010 年	县　　市	1992 年	1998 年	2004 年	2010 年
上海市区	7.22	12.49	10.09	8.73	苏州市区	7.89	7.62	4.78	5.21
南京市区	2.21	2.07	2.16	1.69	常　熟　市	2.65	2.26	2.80	2.21
溧　水　县	0.35	0.49	0.73	0.75	张家港市	1.87	1.89	2.36	2.49
高　淳　县	0.15	0.23	0.32	0.36	昆　山　市	5.27	5.28	4.99	4.95
无锡市区	5.17	4.87	3.57	3.28	吴　江　市	3.48	3.27	2.11	3.53
江　阴　市	2.68	2.85	3.26	3.13	太　仓　市	4.45	4.52	4.11	3.77
宜　兴　市	1.35	1.05	1.49	1.21	南通市区	1.29	0.73	0.88	1.22
常州市区	4.16	2.63	2.12	2.32	海　安　县	0.85	0.60	0.51	0.65
溧　阳　市	0.72	0.81	1.05	0.83	如　东　县	0.31	0.32	0.26	0.33
金　坛　市	0.82	0.94	0.78	0.88	启　东　市	0.19	0.22	0.26	0.47

县　　市	1992 年	1998 年	2004 年	2010 年	县　　　市	1992 年	1998 年	2004 年	2010 年
如 皋 市	0.74	0.53	0.39	0.63	宁 海 县	0.21	0.35	0.76	0.50
海 门 市	0.39	0.37	0.55	0.86	嘉兴市区	3.58	2.62	2.12	2.48
扬州市区	2.33	1.25	1.26	1.43	平 湖 市	1.00	1.16	1.13	1.72
宝 应 县	0.13	0.12	0.19	0.19	海 宁 市	0.64	1.38	1.38	1.66
仪 征 市	0.74	0.62	0.75	0.83	桐 乡 市	1.60	1.61	1.53	1.60
高 邮 市	0.31	0.26	0.34	0.37	嘉 善 县	2.28	2.08	1.50	1.95
江 都 市	1.41	0.98	0.95	0.97	海 盐 县	0.65	0.63	0.51	1.35
镇江市区	3.43	2.50	1.26	1.56	湖州市区	1.57	1.18	1.36	1.53
丹 阳 市	1.79	1.52	1.12	1.23	德 清 县	0.85	0.86	1.13	1.11
扬 中 市	0.96	0.86	0.67	0.57	长 兴 县	1.24	0.90	1.20	1.07
句 容 市	0.72	0.82	0.55	0.60	安 吉 县	0.35	0.41	0.42	0.60
泰州市区	1.65	1.14	1.10	1.07	绍兴市区	2.80	1.90	3.14	2.46
兴 化 市	0.17	0.17	0.22	0.21	诸 暨 市	0.27	0.38	0.77	0.59
靖 江 市	1.04	1.11	1.61	2.01	上 虞 市	0.62	1.52	1.58	1.20
泰 兴 市	0.46	0.70	0.75	0.74	嵊 州 市	0.28	0.66	0.98	0.79
姜 堰 市	0.59	0.52	0.70	0.71	绍 兴 县	2.24	1.99	3.10	2.46
杭州市区	3.49	2.74	3.68	3.67	新 昌 县	0.21	0.65	1.00	0.79
富 阳 市	0.75	0.81	0.87	0.73	舟山市区	0.14	0.17	0.18	0.36
临 安 市	0.52	0.56	0.50	0.65	岱 山 县	0.08	0.08	0.08	0.15
建 德 市	0.24	0.23	0.23	0.31	嵊 泗 县	0.02	0.03	0.02	0.07
桐 庐 县	0.39	0.44	0.42	0.53	台州市区	0.33	0.27	0.50	0.42
淳 安 县	0.07	0.10	0.13	0.20	温 岭 市	0.17	0.30	0.37	0.28
宁波市区	1.15	1.59	2.30	1.99	临 海 市	0.17	0.22	0.46	0.32
余 姚 市	0.61	1.53	1.73	1.31	玉 环 县	0.12	0.22	0.26	0.18
慈 溪 市	0.44	0.46	1.19	1.14	三 门 县	0.11	0.19	0.58	0.30
奉 化 市	0.51	0.56	0.92	0.82	天 台 县	0.15	0.28	0.52	0.37
象 山 县	0.14	0.22	0.26	0.20	仙 居 县	0.08	0.12	0.17	0.17

　　总之，随着区域内城市间经济能力的提升和相互间功能联系的增强，长三角地区的空间结构形态逐步向多中心化转变，多中心化将因集聚经济效应而不断推进生产效率的提高。多中心城市区域作为特定空间地域范围内的城市集聚体，具有比单中心城市体系更大的集聚经济效应，同时通过各城市间紧密的经济联系而逐步形成网络化体系，各中心之间、中心与外围之间的分工与合作将会逐步增强并产生协调效应等网络外部性。

二　由"点－轴"式向网络化转变

区域空间结构演变一般要经历由"点"状增长极模式向"点－轴"式进而向网络化结构发展的过程，以实现区域高水平的均衡化发展。工业化过程中高速公路的大规模建设促使各级城市空间连绵化拓展，城市群体空间逐步发育并呈现连片发展的态势，城市间的双向联系增强并开始寻求一体化发展，但高速公路主导下的区域空间结构仍然表现出明显的核心－边缘结构特征。而高速公路、高速铁路以及信息化设施建设的不断加快，极大地拉近了城市间的时空距离，一些城镇密集区开始产生同城效应，城市间的网络交互联系进一步强化和紧密，使一些行政和规模等级较小的城市开始与首位城市直接进行密切的经济往来和信息交换，区域空间结构由单中心"点－轴"式逐步向多中心网络城市发展，城市空间联系逐步摆脱等级体系的束缚，转向以枢纽网络节点为中心的功能空间组织。

自20世纪90年代以来，长三角地区区域空间结构形态逐步由"点－轴"式向网络化的区域空间结构组织形态演变，区域空间发展轴线越来越多，纵横交错的高速公路、铁路以及高速铁路等基础设施塑造了区域空间结构的基本架构，而依托这些线状基础设施发展起来的产业和城镇带也使得区域呈现大都市连绵带的特征（见图8－2）。在长三角地区空间结构的网络化演进态势中，首先表现为城市功能节点的增多、节点联系的紧密和节点网络权利的增大，尤其是一些县级城市，如昆山、太仓、吴江、张家港、常熟等网络节点中心度的提高表明其在局部地区的中心地位日益突出，尤其是沪苏锡地区多中心化发展趋势愈加显现。其次表现为城镇发展轴线的壮大，尤其是沪宁、沪杭和杭甬城镇发展轴日益壮大，宁杭、沿江和沿海轴线也快速发育。最后表现为同城效应逐步显现，随着沪宁城际、上海－昆山等城际轨道交通的建设，宁镇和沪苏同城化效应逐步显现，跨市就业、通勤、居住和消费活动日趋频繁，交通、空间、产业、市场、信息和制度的一体化趋势越来越明显。而随着信息化和知识经济的发展，未来长三角地区网络化空间结构体系将形成以现代化综合交通运输体系为支撑，以全球或国家级中心城市、区域性中心城市和地方性中心城市为节点的城市空间协调网络，具有较高的开放度和国际化程度，既有在内部资源充分流动前提下的各地域单元的积极互通，也包括依托重要的城市节点与全球城市网络发生广泛的联系，并成为全球城市网络的重要节点或全球化城市区域。

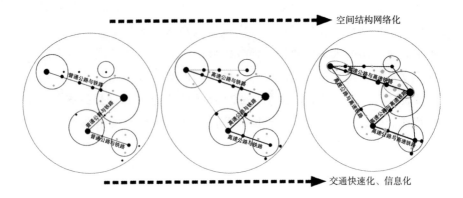

图 8 - 2　长三角地区空间结构网络化演变

三　由等级式向扁平化转变

扁平化是企业管理的一个范畴，是传统的"金字塔"形组织结构的演进过程。所谓组织结构的扁平化，就是通过破除自上而下的垂直结构，减少管理层次，增加管理幅度，裁减冗余人员，建立一种紧缩型的横向组织，使组织运行更加顺畅、信息沟通更加便捷、组织的效率和效能大为改进。扁平化的组织管理模式通过管理层次的缩减，缩短了上级与基层之间的互动距离与可达性，密切了上下级间的关系，改善和加强了纵向的沟通与联系，使上下级之间的直接接触增多，便捷性增强，使上下级组织之间更容易达成协调。微观企业领域的组织结构已经历了扁平化转变并因此带来了绩效的显著提升，而空间结构的扁平化实质上是区域空间要素的组织形式对微观企业或产业组织结构变化的一种宏观响应，因区域空间范围较大而反应较为迟滞。空间结构扁平化的内涵是通过减少信息流通的层级使组织结构更具开放性和弹性，进而降低在未来对区域空间结构进行调整时的难度或风险，尤其是柔性生产方式和管理扁平化架构会促进未来新产业空间的形成，城市间的联系将呈现由传统的纵向等级化向横向水平化转变（见图 8 - 3）。随着信息技术的发展，空间体系将转变为由数字化信息所组成的网络体系，在这一体系中，城市间的信息流动变得更加复杂，并逐渐形成网络节点间以信息联系为主的数字化网络。原有城市与区域的中心地等级体系型垂直等级关系将逐步弱化,新的横向和扁平化的城市网络结构得以构建,有利于发挥各级城市节点的功能作用,从而实现城市间的有效合作与协同发展。

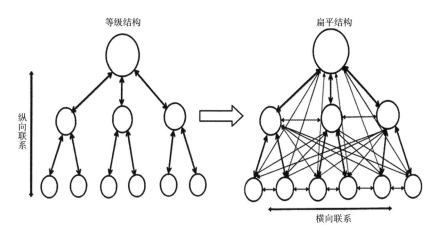

图8－3　中心地等级结构向网络扁平化结构转变

长三角地区空间结构的扁平化趋势越来越明显,区域内城市间虽然在行政级别上还存在明显的等级差别,但不同行政级别城市的规模和城市的经济能级差异在逐步缩小,许多发达县级市的经济能级迅速膨胀,昆山、江阴、张家港、常熟和吴江等的经济总量已跃居大多数地级及以上中心城市之上,且以其邻近上海的区位优势积极承接上海的经济辐射,跨行政区经济联系日益增强。尤其是随着交通网络和信息网络的发展以及微观层面企业关联网络的强化,长三角地区以行政区经济为主导的城镇等级体系正逐步被打破,地区间经济联系的扁平化和水平化趋势越来越明显。首先表现为以上海为首的地级及以上中心城市与县及县级市间的直接经济联系越来越密切,占各自对外经济联系总量的比重越来越大(见图8－4),首位城市上海对区内县及县级市的经济联系总量占其对外经济联系总量的比重由1992年的65.7%增至2010年的72.9%,尤其是与邻接的昆山、太仓、常熟、张家港和吴江等的经济联系在近20年间增长了500多倍。1992年,地级及以上中心城市对县及县级市的经济联系总量占各自对外经济联系总量的比重居前5位的是宁波、绍兴、台州、嘉兴和杭州,占比都在65%以上，除无锡外其他 15 个地级及以上中心城市对县及县级市的经济联系总量占其对外经济联系总量的比重都在 50% 以上；2010 年，地级及以上中心城市对县及县级市的直接经济联系进一步增强，绍兴、台州、宁波、上海、杭州、泰州和嘉兴对县及县级市的经济联系总量占其对外经济联系总量的比重都在 70% 以上，比重最小的舟山也增至 57.89%。其次表现为县及县级市间横向联系增强，各县及县级市间的经济联系总量占其对外经济联系总量的比重在 50% 以上的节点数由 1992 年的 23 个增至 2010 年的 48 个，占全部县及县级市节点数的 82.8%，新昌、嵊州、靖江和天台等县市间的经济联系总量占其对外经济联系总量的比重增至 70% 以上，江都、江阴、桐乡、靖江和嘉善等县市对其他县市的经济联系总量占其对外经济联系总量的比重在近 20 年间提升了 20 个百分点。

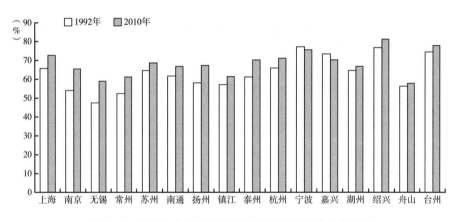

图 8 - 4　长三角中心城市对县及县级市经济联系的比重

第二节　长三角地区交通与空间结构演变耦合机理

区域空间结构演变是多种因素共同作用的结果，包括地区间资源环境的地域组合条件、经济的发展、科技的进步、产业的升级和转移、信息化和网络化、全球化和企业生产网络等的发育、城市的空间拓展和人口的集聚、政府的权力下放和区域开发政策、行政区划调整等，而交通的发展是区域空间结构演变的重要推动因素，交通是区域空间结构形成与演变的内生变量，在引导和支撑区域空间结构的形成与演变方面发挥着重要作用。接下来主要对交通的发展，包括交通线路基础设施建设、交通方式变革以及过江跨海通道等对长三角空间结构演变的影响、机理及空间耦合特征进行讨论。

一　交通发展对区域空间结构演变的影响

（一）交通是区域空间结构形成的基础要素

交通基础设施是区域空间结构的基本组成要素，也是推进区域空间结构演变发展的重要因素。由于交通运输成本的可度量性，古典农业区位论甚至将其作为决定区位选择的唯一变量，工业区位论则在强调运输成本的基础上加入了劳动费用和集聚因子对区位选择的影响，中心地理论也提出了交通原则下的正六边形市场体系。德国学者沃纳·松巴特提出的生长轴理论对交通干线发育对经济活动的引导和促进作用给予了充分肯定，认为随着连接中心城市的重要交通干线的建设，将形成有利的区位，运输费用会降低，对产业和劳动力将产生较强的吸引力，使产业和人口向交通干线集聚，以交通干线为主轴将形成一条产业带。生长轴理论对交通运输与区域经济作用的认识上升到了一个新的高度。国内学者陆大道先生提出的"点－轴"系统理论尤其重视交通运输干线在"点－轴"系统形成中的作用，重点开发轴线的选择一般是有重要的线状基础设施经过且附近有较强的社会经济实力和开发潜力的地带。交通基础设施的发展方向不仅可以引导物质生产要素的流动方向，而且能够引导城市空间拓展的方向，主干交通基础设施往往决定区域城市体系的空间发展导向并主导发展轴的发育和形成，交通基础设施的空间格局构成了区域空间结构的基本骨架，交通的改善促进了城镇网络的发育，强化了区域城市间的分工与协作关系，显示了交通对城市空间的引导功能。交通作为人口流、物质流、资金流和技术流的空间流动载体，已经成为区域经济联系的纽带和城市空间建构的重要手段，直接影响着区域空间的演变方式和发展方向，与此同时，交通技术的每一次创新都会对城市空间演变起着不可替代的作用。

（二）交通对区域空间结构的制导作用

交通对区域空间结构形成与演变的制导作用体现在交通运输对区域空间单元的引导或制约，包括交通线路的引导作用和交通距离、交通时间或交通费用成本的摩擦力作用等方面。首先，由于劳动地域分工及城市职能的互补性，作为城市空间联系实质的空间流是具有方向和强度的空间矢量，空间流动的强度和变化将导致区域内城市之间产生相互联系并引起城市间货物、人员、资金和信息的流动。虽然有些要素流动是无障碍的，但大多数要素的空间流动受到特定交通通道的引导和制约，由此将促进地处关键交通区位或交通节点的城市的发展和壮大。随着区内城市节点的增加以及交通通道的完善，城市间的社会经济联系将由起初的少数城市之间，逐步沿交通走廊扩大到不同等级城市之间以及整个区域的所有城市之间，区域内城市的空间联系格局随之发生变化。其次，不同的交通网络结构往往形成不同的区域空间结构形态，不同的交通发展战略会导致不同的空间发展格局，也会形成具有不同目标取向的空间结构形态，放射状的交通网络将形成极化型的核心－外围空间结构，而网络状的交通网络则形成均衡型的空间结构（陈修颖、章旭健，2007）。最后，交通成本对区域经济联系具有显著的摩擦阻碍效应，由此使空间相互作用和区域经济联系具有典型的距离衰减作用，而交通技术的发展和完善、交通运输速度的提高、交通时间成本的降低则使交通成本对城市发展的约束性降低，其结果是导致客货空间位移过程中时间和费用的节约。因此，交通是引致区域空间结构重构的重要途径，引导和调控空间结构最有效的手段之一就是加快各种等级类型交通通道网络的建设。

（三）交通方式变革与区域空间结构演变

历次交通方式的变革都会对区域城市空间布局产生重要影响，在以水运为主的传统农业经济时代，河流是主要的交通运输线，城镇和工商业中心则主要沿江或沿河分布；航运技术的进步仍然对经济地理区位发挥着重要作用，随着港口的发展和多功能化以及船舶的大型化和快速化，水运效率不断提高，运费大幅度较低，沿海和沿江产业集聚依然受到人们的重视。运输技术的发展使陆路运输成为工业经济时代的主要交通方式，铁路出现后城市沿铁路线轴向发展，出现了一大批铁路沿线城市和工业中心，如郑州和石家庄等，而高速公路、高速铁路以及航空运输等现代快速交通运输的发展则促使城市及其区域之间的可达性进一步提高，从而以更灵活的方式实现城市与区域间相互作用程度的提高。交通方式变革的另一个重要作用是通过提高区域内不同地域单元间的空间可达性建立起城市核心区和城市边缘腹地间的便捷联系，空间距离是制约城市扩展的重要因素，而新型交通工具的变革及相应基础设施的延伸能够极大地削弱城市化空间扩散过程中距离导致的阻力，从而推动城市区域在空间上的快速延伸，大都市区和都市连绵带随之出现。在马车时代欧洲城市不论人口如何增长，半径都不超过 3 英里，随着汽车的广泛普及和公共交通运输方式的快速发展，城市空间快速延伸至几十公里甚至上百公里，洛杉矶大都市区的空间轴线已超过 160 公里，而波士顿 - 华盛顿城市带的空间轴线更是超过 970 公里（杨荫凯，1999）。对于长三角地区而言，自 20 世纪 90 年代以来，高速公路的起步和快速建设已成为推动该地区城市空间扩展和城市化地域扩张的重要因素。

（四）　高速公路建设对区域空间结构的影响

高速公路是 20 世纪 50 年代中后期随着汽车的普及而大规模规划和建设的，20 世纪 50 ~ 80 年代是国外高速公路快速发展的时期，多数发达国家现已基本形成了以高速公路为骨架的快速公路交通运输网。我国的高速公路建设始于 20 世纪 80 年代中期，1988 年沪嘉高速公路的建成通车标志着长三角地区进入高速公路的起步建设时期。20 世纪 90 年代以来，长三角地区的高速公路得到了快速发展，在经历了起步发展、线性拓展和网络构建等发展阶段后，现已建成较为完善的高速公路网。高速公路对区域空间结构的影响首先体现在高速公路的"廊道效应"将吸引人流、物流、投资等生产要素向高速公路沿线、互通口及交叉口集聚，引导各级各类开发区向高速公路沿线布局，以促进高速公路产业带的形成，在长三角地区，沪宁、沪杭以及杭甬高速公路沿线现已密集布局了各级各类开发区和工业园区。高速公路的建设还促使经济发达城市的腹地范围对相对落后城市的影响范围产生区位"袭夺效应"，使经济能级相对较小城市的腹地范围受到压缩。根据康弗斯断裂点理论，在高速公路网络发育之前，上海与南京的断裂点在常州附近，而随着沪宁高速公路的建成，两城市的断裂点向西偏移了 30 公里，南京的腹地范围受到挤压，由此将影响整个区域内各中心城市的腹地范围。

（五）　过江跨海通道对空间结构的影响

长期以来，长江和杭州湾水域阻隔了苏中地区和苏南地区以及杭州湾南岸宁波、台州与上海的联系，自 1999 年以来，长三角地区相继建成了江阴大桥、南京长江二桥、南京长江三桥、润扬大桥、苏通大桥、上海长江隧桥、杭州湾大桥、舟山陆连岛工程等。过江跨海通道的建设有效地缩短了长江和杭州湾水域与苏中地区和苏南地区、杭州湾南岸以及上海周边地区的道路里程和旅行时间，加强了上海与苏中地区和杭州湾南岸地区的联系，进一步拓展了上海的辐射范围。尤其是杭州湾跨海大桥、苏通大桥以及上海长江隧桥的建成通车，使宁波、慈溪、余姚、奉化、宁海等地与上海的公路里程缩短了80公里以上，上虞、启东与上海的公路里程缩短了40公里，道路非直线系数的降低幅度都在0.5以上，慈溪与上海的道路非直线系数由2004年的2.22降至2010年的1.32，最短旅行时间的降低幅度都在0.5小时以上，尤其是启东、海门和南通到上海的最短旅行时间降至1.5小时以内，由此将使长期处于边缘地位的南通融入上海紧密联系圈，为沪通联动发展奠定了坚实的基础。区位优势的改善促使大批重化工和装备制造行业向土地资源丰富、资源环境容量和劳动力成本具有突出后发优势的苏中地区转移，产业集聚区的壮大推动地区城市化和经济加快发展。2006年以来，启东相继新建了启东滨江化工园、船舶工业园、滨海工业园以及海门滨江工业园等，由此南通与上海和苏南地区的互动融合发展趋势将逐步增强。

（六） 交通网络化推进区域空间一体化

区域一体化的实质是空间的一体化或空间结构的网络化过程，区域交通网络化发展对区域一体化发展的作用主要体现在两个方面。一方面，交通网络对区域城市空间拓展具有明显的空间指向作用，直接改变了城市的区位条件和空间影响范围，促进中心城市的发展与壮大，交通网络扩展多以主干为核心并围绕大的中心城市展开，随着交通设施的扩展，中心城市的腹地范围也将逐渐向外拓展，进而改变原有的城市空间结构。另一方面，交通网络化促进新的经济增长点的出现，在交通网络的交汇点，尤其是支线与干线的交汇点，区域可达性和空间吸引范围大幅度改善，为区域经济发展提供了必要条件，形成了优越的产业经济地理区位。交通的发展还能进一步增强中心城市的扩散能力，当中心城市发展到一定阶段，必定向外转移传统的衰退性产业，一般情况下会向交通条件优越的地域扩散，这种产业地域的转移，不仅能加速交通产业带的形成，反过来交通需求的增加又刺激区域交通网络的扩张和改造升级。长三角地区已经形成了包括铁路、公路、水运和航空等多种运输方式相复合的立体交通运输网络系统，尤其是高速公路网络的构建和高速铁路的发展，促使国家级中心城市上海、区域级中心城市南京和杭州、地区级中心城市、地方性中心城市以及众多县市节点成为长三角地区城市经济联系网络中的主要功能节点，连接各节点的线状基础设施所形成的发展轴线成为区域经济空间联系的主要通道，促进了长三角地区空间结构由"点－轴"式向网络化方向演进，区域一体化趋势也越来越明显。

二　交通对空间结构演变的作用机制

（一）集聚与扩散机制

集聚与扩散是指人口与经济等空间要素的空间分布变化趋向是由广域空间向相对狭小的地域空间集中和聚合，还是由分布密集的地域空间向周围广域空间扩展和分散。集聚意味着经济活动集中在有限的区域内，生产要素流动至效率最高的区位，经济地理区位是集聚的初始条件，随着城市对外交通的发展，交通成本以及空间交易成本对城市发展的约束降低，规模报酬递增和正反馈效应导致集聚自我加强。城市资源利用效率提高，要素的边际产品价格会上升，进而会吸引要素更大规模地集中和城市规模的扩大，集聚规模的扩大又进一步促进城市范围的延伸和要素更大规模的集中。空间集聚引致的集聚经济效应的形成和变动是由微观市场主体和其他社会经济要素在城市区域空间配置所决定的，在集聚经济效应的推动下，居于接受资金、技术、信息等生产要素便利的区位的城市间将形成互动整合发展态势。集聚经济发展到一定阶段后，将出现集聚不经济，继而扩散效应将逐渐发挥重要作用。随着扩散效应的增强，资金、技术、信息等要素将呈现合理的空间流动态势，要素与产业的长期扩散将强化中心城市的辐射带动功能，进而促进城市区域其他功能空间以及各城镇整体发展质量的提高，从而带动城市区域空间网络化联系的形成与作用强度的提高。道路、通信基础设施的完善程度决定了扩散的强度和范围，以大中城市为中心向周边地区的扩散将形成以中心城市为核心的区域发展模式，沿公路、铁路、河流和海岸线地带的扩散将形成经济增长轴线，而面状辐射将形成一体化的经济区域。

产业的集聚与扩散是集聚扩散机制的重要方面，也是当代城市尤其是功能型城市发展的基础和动力。交通正是通过影响产业的空间分布来影响城市的空间格局的，即通过规模效益降低交流成本，营造学习氛围，促进产业的发展和产业要素的流动，从而促进城市的发展和城市间要素的流动，进而推动城市空间格局的演变。交通是产业集聚扩散和城市发展的先行条件，原材料、劳动力、产品等的区域间流动必须以交通为载体，经济贸易、企业间的联系、城市间的交流与协作必须以交通为纽带。快速、便捷的交通是产业集聚和城市快速发展的保障，能够为产业或城市的发展提供廉价的交通费用、充足的资源保证和市场保障，心理和空间距离的缩短进一步削弱了距离的影响，有利于在更广阔的区域范围内进行产业的组织，推进城市的分工与协作，由此在交通干线沿线地区形成产业发展带和城镇连绵带。交通既是产业发展的基础，也是产业发展的结果，产业的发展产生了更多的人流、物流、经济流、信息流的需求，这些需求要与相应的交通载体相适应，因此产业和城市的发展促进了交通的发展，交通的发展又进一步激发了沿线经济的发展和产业的集聚与扩散，形成了以交通走廊为依托的经济发展带，连同城市节点构成了"点-轴"式空间发展格局，而随着产业和城市的发展，以及新的城市节点的产生和交通支线的不断拓展，"点-轴"式空间结构将向网络化空间结构演变。

　　交通与区域空间结构演变的作用机理见图8-5。

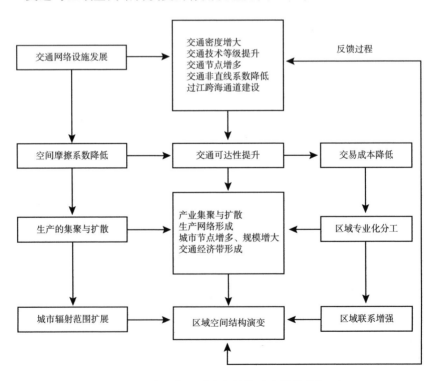

图8-5　交通与区域空间结构演变的作用机理

（二）专业化分工机制

古典和新古典经济学关于交通与经济发展的研究主要关注交通与分工、市场及产业布局的关系，建立了交通运输与经济发展的理论框架，尤其对交通对劳动地域分工和经济发展的基础性作用给予了充分肯定。英国经济学家亚当·斯密指出经济效率来源于劳动分工，而区域分工受市场范围和交通运输条件的限制，交通运输条件的改善，不仅可以降低运输费用，更主要的是拓展了市场范围，促进了社会分工，进而提高了劳动生产率。英国学者穆勒认为生产最有利的条件是拥有优良的港口和大的通航河流以节约运输成本，而且运输成本的高低对商品的国际价值具有巨大影响，影响商品的国际交换。德国经济学家威廉·罗雪尔也强调交通运输系统对地区间劳动分工的深化、市场的扩大和地区间经济联系增强的作用。新兴古典经济学认为分工和交易成本之间存在两难冲突，分工带来专业化效益，同时也造成交易费用增加，只有分工带来的专业化效益超过交易费用增加时，分工才会继续深化，其中交易成本的一个重要部分就是交通运输成本以及由空间距离带来的空间成本，包括距离成本和时间成本等。

交通运输的发展会促进地区间可达性的提升，进而降低交通运输成本和区域空间交易成本，交易成本的降低会带来市场规模的扩大，市场规模的扩大则促进区域分工的深化，进而产生分工和专业化经济，地区间的产业集聚也由此产生。最佳分工程度是单位运输成本的减函数，单位运输成本降低，最佳分工程度则提高，说明社会分工水平的提高引起了边际经济增长率的提升和边际交易费用的降低，从而推动分工向前发展。在工业化早期交通运输不发达的情况下，各城市独立发展，没有形成专业化的分工合作，城市间联系较少；当交通发展到一定程度后，各城市间出现专业化分工，专业化分工所带来的规模报酬递增会抵消其所带来的包括运输成本在内的各种交易费用的增加，部分具有显著区位优势的城市将成为产业的集聚地，由此又推进区域内专业化分工水平的提高。随着交通运输业的进一步发展以及制度的完善，城市的一体化水平会达到很高的程度，各城市间的职能分工比较明确，各城市都会基于自身的优势专注于少数产品的生产，城市间的专业化分工会进一步发展。分工的深化有利于生产要素的区际自由流动，促进技术创新及其在不同地区或城市间的集聚与扩散，尤其是产业内分工的发展，在微观层面上能够推进各地区专业化水平的提升，由此带动特定产业集群的发展，而在更大的区域上形成地方化生产网络，进而影响区域经济联系和空间结构的演变。

第三节 长三角地区交通与空间结构演变耦合特征

一 空间耦合模型

耦合是指两个或两个以上的系统或两种运动方式之间通过各种相互作用而彼此影响甚至联合起来的现象。这一源于物理学的概念现已被应用到除物理学以外的其他诸多学科中，各学科根据自己的研究对象和特点分别进行了概念和内涵的界定。经济地理学认为交通与区域空间结构之间存在着高度关联性和密切联系，交通基础设施网络既是区域空间结构的构成要素也是空间结构演变的物质基础和支撑，交通与区域空间结构的耦合是指以区域交通组织和区域空间结构相互支持的和谐状态为目标，促进交通组织与区域空间结构的相互作用和相互配合，从而实现区域空间结构的有序发展。借鉴物理学中的容量耦合系数模型，构建描述交通与区域空间结构特征相关参数间的耦合度模型，其表达式为：

$$C = 2\{(u_1 \times u_2)/[(u_1 + u_2) \times (u_1 + u_2)]\}^{\frac{1}{2}} \qquad (8-4)$$

式8-4中，u_1 和 u_2 分别采用系统发展水平的标准化评价值表示，其中交通子系统采用区域平均交通可达性表示，空间结构子系统分别采用城市综合实力、城市经济区位度表示；C 表示耦合度，当 C 值为1时，耦合度最大，表示系统间达到良好的共振耦合，C 值以0.3、0.5和0.8为分界点，可以将耦合系统分为低度、较低、较高和高度耦合系统四种等级（刘耀彬等，2005）。

耦合度反映两个系统间的相互作用程度，但不足之处在于，耦合度难以反映两个相互作用的系统间的实际发展水平和状态，也就是说可能会存在这样一种情况，两个发展水平较低、发展状态较差的系统相互间的耦合度也可能会非常高，而这种情况与两系统发展水平均较高时的耦合度的内涵是不一样的。为了克服低水平系统间高耦合度的缺陷，在借鉴已有相关研究成果的基础上，通过把表示系统发展水平的指标融入耦合度模型，构建描述系统协同发展的协调度模型，其表达式为：

$$D = (C \times T)^{1/2}, T = \alpha u_1 + \beta u_2 \qquad (8-5)$$

式 8-5 中，参数 C、u_1、u_2 的含义同式 8-4；T 为系统的综合调和指数，反映系统间整体的协同效应与贡献；α、β 为待定系数，且 $\alpha + \beta = 1$，一般认为交通与空间结构系统相互间的协同效应相同，α、β 均取 0.5；D 为协调度，D 值分别以 0.3、0.4、0.5、0.6 和 0.7 为分界点，将两个相互作用系统的协调度划分为严重失调、中度失调、轻度失调、勉强协调、中度协调和高度协调六种类型。

二 交通与城市综合实力的空间耦合

耦合度用以描述系统或系统要素间相互影响的程度，当系统之间或系统内部要素之间配合得当、互惠互利时为高度耦合，耦合度表示双方相互作用程度的强弱，不分利弊。根据耦合度模型分别对 1992 年和 2010 年两个年份长三角地区交通可达性与城市综合实力的耦合度进行计算，结果表明，1992 年，长三角地区 80% 以上的县级及以上城市的交通与城市综合实力的耦合度在 0.5 以上，处于较高或高度耦合状态，说明各县市单元的交通与经济系统之间存在密切的相互作用，尤其是城市综合实力相对较高的地级及以上中心城市上海、南京、杭州、苏州、宁波、无锡、常州、镇江和扬州的耦合度都在 0.8 以上；2010 年，所有县市交通与城市综合实力的耦合度都在 0.5 以上，80% 以上县市的耦合度在 0.6 以上，耦合度在 0.8 以上的仍然主要为经济发展水平较高的地级及以上中心城市，而交通和经济发展水平相对较低的嵊泗的耦合度也较高（见表 8-2）。

协调度用以度量系统之间或系统内部各要素之间在发展过程中和谐一致的程度，体现了系统由无序转向有序的趋势。协调度是指系统相互作用中良性耦合程度的大小，体现了系统发展状况的优劣程度，所以协调度不仅与两者间的互动程度有关，而且与系统的发展水平相关。协调度计算表明，1992 年，近 60% 县市的交通与经济的协调度在 0.5 以上，地级及以上中心城市上海、苏州、无锡、南京、杭州和常州的协调度较高，均在 0.7 以上，处于高度协调状态；2010 年，虽然交通和经济系统的发展水平均得到了较大幅度的提升，但大多数县市的交通与经济的协调度并未发生明显的变化，协调度较高的依然为地级及以上中心城市，而昆山、太仓、江阴、常熟和吴江等县市的协调度也相对较高，部分县市的协调度得到了一定程度的改善，但变化幅度不大。

表 8 - 2　长三角地区交通与城市综合实力的耦合协调性

县　市	1992 年		2010 年		县　市	1992 年		2010 年	
	耦合度	协调度	耦合度	协调度		耦合度	协调度	耦合度	协调度
上海市区	1.000	0.988	0.996	0.956	富 阳 市	0.547	0.513	0.643	0.516
南京市区	0.953	0.748	0.925	0.659	临 安 市	0.527	0.494	0.626	0.486
溧 水 县	0.448	0.451	0.629	0.496	建 德 市	0.580	0.509	0.619	0.457
高 淳 县	0.449	0.429	0.654	0.473	桐 庐 县	0.536	0.505	0.645	0.474
无锡市区	0.868	0.750	0.803	0.690	淳 安 县	0.409	0.379	0.648	0.402
江 阴 市	0.693	0.624	0.731	0.632	宁波市区	0.883	0.661	0.888	0.663
宜 兴 市	0.630	0.580	0.660	0.564	余 姚 市	0.637	0.525	0.679	0.550
常州市区	0.855	0.729	0.784	0.646	慈 溪 市	0.636	0.518	0.680	0.572
溧 阳 市	0.562	0.516	0.633	0.518	奉 化 市	0.602	0.491	0.625	0.495
金 坛 市	0.511	0.499	0.622	0.515	象 山 县	0.590	0.468	0.687	0.457
苏州市区	0.887	0.773	0.805	0.700	宁 海 县	0.497	0.435	0.635	0.477
常 熟 市	0.703	0.631	0.712	0.631	嘉兴市区	0.722	0.651	0.644	0.604
张家港市	0.693	0.612	0.755	0.629	平 湖 市	0.565	0.547	0.604	0.564
昆 山 市	0.753	0.663	0.806	0.686	海 宁 市	0.611	0.579	0.624	0.576
吴 江 市	0.618	0.588	0.690	0.630	桐 乡 市	0.592	0.563	0.596	0.570
太 仓 市	0.710	0.630	0.736	0.633	嘉 善 县	0.628	0.580	0.611	0.571
南通市区	0.788	0.653	0.713	0.574	海 盐 县	0.569	0.549	0.601	0.549
海 安 县	0.607	0.531	0.616	0.486	湖州市区	0.648	0.591	0.658	0.585
如 东 县	0.523	0.482	0.607	0.471	德 清 县	0.558	0.539	0.584	0.538
启 东 市	0.505	0.469	0.621	0.486	长 兴 县	0.576	0.549	0.574	0.518
如 皋 市	0.529	0.499	0.563	0.482	安 吉 县	0.462	0.470	0.587	0.490
海 门 市	0.553	0.513	0.629	0.517	绍兴市区	0.784	0.639	0.730	0.601
扬州市区	0.845	0.663	0.737	0.546	诸 暨 市	0.526	0.470	0.631	0.510
宝 应 县	0.515	0.433	0.589	0.417	上 虞 市	0.547	0.486	0.627	0.523
仪 征 市	0.640	0.539	0.619	0.487	嵊 州 市	0.486	0.444	0.583	0.479
高 邮 市	0.524	0.463	0.586	0.439	绍 兴 县	0.639	0.539	0.714	0.578
江 都 市	0.552	0.502	0.611	0.489	新 昌 县	0.503	0.447	0.609	0.485
镇江市区	0.850	0.696	0.712	0.563	舟山市区	0.764	0.523	0.763	0.514
丹 阳 市	0.654	0.576	0.622	0.524	岱 山 县	0.728	0.475	0.781	0.447
扬 中 市	0.613	0.535	0.640	0.512	嵊 泗 县	0.713	0.442	0.812	0.417
句 容 市	0.480	0.474	0.564	0.472	台州市区	0.781	0.563	0.795	0.508
泰州市区	0.749	0.628	0.705	0.557	温 岭 市	0.552	0.440	0.740	0.468
兴 化 市	0.468	0.419	0.550	0.429	临 海 市	0.511	0.433	0.623	0.440
靖 江 市	0.558	0.533	0.620	0.535	玉 环 县	0.594	0.438	0.783	0.462
泰 兴 市	0.410	0.438	0.538	0.485	三 门 县	0.418	0.386	0.591	0.422
姜 堰 市	0.469	0.454	0.567	0.477	天 台 县	0.433	0.404	0.562	0.433
杭州市区	0.892	0.746	0.889	0.734	仙 居 县	0.441	0.386	0.602	0.407

　　根据交通与城市综合实力的耦合度和协调度的等级类型划分进行两者的空间异配组合，可将1992年长三角地区各县市单元交通与城市综合实力的耦合协调度划分为七种组合类型（见表8-3、图8-6），其中上海、南京、杭州、苏州、无锡、常州、宁波、镇江、扬州、南通、嘉兴、绍兴和泰州13个地级及以上中心城市属高度耦合-高度协调、高度耦合-中度协调和较高耦合-中度协调三种类型区，苏州及无锡所辖的昆山、常熟、太仓、张家港和江阴等也为较高耦合-中度协调类型区；而较高耦合-勉强协调类型区共有26个县市单元，主要分布在沿江地区、环太湖和环杭州湾地区；苏中地区、杭州湾以南宁波、绍兴和台州所辖县市及西南边缘县市交通与经济的耦合协调度较低，主要为较高耦合-轻度失调、较低耦合-轻度失调和较低耦合-中度失调三种类型区。

表8-3　长三角地区交通与城市综合实力耦合协调类型区划分

年份	耦合协调类型区	空间范围
1992	高度耦合-高度协调	上海市区、南京市区、杭州市区、苏州市区、无锡市区、常州市区
	高度耦合-中度协调	宁波市区、镇江市区、扬州市区
	较高耦合-中度协调	昆山市、南通市区、嘉兴市区、绍兴市区、常熟市、太仓市、泰州市区、江阴市、张家港市、
	较高耦合-勉强协调	湖州市区、吴江市、宜兴市、嘉善县、海宁市、丹阳市、台州市区、桐乡市、长兴县、海盐县、平湖市、德清县、绍兴县、仪征市、扬中市、靖江市、海安县、余姚市、舟山市区、慈溪市、溧阳市、富阳市、海门市、建德市、桐庐县、江都市
	较高耦合-轻度失调	如皋市、金坛市、临安市、奉化市、上虞市、如东县、岱山县、诸暨市、启东市、象山县、高邮市、新昌县、嵊泗县、温岭市、玉环县、临海市、宝应县
	较低耦合-轻度失调	句容市、安吉县、姜堰市、溧水县、嵊州市、泰兴市、宁海县、高淳县、兴化市、天台县
	较低耦合-中度失调	三门县、仙居县、淳安县
2010	高度耦合-高度协调	上海市区、杭州市区、苏州市区
	高度耦合-中度协调	无锡市区、昆山市、宁波市区、南京市区
	高度耦合-轻度失调	嵊泗县
	较高耦合-中度协调	常州市区、太仓市、江阴市、常熟市、吴江市、张家港市、嘉兴市区、绍兴市区

续表

年份	耦合协调类型区	空间范围
2010	较高耦合－勉强协调	湖州市区、绍兴县、海宁市、南通市区、慈溪市、嘉善县、桐乡市、宜兴市、平湖市、镇江市区、泰州市区、余姚市、海盐县、扬州市区、德清县、靖江市、丹阳市、上虞市、长兴县、溧阳市、海门市、富阳市、金坛市、舟山市区、扬中市、诸暨市、台州市区
	较高耦合－轻度失调	溧水县、奉化市、安吉县、江都市、仪征市、海安县、启东市、临安市、新昌县、泰兴市、如皋市、嵊州市、姜堰市、宁海县、桐庐县、高淳县、句容市、如东县、温岭市、玉环县、建德市、象山县、岱山县、临海市、高邮市、天台县、兴化市、三门县、宝应县、仙居县、淳安县

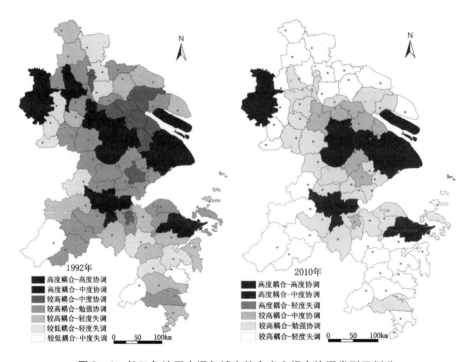

图8-6 长三角地区交通与城市综合实力耦合协调类型区划分

2010年，长三角地区耦合协调类型区格局发生了较大幅度的变化，地级及以上中心城市及苏州所辖县市仍多为高度耦合－高度协调、高度耦合－中度协调和较高耦合－中度协调类型区，高度耦合－高度协调的区域单元数降至3个，高度耦合－中度协调和较高耦合－中度协调类型区也发生了较大程度的切换；较高耦合－勉强协调类型区仍主要集中在沿江、环太湖和环杭州湾地区，且有中心城市南通、镇江、泰州和扬州转换为此种类型区；较高耦合－轻度失调类型的区域范围大幅度拓展，县市单元数由原来的 17 个增至 31 个，苏中地区以及南京、杭州、绍兴、宁波和台州所辖的大多县市属于此种类型区。由此可看出，交通与经济的耦合协调程度与城市经济发展水平密切相关，经济发展水平高的地区对外经济联系较强，交通与经济的协同效应就越高；在交通与城市综合实力耦合度和协调度相对较低的地区，其对外经济联系也较弱，交通在地区对外经济交往和区域经济发展中的支撑作用尚未得到充分体现，这些地区大多还处于相对独立的发展状态，与其他地区间的互动发展态势尚未显现。

三　交通与城市经济区位度空间耦合

城市经济区位度是各城市在区域城市经济联系网络中功能地位高低的反映，交通与城市经济区位度的耦合作用强度在一定程度上折射了交通与区域空间结构演变的相互作用关系。通过对 1992 年和 2010 年两个年份长三角地区交通可达性与城市经济区位度的耦合度和协调度的计算发现，1992 年，长三角地区 60% 以上的县级及以上城市的交通与城市经济区位度的耦合度在 0.5 以上，处于较高或高度耦合状态，表明各地区交通与城市空间结构系统之间存在密切的相互作用，尤其是地级及以上中心城市苏州、上海、无锡、常州、镇江、杭州、嘉兴、绍兴、扬州和南京的耦合度都在 0.8 以上；2010 年，近 80% 的县级及以上城市的交通与城市经济区位度的耦合度在 0.5 以上，耦合度在 0.8 以上的仍为经济发展水平较高的地级及以上中心城市，与上海邻近的苏州所辖县市昆山、太仓、吴江和张家港等县市的耦合度也较高（见表 8－4）。

协调度不仅与两者间的互动程度有关，而且与系统的发展状态相关。1992 年，55% 的县市单元的交通与城市经济区位度的协调度在 0.5 以上，地级及以上城市苏州、上海、无锡、常州、嘉兴以及县级市昆山、太仓和吴江的协调度在 0.8 以上，处于高度协调发展状态；2010 年，大多数县市的交通与城市经济区位度的协调度未发生明显的变化，协调度较高的依然主要为地级及以上中心城市以及与上海邻接的县市，部分边缘地区县市的协调度得到了一定程度的改善，但变化幅度不大。

表 8 – 4　长三角地区交通与城市经济区位度的耦合协调性

县　　市	1992 年		2010 年		县　　市	1992 年		2010 年	
	耦合度	协调度	耦合度	协调度		耦合度	协调度	耦合度	协调度
上海市区	1.000	0.967	0.996	0.956	富 阳 市	0.591	0.539	0.608	0.498
南京市区	0.886	0.680	0.840	0.605	临 安 市	0.513	0.486	0.600	0.473
溧 水 县	0.429	0.441	0.627	0.495	建 德 市	0.372	0.395	0.456	0.381
高 淳 县	0.308	0.350	0.493	0.398	桐 庐 县	0.449	0.457	0.570	0.439
无锡市区	0.981	0.893	0.902	0.772	淳 安 县	0.232	0.281	0.433	0.317
江 阴 市	0.878	0.757	0.899	0.758	宁波市区	0.745	0.570	0.854	0.637
宜 兴 市	0.720	0.634	0.697	0.585	余 姚 市	0.578	0.494	0.738	0.583
常州市区	0.959	0.840	0.848	0.692	慈 溪 市	0.507	0.451	0.684	0.574
溧 阳 市	0.588	0.531	0.632	0.517	奉 化 市	0.549	0.464	0.648	0.507
金 坛 市	0.608	0.554	0.642	0.526	象 山 县	0.318	0.331	0.397	0.330
苏州市区	1.000	0.996	0.971	0.872	宁 海 县	0.372	0.370	0.551	0.437
常 熟 市	0.874	0.755	0.815	0.701	嘉兴市区	0.928	0.819	0.830	0.730
张家港市	0.804	0.685	0.863	0.705	平 湖 市	0.640	0.591	0.756	0.657
昆 山 市	0.983	0.897	0.970	0.852	海 宁 市	0.530	0.531	0.746	0.651
吴 江 市	0.922	0.815	0.907	0.795	桐 乡 市	0.757	0.665	0.727	0.651
太 仓 市	0.966	0.856	0.934	0.792	嘉 善 县	0.845	0.724	0.784	0.679
南通市区	0.728	0.614	0.715	0.575	海 盐 县	0.539	0.531	0.706	0.611
海 安 县	0.636	0.547	0.593	0.475	湖州市区	0.757	0.659	0.735	0.632
如 东 县	0.414	0.422	0.455	0.397	德 清 县	0.605	0.566	0.660	0.581
启 东 市	0.335	0.374	0.523	0.438	长 兴 县	0.698	0.622	0.663	0.568
如 皋 市	0.593	0.535	0.564	0.483	安 吉 县	0.420	0.445	0.556	0.474
海 门 市	0.451	0.456	0.640	0.523	绍兴市区	0.913	0.740	0.869	0.695
扬州市区	0.887	0.697	0.793	0.577	诸 暨 市	0.403	0.404	0.557	0.472
宝 应 县	0.308	0.327	0.392	0.330	上 虞 市	0.574	0.501	0.715	0.571
仪 征 市	0.614	0.524	0.655	0.505	嵊 州 市	0.411	0.405	0.633	0.505
高 邮 市	0.434	0.416	0.499	0.399	绍 兴 县	0.878	0.691	0.879	0.688
江 都 市	0.761	0.621	0.687	0.528	新 昌 县	0.364	0.374	0.640	0.501
镇江市区	0.943	0.784	0.786	0.606	舟山市区	0.338	0.320	0.501	0.401
丹 阳 市	0.805	0.671	0.717	0.577	岱 山 县	0.274	0.270	0.396	0.293
扬 中 市	0.667	0.565	0.549	0.465	嵊 泗 县	0.148	0.186	0.294	0.226
句 容 市	0.584	0.533	0.565	0.473	台州市区	0.472	0.407	0.554	0.407
泰州市区	0.788	0.654	0.693	0.550	温 岭 市	0.358	0.345	0.481	0.356
兴 化 市	0.338	0.351	0.381	0.349	临 海 市	0.347	0.350	0.480	0.376
靖 江 市	0.659	0.592	0.826	0.659	玉 环 县	0.310	0.305	0.411	0.308
泰 兴 市	0.479	0.478	0.589	0.512	三 门 县	0.285	0.299	0.475	0.371
姜 堰 市	0.552	0.499	0.599	0.494	天 台 县	0.315	0.340	0.493	0.401
杭州市区	0.939	0.796	0.935	0.781	仙 居 县	0.242	0.281	0.381	0.313

　　根据交通与城市经济区位度的耦合度和协调度等级类型划分进行空间异配组合，对 1992 年和 2010 年两个年份进行交通与城市经济区位度耦合协调类型区划分并可视化成图（见表 8－5、图 8－7）。1992 年，高度耦合－高度协调、高度耦合－中度协调和较高耦合－中度协调类型区共 26 个县市单元，主要分布在沿江、沿沪宁线和宁杭沿线地区，尤其是地级及以上中心城市除宁波、台州和舟山外皆属于以上三种类型区；宁波、上虞、平湖、海宁、海盐、富阳、德清、扬中、靖江、海安、如皋、仪征等 15 个县市属于较高耦合－勉强协调类型区；较高耦合－轻度失调及以下类型区的 33 个县市单元主要集中在杭州湾以南地区、苏中地区以及杭州所辖的临安、桐庐、建德和淳安等县市。

表 8－5　长三角地区交通与城市经济区位度耦合协调类型区划分

年份	耦合协调类型区	空间范围
1992	高度耦合－高度协调	苏州市区、上海市区、昆山市、无锡市区、太仓市、常州市区、嘉兴市区、吴江市、杭州市区、镇江市区、江阴市、常熟市、绍兴市区、嘉善县
	高度耦合－中度协调	扬州市区、绍兴县、张家港市、南京市区、丹阳市
	较高耦合－中度协调	桐乡市、湖州市区、泰州市区、宜兴市、长兴县、江都市、南通市区
	较高耦合－勉强协调	靖江市、平湖市、宁波市区、德清县、扬中市、金坛市、海安县、富阳市、如皋市、句容市、海宁市、海盐县、溧阳市、仪征市、上虞市
	较高耦合－轻度失调	姜堰市、余姚市、临安市、奉化市、慈溪市
	较低耦合－轻度失调	泰兴市、桐庐县、海门市、安吉县、溧水县、如东县、高邮市、台州市区、嵊州市、诸暨市
	较低耦合－中度失调	宁海县、建德市、新昌市、温岭市、临海市、兴化市、舟山市区、启东市、象山县、天台县、玉环县、宝应县、高淳县
	低度耦合－严重失调	三门县、岱山县、仙居县、淳安县、嵊泗县
2010	高度耦合－高度协调	上海市区、苏州市区、昆山市、吴江市、太仓市、杭州市区、无锡市区、江阴市、嘉兴市区、张家港市、常熟市
	高度耦合－中度协调	绍兴市区、常州市区、绍兴县、靖江市、宁波市区、南京市区
	较高耦合－中度协调	嘉善县、平湖市、桐乡市、海宁市、湖州市区、海盐县、镇江市区
	较高耦合－勉强协调	宜兴市、余姚市、德清县、扬州市区、丹阳市、南通市区、慈溪市、上虞市、长兴县、泰州市区、江都市、金坛市、海门市、溧阳市、泰兴市、仪征市、嵊州市、新昌县、奉化市

续表

年份	耦合协调类型区	空间范围
2010	较高耦合－轻度失调	富阳市、溧水县、姜堰市、如皋市、海安县、安吉县、句容市、临安市、诸暨市、扬中市、桐庐县、启东市、宁海县、台州市区、舟山市区
	较低耦合－中度失调	天台县、高邮市、高淳县、如东县、建德市、临海市、三门县、温岭市、兴化市、宝应县、象山县、淳安县、仙居县、玉环县、岱山县
	低度耦合－严重失调	嵊泗县

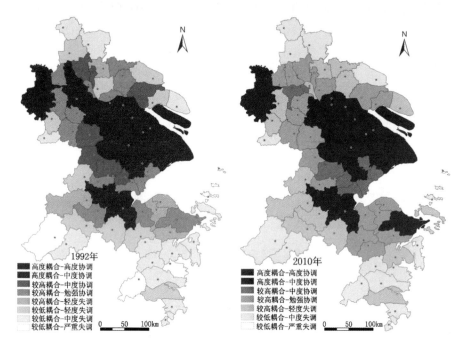

图 8－7　长三角地区交通与城市经济区位度耦合协调类型区划分

2010 年，高度耦合－高度协调、高度耦合－中度协调和较高耦合－中度协调类型区由沿江、沿沪宁和沪杭地区向沪杭沿线地区集中，平湖、海宁和海盐等县市升格为较高耦合－中度协调类型区，地级及以上中心城市除扬州、南通、泰州、台州和舟山外均属于较高耦合－中度协调及以上类型区；较高耦合－勉强协调类型的区域单元数增至 18 个且在空间上呈现由分散向集中的态势，连片分布在江苏沿江、杭州湾南岸以及宜兴、溧阳、金坛、丹阳和长兴等县市；较高耦合－轻度失调类型区的范围大幅度拓展，县市单元数由 1992 年的 5 个增至 2010 年的 15 个，溧水、安吉、诸暨、桐庐、启东、宁海、台州市区、舟山市区升格为该类型区；而较低耦合－中度失调类型区的 15 个县市单元主要集中在长三角南北两翼的台州、扬州所辖的部分县市以及杭州所辖的建德和淳安等县市。

第九章　长三角地区区域空间重构的
模式与对策

第一节　区域空间重构的内涵与基本模式

一　区域空间重构的概念与内涵

区域空间重构是通过对区域空间结构的演变过程进行人为地规划干预和科学引导以充分发挥其对资源配置和经济增长的功效，获取最大的空间协同效应以提高要素的生产力，是空间结构要素自组织与他组织综合作用的复合反馈过程。区域空间重构包括要素优化和状态调整两方面的内容：要素优化是通过调整空间结构各组成要素的数量规模与空间分布，使之达到与区域经济发展相适应的最佳状态，在节点、通道、流、等级和网络五大空间要素中，节点体系、联系通道和网络是区域空间结构形成和演化的重要组成要素，空间节点的职能性质和等级结构，联系通道或线路的规模、等级和结构，以及网络权力的大小等必须与区域资源配置相协调；状态调整是通过调整各空间要素之间的配比关系和相互间的空间组合状态，使之发挥最大的整体协同效应，其中壮大交通基础设施网络，使之与区域工业化、城市化和区域经济发展相协调是区域空间重构的关键，在不同的要素之间要防止某些要素的超前发展，使之形成合理的配比关系和协调状态，在同类要素之间除了形成合理的比例关系外，促进同类要素间的分工与协作也是状态调整的重要内容，如各级城市之间要形成互补协作、分工合理的职能关系，各交通方式之间要形成竞争有序、配套衔接的协作关系，等等。

二　网络化空间重构的基本模式

随着现代快速交通系统的建设和信息网络技术的发展，区域城市体系的分散化发展趋势越来越明显，单中心城市向多中心、网络化城市转化，城市密集区的空间结构形态日益复杂化，各城市之间通过功能和空间的有机联系形成一个功能高度集聚、结构日益网络化的区域空间以迎合信息化社会的需求。在区域发展过程中，城市网络化空间结构的基本组织模式（见图9-1）可分为极核式网络化模式、双子座网络化模式和多中心网络化模式等（年福华等，2002；刘天东，2007）。

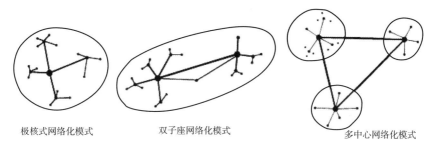

极核式网络化模式　　　　双子座网络化模式　　　　多中心网络化模式

图 9-1　网络化空间重构的基本模式

（一）极核式网络化模式

极核式网络化模式表现在城市网络体系内以一个中心城市为单一核心，极核型城市与所在国家或地区所有的网络联系都是一流的设施和管理体系，现代化、社会化、生产集约化和城市规模不断扩大化的特征突出，区域内的人口集中、物质要素的集聚和自然环境的开发利用集约化程度也是最高的。以纽约为中心的美国大西洋沿岸地区、以洛杉矶为中心的美国西南部太平洋沿海地区以及以伦敦为中心的大伦敦地区等都是这一模式的典型代表。

（二）双子座网络化模式

区域内一对城市无论在经济实力、地理区位、城市规模与吸引力方面还是在区域中发挥作用的大小方面，都始终发挥着双核心的作用，形成双子座网络化发展模式。中心城市的主次关系不明确，城市间相互依存、相互制约，尤其在行政与经济功能方面，以及在生产要素的供求关系和商品交换等方面的联系密不可分，从地区资源开发利用及未来的发展趋势看，双中心带动作用比较明显。

（三）多中心网络化模式

多中心网络化模式是指区域内多个彼此独立、功能互补的中心城市借助高效快速的交通走廊和通信设施网络连接起来形成的由多个核心节点组成的网络状空间组织，中心城市之间以密切的经济联系共同形成网络状的巨型城市化区域，与单中心网络化模式相比更具多样性和创造性，拥有更高的区位自由度。多中心网络化模式是工业化中后期区域空间结构发展的必然趋势，是全球化、知识经济和信息网络化快速发展背景下较为成熟、有效的城市空间结构组织形式。

三　网络城市与中心地体系比较

网络城市和中心地体系分别是在信息化社会和工业化社会背景下形成的两种不同的空间结构组织形态。首先，中心地体系强调中心地规模对整个地域空间组织的重要性，各级中心地的功能是与其规模紧密联系在一起的；而网络城市则强调网络联系的外部经济性和网络成员间的专业化联系，因此决定网络成员地位高低的不再是城市规模和行政级别，而是它在网络系统中节点功能的重要性，即城市中心性被网络结节性所取代。其次，中心地体系强调基于完全竞争条件下的市场区引力控制的地域组织逻辑，而网络城市除依赖空间邻近的组织关系外，还受到信息网络在区域空间组织中的作用，随着信息活动在区域城市网络系统中的增加，信息知识成本也将取代交通成本，空间距离的门槛约束性大幅度降低，信息可达性将在某种程度上取代空间可达性，基于信息网络的流动空间体系将使传统的中心地体系的地方空间和距离衰减规律发生较大程度的扭曲。最后，中心地体系中单纯的极化与扩散被网络化多维互动的空间联系所取代，虽然网络节点仍然发挥着中心性的作用，但等级体系逐渐被功能的互补和要素的互动所弱化，要素的流动方式也由单向流动变为双向互动，各中心城市在功能上更多的是互补协作关系，为区域提供不同的产品或服务，这与中心地体系中的同等级中心地提供相同的产品和服务存在很大的不同（见表9-1）。

表9-1　网络城市与中心地体系的比较

网络城市	中心地体系	网络城市	中心地体系
结节性	中心性	水平接近	垂直接近
规模中性	规模依赖	双向流动	单向流动
趋于弹性和互补	趋于首位和从属	信息成本	交通成本
不同的产品和服务	相同的产品和服务	价格差别上的不完全竞争	完全的市场竞争

资料来源：Batten D. F.，"Network Cities：Creative Urban Agglomerations for the 21st Century"，*Urban Studies*，1995，32（2），pp. 313-327。

可见，网络城市兼顾效率与公平，是缓解中心与边缘经济梯度差距和矛盾的有效途径，也是未来区域均衡化发展的有效空间组织形式。作为一种空间结构形态，网络城市是强调空间实体联系和虚拟联系相互交织的城市区域系统，作为一种空间发展战略，网络城市为区域空间结构优化与重构指明了一种新的组织模式和演化路径，即网络化空间结构模式的构建。网络化空间结构首先要构筑围绕节点、发展轴线和辐射周边地区的复合网络体系，包括交通基础设施网络、信息基础设施网络、微观企业组织网络、市场网络、行政管理网络和社会关系网络等，其中交通基础设施网络和信息基础设施网络是关键，通过节点与交通网络、信息网络、产业网络相互交织形成既竞争又合作的都市圈，进而在更大的规模层次上形成开放的、动态的、弹性的空间分工格局和城市经济协作网络，包括与国家乃至全球城市网络之间形成密切的经济联系。

第二节　长三角地区区域空间重构的基础与模式

开放型经济的高速发展要求长三角地区深度融入全球经济的主流空间，区域经济逐渐向空间一体化演变，区域竞争也越来越向以市场空间为主体的空间竞争转变，至此空间重构将成为一种增强区域整体竞争力的有效途径。区域空间结构对区域经济发展具有强烈的反馈效应，优化区域空间结构、推进区域空间重构对区域经济增长具有强大的推动力，空间重构也是提高全要素生产率的有效途径，其对经济增长的作用与产业重组具有同样的效用。

一　长三角地区区域空间重构的基础

（一）经济全球化日益推进

经济全球化是以跨国公司和国际金融组织为主体的生产、贸易、金融和管理等经济活动在全球范围内自由扩张和组织生产的过程。跨国公司为实现生产成本的最小化而在全球范围内组织生产经营活动，一方面在全球范围内引进资本和技术，另一方面又可能在任何地方寻找生产商、供应商或分包商等，跨国公司通过在全球范围内组织建立生产和营销网络促进了全球生产网络的形成和新国际产业分工的深化。一方面，新国际产业分工使生产组织从纵向一体到纵向分离，提高了生产的社会化程度，导致企业生产组织和产业空间组织结构的转变，产生了多厂、多部门的现代化大企业及具有高度专业化特征的柔性产业集群，企业区位选择的集聚与扩散不仅能推动大都市区内多样化产业分区、城市空间的成长及多中心城市形态的发育，而且使众多小企业、小城市融入全球生产链，促进了区域城市体系内聚力的增强；另一方面，新国际劳动分工还促进了生产方式由福特制向后福特制转变，柔性生产使现代企业向小型化、分散化和专业化发展，削弱了福特制模式下的等级组织特征，企业管理结构趋于扁平化，企业联系网络化促成了城市网络的形成和发展，全球城市、全球城市区域将成为全球化背景下新的空间结构形态。跨国公司总部及其分支机构在长三角地区的集聚加快了以上海为中心的长三角地区融入全球经济体系和全球城市网络的步伐，跨国公司在长三角地区各城市间的扩散也促进了长三角地区网络体系的形成和空间重组，上海、苏州和宁波已成为长三角地区全球化城市网络的核心，无锡、常州、南通、杭州和南京成为长三角地区全球化城市网络的次核心（赵新正，2011）。

（二）知识经济和信息化发展

知识经济是以电子信息和通信技术为载体，通过对知识和信息的生产与使用而表现出来的新型经济形式。进入 21 世纪以来，互联网和远程通信系统正在深刻地改变着作为经济活动主要空间载体的区域与城市体系的发展模式，信息网络的嵌入与空间结构的变化有着密切的交互关系。在传统空间观念中，空间距离和城市规模是区域空间结构变动的重要因素，而在信息化社会中，信息网络嵌入带来的交易成本降低有效地削弱了距离和规模的制约，城市与区域已不再是一个静态的空间，而是地域和功能上相互融合、相互包含的动态弹性空间。时空距离在城市经济联系中的障碍逐渐弱化，距离对各种经济活动空间区位选择的约束作用极大地缩小，便捷的通信网络将逐步取代交通可达性而成为占主导地位的影响因素，从而使区域间的时空距离及区域界限逐步淡化与模糊。城市规模不再决定城市的职能高低，城市在区域中的地位也不再仅仅取决于城市规模和中心性，还取决于其作为复合网络连接点的结节性的高低。信息网络的发展对传统区域空间结构要素的功能形成了减弱、代替或强化的作用，原有的核心－边缘结构被群体间高度发达的、复杂的、功能上一体化的区域关系网络所代替，形成网络化的发展模式。就长三角地区而言，知识经济和信息化发展对长三角地区区域空间结构的影响首先是强化了上海、南京和杭州等主要中心城市的地位，上海作为全国的信息中心和技术创新中心以及亚太地区的信息枢纽，促进了跨国公司总部、分支机构及金融贸易活动的不断集聚，杭州、南京作为区域性的信息节点，对长三角地区的信息流动也发挥着重要的枢纽作用。其次是通信网络提高了长三角地区城市间信息流动的速度和效率，促进了人才、技术、资本等生产要素在城市间的无障碍流动和即时性互动，进而促进了长三角地区空间结构由原来的等级体系向更加网络化和扁平化的趋势转型。

（三）交通快速化与网络化

随着长三角地区高速公路网络的构建和完善，区域空间的相互作用日益提升，城市间网络的交互作用日益增强，尤其是京沪高铁、沪杭客运专线和沪宁城际的通车，使长三角地区进入了城际轨道交通大发展时代。高速铁路是指在新建高速专用线上运行时速至少为250公里/小时的动车组列车或专用列车控制系统。相对于其他交通运输方式，高速铁路在运行速度、运输能力、安全性、能耗、占地面积和环保等方面都具有极大的优势，有利于缩短城市间的时空距离，加速城际人口、资金和资源等社会经济要素的高速流动。根据《中国中长期铁路网规划》（2008年调整）、《环渤海京津冀地区、长江三角洲地区、珠江三角洲地区城际轨道交通网规划（2005～2020年）》和各城市轨道交通建设规划，长三角地区将形成区际、区内相互配合的轨道交通系统，包括国家主干线如京沪高铁、沪昆客运专线、杭甬深客运专线等，以及长三角地区内城际快速通道如沪宁、沪杭、杭甬、常苏、苏嘉、宁安城际等。城际轨道交通建设将进一步推进要素的自由流动和空间配置，使长三角地区具备构建网络城市的坚实基础，这将有助于核心枢纽城市上海服务网络的构建，延伸上海现代服务业的市场半径，放大国际金融中心、国际航运中心和国际贸易中心的服务功能，扩大周边腹地对上海的服务需求；副中心城市南京和杭州的枢纽地位将进一步增强，尤其是随着沪杭高铁和沪宁城际高铁的开通，上海与苏州、无锡、常州、镇江、嘉兴、杭州等城市的旅行时间缩短至1.5小时以内（见表9-2），以上海为核心的长三角地区3小时经济圈将逐步显现。

表 9 - 2　长三角地区主要城市间高铁旅行时间

单位：小时

城市	上海	南京	无锡	常州	苏州	镇江	杭州	宁波	嘉兴	绍兴
南京	1.40									
无锡	0.65	0.90								
常州	0.90	0.63	0.20							
苏州	0.40	1.14	0.23	0.40						
镇江	1.25	0.35	0.50	0.35	0.80					
杭州	1.30	4.30	2.42	2.70	2.37	3.15				
宁波	2.89	6.35	5.00	5.43	4.70	5.95	1.34			
嘉兴	0.65	3.48	1.65	1.92	1.55	2.35	0.75	2.30		
绍兴	1.95	5.20	3.83	4.30	3.50	4.80	0.39	1.00	1.35	
台州	3.72	7.34	5.99	6.40	5.70	6.90	2.15	0.85	3.37	1.80

注：表中数据为两城市节点间上行和下行的动车组或高速列车的最短旅行时间平均值。

资料来源：《中铁时刻表》，2010 年 8 月 15 日。

（四）区域经济协作日益深化

自长三角地区成立长三角城市经济协作委（办）主任联席会议开始，长三角地区各级政府之间、各政府职能部门之间的经济协调与合作机制逐步形成，合作的广度和深度也不断拓展，在制度建设、规划编制以及经济、交通、旅游、信息、金融、环保、科技、教育、文化等众多职能部门之间达成了广泛的共识和合作意向，为实现区域统一的制度和政策平台与投资环境建设、区域资源共享、产业分工与互补合作、基础设施衔接等奠定了良好的基础，有力地推动了长三角地区区域经济一体化进程。在制度建设与规划协调方面，现已形成的沪苏浙主要党政领导人互访制度、沪苏浙经济合作与发展座谈会以及长江三角洲城市经济协调会在某种程度上成为长三角地区区域经济一体化的组织架构，并在一定程度上承担了制度组织协调的功能；在区域经济协作方面，各地区在产业园区、深水港共建、交通及旅游规划编制、信息平台建设、宣传与促销等方面的合作日益深化；在旅游经济合作方面，建立了诚信旅游沟通机制、工作联动机制和完善三地旅游管理的联席会议制度等；在区域交通基础设施建设方面，近年来在以高速公路和城际轨道为主导的区域快速交通网络建设、交通信息平台建设、交通管理和技术等方面连连取得突破，高速公路网和高等级航道网逐步形成，城际轨道交通项目陆续建设，长三角地区交通运输一体化取得显著成效（见表 9 - 3）。

表 9 - 3　长三角地区区域经济协作的组织协调事件

项目	组织协调事件
制度	1992 年,成立长三角城市经济协作委(办)主任联席会议; 1997 年,决定将联席会议升级为市长级协调组织,更名为"长江三角洲城市经济协调会",每两年召开一次会议,泰州被吸纳为会员; 1998 年、2000 年、2003 年,长江三角洲城市经济协调会的第一、第二、第三次会议分别在扬州、杭州和绍兴召开,同时长三角地区 15 个城市的市长论坛、企业家论坛定期举行,并形成峰会制度; 2002 年,上海举办"长江三角洲区域经济互动发展"研讨会,研讨会主题为"长三角的一体化"; 2003 年,浙江台州成为第 16 个成员城市; 2003 年,浙江省委书记习近平、江苏省委书记李源潮分别先后带领两省高层党政代表团出访上海; 2004 年,长江三角洲城市经济协调会第五次会议在上海举行,"经协会"由每两年召开一次改为每年召开一次; 2005 年,长江三角洲城市经济协调会第六次会议在南通举行,签署《长江三角洲地区城市合作(南通)协议》; 2006 年,长江三角洲城市经济协调会第七次会议在泰州举行,签署《长江三角洲地区城市合作(泰州)协议》; 2007 年,国务院总理温家宝在上海举行长三角经济社会发展专题座谈会; 2007 年,签署《长三角区域大通关建设协作备忘录》; 2007 年,在上海召开首届长江三角洲地区发展国际研讨会; 2007 年,长江三角洲城市经济协调会第八次会议在常州举行,签署《长江三角洲地区城市合作(常州)协议》; 2008 年,国务院批准和发布《关于进一步推进长江三角洲地区改革开放和经济社会发展的指导意见》,标志着长三角地区发展上升为国家战略; 2009 年,长江三角洲城市经济协调会第九次会议在湖州举行,签署《长江三角洲城市合作(湖州)协议》; 2010 年,国务院批准发布《长江三角洲地区区域规划》; 2010 年,长江三角洲城市经济协调会第十次会议在嘉兴举行,吸收合肥、盐城、马鞍山、金华、淮安和衢州为协调会会员,会议更名为"长江三角洲城市经济协调会市长联席会议",签署《长江三角洲地区城市合作(嘉兴)协议》
经济	2003 年,长江三角洲旅游城市"15 + 1"高峰论坛在杭州举行; 2004 年,江浙沪旅游市场促进会在沪召开,会上就成立江浙沪旅游市场促进会达成一致意见,并通过了《江浙沪旅游市场促进会(上海)宣言》; 2004 年,长江三角洲地区最大的"旅游超市"项目启动; 2005 年,无锡与上海的合作交流会暨项目签约仪式在上海举行; 2005 年,上海与杭州市政府共同签署《关于进一步推进沪杭经济合作与交流的协议》; 2005 年,长江三角洲城市经济协调会第六次会议在南通举行,长三角地区 16 个城市参加并共同签署《长江三角洲地区城市合作(南通)协议》; 2005 年,沪苏浙经济合作与发展座谈会第五次会议在南京举行; 2006 年,长江三角洲地区区域能源专题规划工作会议在镇江举行,完成长三角地区能源规划研究和草案编制工作; 2006 年,长三角地区双休日旅游经济创新发展高峰论坛在湖州安吉召开;

项目	组织协调事件
经济	2007 年，沪苏浙签订《长江三角洲地区现代服务业合作与发展协议》； 2009 年，江苏大丰市和海安县的上海杨浦工业园正式开建，上海漕河泾开发区在浙江设立海宁分区，上海新长宁集团与浙江湖州共建多媒体产业园； 2010 年，长江三角洲城市经济协调会第十次会议在嘉兴举行，会议共同签署《长江三角洲地区城市合作（嘉兴）协议》
交通	1992 年，贯穿江苏、上海、浙江的高速公路开工； 1992 年，苏通大桥进入规划期； 1997 年，浙江修通了嘉兴至上海的高速公路； 2003 年，苏嘉杭高速公路浙江、江苏交界收费站打破行政区划界限； 2004 年，我国第一部由交通部牵头制定的区域性交通规划纲要《长江三角洲地区现代化公路、水路交通规划纲要》出台； 2004 年，上海可乘公交去江苏昆山，长三角地区欲实现公交一体化； 2004 年，浙江加快申苏浙皖高速公路建设； 2004 年，上海与江苏的高速公路连接通道将由 2 条增至 7 条，分别为沪宁、沪嘉浏、三号线、沪苏、沪清平、沪崇苏越江通道东线和西线，上海与浙江的高速公路连接通道将由 1 条增至 4 条，包括沪杭、亭枫、申嘉杭、杭浦线，浙江计划投资 71 亿元兴建沪杭高速公路复线（杭浦高速公路）及杭州湾大桥； 2005 年，长三角地区高速公路管理信息互通研讨会在上海召开； 2006 年，沪苏浙签署《关于加快推进长江三角洲地区道路运输管理一体化的备忘录》； 2008 年，在高速公路网启动 ETC 不停车收费系统，杭州湾跨海大桥和苏通大桥先后通车； 2009 年，发布《长江三角洲地区道路运输一体化规划纲要》； 2010 年，沪宁高铁正式通车

资料来源：韩佳：《长江三角洲区域经济一体化发展研究》，华东师范大学博士学位论文，2008。
徐长乐、马学新：《2010 年长江三角洲发展报告》，上海人民出版社，2011。

二 长三角地区区域空间重构的目标

基于网络城市发展理念的空间重构过程和目标是整合各城市节点的功能，强化城市节点之间的功能互补和水平联系，构建快速交通支撑体系和弹性交换环境，打造弹性发展空间，制定竞争与区域管制相结合的协调规则，实现网络城市发展的利益最优化。自 20 世纪 90 年代以来，长三角地区空间结构形态逐渐由"点－轴"式向网络化方向转变，但由于长三角地区社会经济发展存在显著的区域差异，边缘地区经济发展水平低，城镇化速度缓慢，工业化层次低，城乡二元结构矛盾较为突出，与国外发达国家发展较为成熟的区域城市空间结构相比，长三角地区城市的整体功能不显著，网络化程度还比较低，仅处于初级发展阶段。按照长三角地区产业结构升级和空间结构协同发展的战略思路，长三角地区区域空间重构的目标是构建体系完整、结构合理、组织有序、分工协作、功能互补、网络发展和整体联动的以国际性、国家级和区域性等不同等级城市为节点，以现代化立体交通体系为重要支撑的城市层级结构体系与高度发达的网络城市体系的复合体。通过优化城市层级关系和提升城市联系网络促进区域空间结构网络化发展，形成以多中心、网络化、均衡化为特征的空间结构，经济区经济取代行政区经济而成为区域经济的主导形式，区域壁垒和区域差异逐渐消失，使区域融合为一个整体，地区间的资源得到更充分和合理的利用，整个长三角地区区域空间结构处于一个高水平的、动态的均衡发展之中，这也是与后工业化社会或信息社会经济发展水平相适应的空间结构形态。

三　长三角地区区域空间重构的模式

长三角地区网络化空间结构的构建要围绕可持续发展和提升区域国际竞争力目标，突出中心城市原则，充分发挥中心城市对全区的辐射带动作用，积极导入城市经济区发展模式；突出交通关联原则，既要发挥交通网络对形成高效合理的空间结构的引导作用，又要根据空间结构合理化的要求优化交通网络；突出经济区经济原则，彻底打破行政区经济束缚，按照区域发展的内在要求进行合理规划，优化区内社会经济空间布局；突出双重协调原则，综合发挥市场调节和政府调控的作用，协调不同空间发展主体的利益。在全面权衡长三角地区城市空间结构现状特征、发展趋势，并在借鉴国外发达国家经验和空间结构理论的基础上，确立长三角地区"多中心、多轴线、网络化"的复合型空间重构模式（见图9－2）。

（一）多中心

多中心是指通过城市的集聚与扩散形成多层等级规模和多种功能组合的城市节点体系，培育多中心增长体系是长三角地区区域空间重构的重点任务。在综合比较长三角地区县级及以上城市的综合实力、区位度、网络连接度等指标的基础上，最终确定未来要构建以上海为核心，以南京和杭州为副中心，以宁波、苏州、无锡、常州、绍兴、南通、嘉兴、镇江、扬州、湖州、泰州、台州和舟山为地区性中心，以昆山、张家港、太仓、江阴、常熟、吴江、绍兴县、慈溪、宜兴、余姚、海宁等为地方性中心，辐射带动全域的多级增长中心体系。

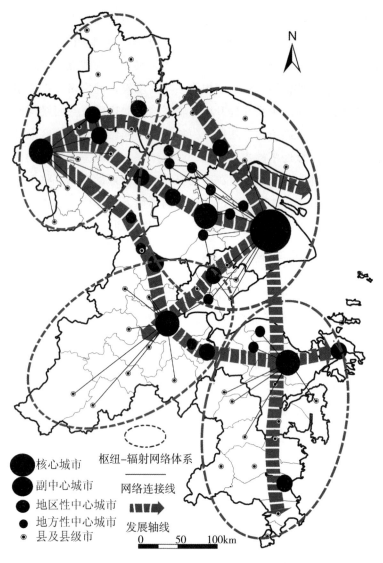

N

核心城市
副中心城市
地区性中心城市
地方性中心城市
县及县级市

枢纽-辐射网络体系
网络连接线
发展轴线

0   50   100km

图 9－2　长三角地区空间结构网络化重构模式

（二）多轴线

多轴线是以主干交通线路为依托，以综合实力较强或具有较大发展潜力的城镇为节点，辐射带动周围地区而形成的组织有序的城镇空间发展轴。

沪宁城镇发展轴。沪宁城镇发展轴以沪宁铁路、沪宁高速公路、沪宁城际和京沪高铁为依托，沿线包括南京、镇江、常州、无锡、苏州、上海等特大城市以及昆山、吴江、丹阳、句容等中小城市，城市经济实力雄厚，高新技术产业发达，是长三角地区乃至全国重要的城镇发展走廊。通过不断优化城市职能分工，提升创新能力，大力发展高新技术产业和现代服务业，逐步形成具有较高国际化水平的城镇集聚带。

沪杭城镇发展轴。沪杭城镇发展轴以沪杭高速公路、沪杭城际高速铁路和规划中的沪杭磁悬浮高速铁路为依托，由上海、嘉兴和杭州等核心城市或中心城市及嘉善、平湖、海宁、桐乡、临安、富阳等中小城市共同组成。依托现有的产业基础，积极发展高技术、高附加值的重化工业和制造业，通过现代化新城区的建设推进地区城镇化发展，打造分工明确、功能协调的制造业集聚带和城镇集聚区。

杭甬舟城镇发展轴。杭甬舟城镇发展轴以杭甬高速公路、杭甬客运专线、舟山大陆连岛工程为依托，由杭州、绍兴、宁波、舟山等主要中心城市以及绍兴县、上虞、余姚、慈溪等中小城市组成。以浙江海洋经济示范区建设为契机，完善海洋基础设施网络，有序推进海洋经济发展布局，打造现代海洋产业体系，提高海洋科技创新能力，尤其注重加快"三位一体"港航物流服务体系建设和舟山海洋综合开发试验区建设，把该地区建设成为上海国际航运中心的重要组成部分和浙江现代海洋经济的核心区。

沿江城镇发展轴。沿江城镇发展轴以沿江交通走廊、沿江高速公路、宁通交通走廊和多条过江通道为依托，由南京、扬州、泰州和南通等地级及以上中心城市和太仓、常熟、张家港、江阴、靖江、扬中、仪征、江都、泰兴、海门、启东等众多中小城市组成。发挥长江黄金水道的优势和沿江陆路交通通道的作用，坚持工业化进程与生态建设并举，积极推进长江岸线合理开发和港口体系整合，引导化工、装备制造和物流产业等的集群化发展，加快推进城镇化进程，形成布局合理、特色鲜明的基础产业发展带和城镇集聚带。

沿海城镇发展轴。沿海城镇发展轴以沿海高速公路、沿海高速铁路、已建和规划的众多过江跨海通道为依托，以上海为中心向北延伸至南通，向南延伸至台州，北翼由崇明、海门、南通、如皋、海安等众多大中小城市组成，南翼由慈溪、余姚、宁波、奉化、宁海、三门、临海、台州和温岭等众多大中小城市组成。依托现有港口体系，培育发展临港产业，建设重化工、能源和港口物流基地以带动城镇发展，坚持保护性开发海洋资源，以新型临港产业发展壮大沿海地区海洋经济。

宁杭城镇发展轴。宁杭城镇发展轴以宁杭高速公路和宁杭城际铁路为依托，包括沿线的湖州、德清、长兴、宜兴等中小城市，在充分考量该地区资源环境容量和生态保护的基础上，重点发展轻纺家电、旅游休闲和生态农业，不断扩大中小城市的规模，形成生态产业集聚和城镇有序发展的新型发展带，尤其是副中心南京和杭州城市规模的扩大、城市实力的增强以及高速公路和轨道交通的通车，将极大地密切两地间的交流和联系并促进宁杭城镇发展轴的发展，进而辐射带动长三角西部地区包括皖南和浙西等地区的经济发展。

（三）网络化

网络化空间结构是以各级中心城市为节点，以各级城镇发展轴线为纽带，以各种交通基础设施网络、信息基础设施网络、微观企业组织网络、市场网络、行政管理网络和社会关系网络为支撑的网络状空间结构形式。网络化空间结构是"点－轴"式空间结构的进一步推进，是发达地区实现区域均衡发展的有效空间组织形式。《长三角地区区域规划》明确指出要在发挥上海龙头作用的基础上努力提升南京、杭州、宁波、苏州和无锡等中心城市的国际化水平，走新型城镇化道路，全面加快现代化和区域一体化进程，形成以特大城市和大城市为主体、大中小城市共同发展的网络化城镇体系。以培育和发展以上海、南京、杭州、宁波为核心的4个"轮轴式"枢纽－轴辐网络体系为抓手，壮大长三角地区城市网络体系。其中，上海枢纽－辐射网络体系以上海为枢纽，辐射带动苏州、无锡、常州、南通和嘉兴等所辖县市；南京枢纽－辐射网络体系以南京为枢纽，辐射带动地域邻接的镇江和扬州所辖县市；杭州枢纽－辐射网络体系以杭州为枢纽，辐射带动杭州、湖州和绍兴所辖部分县市；宁波枢纽－辐射网络体系以宁波为枢纽，辐射带动宁波、舟山和台州所辖县市。通过核心城市的集聚与辐射作用，带动枢纽－辐射网络体系内各级城市的成长发育，逐渐形成以不同等级增长核心、发展轴线和空间网络相互交织的"节点＋轴线＋网络"的空间发展态势。

第三节　基于凝聚子群的城市经济区划分

城市经济区是以特大或大中城市为核心，并由与其紧密相连的广大地区共同组成的经济上紧密联系、生产上互相协作，在地域分工过程中形成的结节区域。城市经济区一般由中心城市、城镇网络、联系通道、空间梯度和经济腹地五大要素构成（顾朝林，1991）。作为区域空间组织的重要手段，城市经济区综合考虑了区域空间结构的节点、网络、域面和要素流等要素，把不同生产发展水平的城市及影响区域连接起来，按照经济的内在联系组织生产和流动，打破各城市行政区界的束缚，合理组织地域内资源的配置和产业的布局。而关于城市经济区的划分目前尚无一致的见解，主要有 R_d 链方法、断裂点法、场强模型法和加权 Voronoi 图法，本书尝试采用对复杂网络分析中的凝聚子群进行聚类和归并的方法对长三角地区城市经济区进行划分。

一　城市经济区划分原则

（一）中心城市带动原则

中心城市是区域内在社会经济发展中起主导作用的城市，具有较强的集聚辐射力，能通过人口、资源、资本、信息和技术等的有序流动带动周围地区的发展。中心城市选择合理与否直接关系到整个区域空间组织能否取得较好的结构效益，中心城市的选择要兼顾城市区位、比较优势、城市综合实力及与腹地的联系状况等多方面因素，充分发挥中心城市在经济、信息、金融、社会资源和基础设施等方面的优势，通过生产协作、产品交换和技术交流带动周边地区社会经济发展。

（二）兼顾行政区划原则

行政区划是国家和地区为方便行政管理对辖区进行的划分，尽管我国目前的市带县体制对区域经济发展具有较大的限制作用，但通过行政区来组织区域经济仍居主导地位。为有利于发挥行政手段在区域经济中的控制、协调和监督作用，考虑到县级行政区在一定程度上体现了区域经济的内在联系性和整体性，应尽可能保持县级行政区界的完整性，故本书的城市经济区划分以县域为基本单元。

（三）主导联系方向原则

城市发展离不开与城市以外区域的相互联系。主导经济联系方向论指出，城市实体地域会沿着它的对外经济联系方向发展与延伸，而当几个发展方向的引力不均衡时，城市发展会偏重于主导对外经济联系方向；当区域的对外经济联系没有明显的主导联系方向时，中心城市会在区域的中心或重心区位发育；当区域在对外有显著的主导联系方向时，中心城市通常在区域的主要对外经济联系方向的门户位置发展。主导经济联系方向论对指导城市空间发展趋向具有重要意义，城市经济区划分也要着力分析区域和城市的主要经济联系方向。

（四）兼顾腹地原则

腹地是城市的吸引力和辐射力对城市周围地区的社会经济联系起主导作用的地域，也称城市影响范围。腹地与中心城市之间客观存在的经济联系是城市经济区形成的主要依托，也是城市经济区空间组织的重要基础和组成部分。腹地范围的确定要与中心城市的辐射影响范围基本一致，且在地域上应尽量保持区划单元的邻接性和连续性。

二 城市经济区划分方案

遵循城市经济区的划分原则，按照城市综合实力的大小确定上海、南京、杭州和宁波为中心城市，根据第七章中凝聚子群间经济联系密度的强弱将非中心城市所在子群与中心城市所在子群进行聚类和空间合并，进而得到长三角地区四大城市经济区的范围，并通过 ArcGIS 9.3 软件进行可视化成图（见图 9-3、表 9-4）。

（一）上海城市经济区

上海城市经济区以上海为中心，包括上海、苏州、无锡、南通、嘉兴的全域以及常州和靖江，区域面积为 3.57×10^4 平方公里，占长三角地区的 32.0%；2010 年末区域总人口为 3915.6 万人，城镇化率高达 69.4%；全域实现地区生产总值 40705 亿元，占长三角地区的 57.6%，人均地区生产总值为 75763 元，相当于长三角地区平均水平的 122%；实际利用外商直接投资 287.3 亿美元，占长三角地区的 63.1%。该区域是长三角地区工业化、城镇化、信息化和国际化水平最高的地区，也是长三角地区建设全球城市区域的核心前沿地区。

（二）南京城市经济区

南京城市经济区以南京为中心，包括南京、镇江、扬州的全域，除靖江外的泰州市域以及常州所辖的溧阳和金坛，区域面积为 2.47×10^4 平方公里，占长三角地区的 22.2%；2010 年末区域总人口为 1933.1 万人，城镇化率为 57.4%；全域实现地区生产总值 11688.4 亿元，占长三角地区的

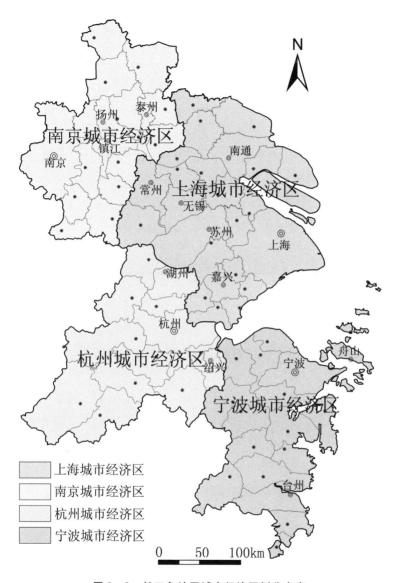

图 9-3　长三角地区城市经济区划分方案

16.5%，人均地区生产总值为 53097 元，相当于长三角地区平均水平的 85.5%；实际利用外商直接投资 80.5 亿美元，占长三角地区的 17.7%。从现状发展水平看，该区域还存在中心城市南京对周边地区的带动作用较弱、综合竞争力有待提升等问题。与此同时，周边县市对经济区的支撑作用也较弱，经济区内各地结构性矛盾依然存在，城市发展动力不足等问题有待解决。

表 9 - 4　长三角地区城市经济区范围

经济区	中心城市	次中心城市	区划范围
上海城市经济区	上海	苏州、南通、无锡、常州、嘉兴	上海、苏州、常熟、昆山、吴江、太仓、张家港、无锡、江阴、宜兴、南通、海安、如东、启东、如皋、海门、嘉兴、平湖、海宁、桐乡、嘉善、海盐、常州、靖江
南京城市经济区	南京	镇江、扬州、泰州	南京、溧水、高淳、溧阳、金坛、镇江、丹阳、扬中、句容、扬州、宝应、仪征、高邮、江都、泰州、兴化、泰兴、姜堰
杭州城市经济区	杭州	湖州、绍兴	杭州、富阳、临安、建德、桐庐、淳安、湖州、德清、长兴、安吉、绍兴、诸暨、绍兴县
宁波城市经济区	宁波	舟山、台州	宁波、余姚、慈溪、奉化、象山、宁海、上虞、舟山、岱山、嵊泗、台州、温岭、临海、玉环、三门、天台、仙居、嵊州、新昌

（三）杭州城市经济区

杭州城市经济区以杭州为中心，范围包括杭州、湖州的全域，绍兴及其所辖的诸暨和绍兴县，区域面积为 2.66×10^4 平方公里，占长三角地区的 23.8%；2010 年末区域总人口为 1193.3 万人，城镇化率为 45.5%；全域实现地区生产总值 9124.2 亿元，占长三角地区的 12.9%，人均地区生产总值为 59740 元，相当于长三角地区平均水平的 96.2%；实际利用外商直接投资 58.2 亿美元，占长三角地区的 12.8%。中心城市杭州无论是在城市规模还是在经济实力等方面都占主导地位，与周边县市的经济联系日益增强，区域经济呈现中心城市与外围地区协调发展的良好势头，但区域差异还较为明显，跨区域协调发展有待深化。

（四）宁波城市经济区

宁波城市经济区以宁波为中心，范围包括宁波、舟山和台州的全域以及绍兴下辖的嵊州和新昌，区域面积为 2.45×10^4 平方公里，占长三角地区的 21.9%；2010 年末区域总人口为 1448.7 万人，城镇化率为 27.7%；全域实现地区生产总值 9127.8 亿元，占长三角地区的 12.9%，人均地区生产总值为 54908 元，相当于长三角地区平均水平的 88.4%；实际利用外商直接投资 29.3 亿美元，占长三角地区的 6.4%。中心城市宁波的城市规模和经济实力虽然得到了大幅度的提升，但对区域内各县市的辐射带动作用还相对较小，尤其是台州作为区域性中心城市的地位尚未充分展现，加快推进城镇化、提升中心城市的综合实力是该区域未来发展的重点。

第四节 长三角地区区域空间重构的支撑机制

一 基础设施支撑机制

基础设施网络化是城市区域系统高效运转的支撑及推进城市区域经济一体化的重要手段。线状交通基础设施网络，特别是高速公路、快速轨道交通体系的配套和完善将大幅度缩短区域联系的时空间距离，要素流动成本大大降低，进而深化区域间的分工，从而为区域经济一体化的实现创造条件。大型基础设施（包括机场）和港口体系的建设也是区域空间规划与布局及产业合理分工与布局的重要支撑，尤其是港口、机场等战略性大型基础设施资源建设的工期长、投入成本高，建立大型基础设施共建共享机制，实现大型基础设施在腹地范围内的共同建设、联合运行，提高大型基础设施的利用率和服务水平，有利于推进区域分工与协作。长三角地区目前已经形成了上海经济、贸易、金融中心，以及沿海、沿江的冶金、石化、机械制造等产业带，特色产业集聚效应越来越强，产业分工协作越来越紧密，生产要素和产品的流动日益频繁；区域一体化要求加快交通一体化进程，建设畅通、便捷、安全的区域交通运输网络，完善各种运输方式并使其有效衔接，建立互通、互联、共享的交通信息网络体系以及统一的交通管理体制和政策法规体系，以实现资源快速高效流动和优化配置。

二 市场主体主导机制

通过企业空间组织的逻辑来理解城市经济联系网络的变动可以得出，作为微观市场主体的企业生产网络和产业集群的发展是推进城市经济联系网络和区域空间重构的内在机制。总部与分支机构间、企业与企业间、企业与外部机构间的资金、信息、人员和技术等各种要素在不同地区间的相互往来将不同的城市联系在一体组成了城市经济联系网络，尤其是大型企业集团在大中小城市间分工协作体系的形成，推动城市空间的集聚与扩散和区域空间结构的网络化发展。自20世纪90年代以来，随着浦东新区的开放和开发，上海以其优越的区位、完备的基础设施、雄厚的科研实力以及人才优势吸引了大量苏浙企业总部迁至上海，而把生产加工基地留在原地，企业的空间分工体系强化了长三角地区城市间的经济联系；尤其是外商投资的集聚与扩散，使邻接上海的昆山、苏州、常熟、太仓、南通、无锡、宁波及副中心南京、杭州等成为外商直接投资的重要扩散集聚区，由此形成了上海与周边地区企业生产网络和区域经济联系的一种新形式，即以上海、南京和杭州为总部中心，以昆山、苏州、无锡、宁波、嘉兴等为制造企业集聚的"总部－基地"区域功能分工与协作体系，企业的集聚与扩散促进了城市间分工协作生产网络的形成与发展，企业作为基本的市场主体成为推动区域生产网络及区域联动发展的微观基础。

三 组织协调合作机制

城市的良性互动可以促进空间一体化的发展，而城市区域系统内的基础设施、产品与要素市场、产业布局与结构、经济运行与管理机制、制度一体化等又制约着各功能单元间的相互作用。为促进区域间良性互动，必须组建区域一体化的组织协调机构与合作机制，负责制定区域发展规划，协调区域发展和产业整合及资源配置等方面的重大问题，制定共同的规则促进区域空间的有序演化。组织协调机构通过对影响和制约空间单元相互作用中重大问题的调控，包括城市功能的定位、产业的分工、基础设施的建设、战略资源的开发、生态环境的保护与市场规范的建设等，来促进区域职能分工的合理化和区域经济的协调发展。通过监督区域产业发展政策的实施，负责跨行政区域或功能区公共服务的生产和供给，避免区域内不必要的重复建设，做到统一规划和布局，在一定程度上缓解区域间的矛盾；通过发挥其在促进区域资源合理配置和高效利用中的职能，促进区域要素的有序流动，进而调整区域经济结构，达到促进区域良性互动的目的。长三角地区现已形成了沪苏浙党政首脑会晤机制、沪苏浙经济合作与发展座谈会、长三角城市经济协调会以及部门、行业间的合作机制四个层次的区域合作机制，形成了省市级、行业和部门间多层次的合作机制和局面，为长三角地区区域一体化注入了新的活力。

四　制度约束导向机制

区域空间重构是地域生产综合体自组织与他组织的综合作用过程，即使在由市场承担主导作用的过程中也无法排除政府的作用。政府通过制度建设和创新能够对区域空间结构演化产生重大影响，如行政区划的调整、区域政策的实施、规划及制度的变迁等。中央和地方政府进行的行政区划调整以及实施的区域开发政策、区域协调机制对长三角地区城市间的合作和一体化进程具有重大影响，成为新时期推动长三角地区一体化发展的重要因素。地方政府之间在竞争与合作基础上形成的利益协调机制和制度体系，包括在交通、旅游、科技、能源、环保、海关、信息平台建设等方面的规划、协议和制度都有利于推动城市间的利益协调。在交通规划方面主要有《长三角都市圈高速公路网规划》《长江三角洲地区现代化公路水路交通规划》《长江三角洲地区高等级内河航道网布局规划》《长江三角洲地区港口建设规划》《国际航运中心建设合作协议》等，在区域规划方面主要有《国务院关于进一步推进长江三角洲地区改革开放和社会经济发展的指导意见》和《长三角地区区域规划》，这些规划为长三角地区未来发展明确了目标和任务，将会进一步引导区域一体化进程。虽然长三角地区在多层次、多领域达成了合作协议，但在制度建设方面尚不成熟，区域协调规章尚不健全，尚未形成一个权威而规范的统领长三角地区区域合作的政府规章，缺乏有法律效力的保障机制，对已确立的合作平台和合作项目的成效缺乏评估、督察和激励，而且合作仅限于共同利益的协商，责任共担的领域甚少，长三角地区区域合作的制度建设还有待进一步推进和强化。

第五节　长三角地区区域空间重构的策略建议

一　完善基础设施网络体系

坚持统一规划、统一布局、统一管理、分工合作与共建共享的原则，建设区域各级各类基础设施，促进城镇空间组织网络化，尤其要推进综合交通基础设施和信息网络基础设施建设。着力从轨道交通、城际快速通道、重大基础设施、通信服务中心、港口流通与物流集散中心等方面进行全方位整合，进而建立高效化、立体化、网络化、快速化的基础设施网络体系。

（一）高速公路网络建设

江苏高速公路网在原有"四纵四横四联"规划建设方案的基础上，统筹考虑已建和在建项目，采用路网加密和线路扩容相结合的方案，形成"五纵九横五联"的高速公路网，县级及以上城市、机场、港口以及现状人口规模在10万人以上的城镇将实现高速公路连接。浙江省也提出到2020年建成"两纵两横十八连三绕三通道"的高速公路骨干网。届时，长三角地区将形成较为完善的高速公路网络，中心城市将纳入上海3小时都市圈，长三角地区城市间将实现1日往返。

（二）城际轨道交通建设

进一步加强长三角地区铁路客运专线和城际轨道交通建设，强化重要城市间便捷的轨道交通通道连接，积极构建沪宁、沪杭、杭甬、宁杭、沪宁沿江、沪通-宁启沿江和沿海轨道交通走廊等，除现已建成通车或即将通车的京沪客运专线、沪宁城际、沪杭城际、宁杭城际、杭甬客运专线外，要加快推进江苏北沿江城际和南沿江城际、泰州-常州城际、靖江-无锡-宜兴城际、通苏嘉城际、沪杭磁悬浮及沿海轨道交通规划建设，加快宁启铁路、新长铁路扩能改造，推进城际轨道交通网络化和均衡化发展。

（三）过江跨海通道建设

在过江通道建设方面，除了正在建设或即将建设的南京长江四桥、五峰山通道、泰州通道、锡通通道、沪通公铁两用大桥、崇海通道、崇启通道等外，中远期将建设南京五桥、南京上元门过江通道、龙潭-仪征通道、太常通道、新长铁路通道等，尤其要加强淮镇扬、新长铁路和城际轨道交通的过江通道建设。在跨海通道建设方面，将建设绍兴、萧山跨杭州湾通道，北仑至舟山跨海通道，舟山与东海大桥连接工程等。公路和轨道交通过江跨海通道的建成将推进长三角地区城镇化空间向苏中地区和沿海地区全面扩张，把更广阔的外围腹地纳入上海通达半径达300公里的1小时交通圈，在核心城市上海的强力辐射带动下，南北两翼的宁波和南通也将成为长三角地区主要的经济增长极，从而带动广大外围地区的发展。

（四）港口体系建设

积极推进以上海为中心，以江苏、浙江港口为两翼的上海国际航运中心建设，强化上海主枢纽港的功能地位，整合洋山港、宁波舟山港和太仓港，共同打造长三角国际集装箱枢纽港。按照"错位经营、协调发展"的原则推进沿江港口资源的优化重组，形成结构合理、功能完善、层次分明的沿江岸线港口体系，尤其要强化南京、镇江、南通、张家港作为近洋运输和长江内线运输的支线港与常州、扬州、泰州、江阴、常熟港作为喂给港的分工与协调，打造长三角地区以枢纽港、干线港、支线港和喂给港为主体的复合型港口群。

（五）机场体系建设

加快国际航空枢纽港建设，进一步开辟与全球城市对应的国际航空网络；以提高空港设施能力为重点，以优化航空运输网络为主线，加快航空枢纽中心建设，加强浦东机场设施建设，建成国际航空网络的主枢纽；优化南京禄口机场、杭州萧山机场航线布局，建成区域枢纽机场，推进苏南机场、宁波机场的改扩建工程，新建或改造一批中小型机场，打造由大型国际枢纽机场、区域枢纽机场和国内小型枢纽机场组成的布局合理、分工协作的机场体系和航线网络。

（六）信息基础设施建设

信息基础设施建设能够促进信息产业的发展，推动产业结构高级化，信息基础设施网络也是城市与区域联系网络的重要组成部分，其对区域产业结构演进和城镇化推进的支撑作用日益明显。要加快长三角地区信息基础设施网络的集约化建设和协调发展，推动新一代移动通信、智能网络与"三网融合"的普及，促进信息基础设施网络宽带化和移动通信网络一体化，实现移动通信的同城化，提高网络资源的综合利用水平和服务功能；加快城市空间信息基础设施建设，建成若干智能型数字化城市，推动城市管理的智能化和网格化，将主要中心城市建成区域性的信息港和亚太地区的信息枢纽。

二　打造上海全球城市

全球城市是全球经济网络的枢纽节点城市，是全球经济运行中先进生产性服务业和电信设施集中的地方，也是公司总部尤其是跨国公司总部的集中地、金融机构和全球高端服务业的集聚地。作为长三角地区乃至全国的中心城市，上海与世界主要全球城市相比还有较大的差距，上海全球城市建设必须加快城市产业升级、空间结构重构和城市功能提升。第一，要紧紧围绕"四个中心"的建设目标，强化上海在长三角地区乃至全国经济体系中的中心地位和服务功能，尤其要强化金融服务功能、信息交换功能和技术创新交流服务功能。虽然 2010 年上海第三产业的比重已高达57.3%，但与主要全球城市相比还有较大差距，尤其是对全球经济运作具有较强影响力的金融、贸易、航运等的中心地位尚未确立，要加快发展金融、商务、交通、物流、研发和中介服务等生产性服务业，突出高级生产性服务业发展，培育一批具有全球生产服务能级的跨国企业，构筑与全球城市相匹配的综合服务功能。第二，要继续吸引跨国公司地区总部和职能总部、国内上市公司总部、大型民营企业总部和中央企业地区总部等，积极发展总部经济，打造亚洲总部经济核心区，提升支配和控制国际、国内资源的能力，尤其要突出国际金融、交通、物流、信息、证券、保险、研发与技术服务、国际商务等方面的优势。第三，围绕全球城市建设，优化城市空间结构，改善上海中心城区同心环蔓延的发展趋势，构建由中心城区、边缘城和郊区新城组成的多中心、网络化与开放组合式的全球城市空间格局，尤其要加快发展包括松江新城、嘉定新城和临港新城等在内的郊区新城。第四，联合周边地区的江、海港口，打造以洋山深水港为主体的长三角港口体系，以洋山国际集装箱深水港建设为依托，加强与太仓、宁波－舟山港的功能整合，充分利用舟山深水岸线资源，积极创建国际集装箱枢纽港；加快提升国际航运服务功能，重点发展航运交易、海事服务等航运服务业，形成发达的航运服务业体系，实现向亚太地区国际航运枢纽以及全球航运中心的转变。第五，要充分发挥以浦东国际机场为主体、虹桥机场为辅助的国际航运枢纽港的作用，加强枢纽航线网络建设、国际航空物流基地建设和空港交通走廊建设，打造亚太地区乃至全球的航空枢纽中心。

三 积极建设四大城市经济区

坚持做强中心城市、提高中心城市的影响力是强化中心城市对城市经济区支配地位和集聚辐射带动作用的关键。打破行政区划束缚，加强城市经济区内部合作，包括基础设施建设、生产领域的合作以及金融信息技术服务合作等。完善区际基础设施，加强城市间的经济联系，尤其要强化高速公路、高速铁路和城际轨道交通等交通廊道建设。培育次级中心城市，构建多中心、网络化的城市经济区空间结构形态。

（一）上海城市经济区

以上海全球城市建设为抓手，将上海城市经济区打造成为全球城市区域。全球城市区域是全球化特征显著、内部联系紧密的多中心、一体化的城市空间，通过全球城市和次级全球城市与全球经济网络发生联系，并成为全球经济活动中的重要功能地域。全球城市区域建设首先要强化全球城市上海的主导带动作用，鉴于以制造业为主体的长三角其他地区对上海的依赖性逐步增强，要进一步提升上海对经济区乃至长三角地区的服务功能，随着我国金融领域的开放，越来越多的外资银行进驻上海，先进的投资理念和资本运作能力在一定程度上规范了长三角地区金融市场格局，要借助外资金融机构的集聚，增强上海在长三角地区的资本控制能力以及在金融服务领域的集聚力和辐射力。其次要优化城市区域空间格局，以上海为核心形成以中心城区、都市区、都市扩展区和都市连绵区依次拓展的都市圈发展空间，加快推进上海与周边地区在交通基础设施、公共服务设施方面的融合与接轨，积极推进沪、昆、太同城化进程，整合中心城市功能，强化城市节点的功能互补和水平联系，推进上海经济区网络城市建设。最后要加强信息基础设施建设，构筑集信息传播网络、信息处理设施和信息资源存储于一体的高效、稳定和便捷的信息网络平台，加速区域数字化进程，密切上海城市经济区与世界城市网络的联系。

（二）南京城市经济区

首先，要明确长三角副中心城市南京的功能定位，加快产业结构调整和升级，以高新技术改造传统优势产业，促进高新技术与传统产业的融合；充分发挥南京的科教、人才优势，构建高新技术产业化创新体系，建设包括研发、生产、销售在内的完整的高新技术产业链；积极发展现代服务业，强化中心城市的综合服务功能；积极吸引跨国公司地区总部、研发中心和加工企业，力争融入全球价值链和营销网络，打造长三角全球城市次中心。其次，要依托宁镇扬地区相近的历史文脉渊源、经济文化背景以及发达的公路、铁路和水运交通网络，积极推进宁镇扬同城化；强化交通整合，进一步完善城际交通建设，尤其要加快南沿江和北沿江城际轨道交通建设、过江通道建设、城际公交一体化建设和多种交通方式的无缝对接，实现无障碍交通和一体化服务；强化产业整合，通过区域产业分工与合作，壮大地区主导优势产业，形成紧密连接的上下游产业链，培育优势产业集群；强化信息整合，加快推进宁镇扬地区的信息基础设施建设，形成包括电子政务、电子商务等在内的全方位的信息互通平台和信息交流协作机制，实现资源共享和良性互动，使宁镇扬板块成为引领南京经济区发展的重要力量。最后，要以泰州长江大桥建成通车为契机，加快推进泰州经扬中至丹阳高速公路、轨道交通建设以及省道231的升级改造，加强泰州及其所辖县市与宁镇扬、苏锡常等地区的交通互联、市场互通、产业互补和资源共享，进一步改善泰州及其所辖县市边缘化的态势，加快融入南京经济区和上海经济区。

（三）杭州城市经济区

以杭州都市经济圈建设为抓手，积极推进杭州城市经济区基础设施一体化、产业布局一体化和市场一体化进程。首先，要加快推进交通网络全面接轨，重点建设"三纵两横两环十五联"的高速公路主骨架和"四横八纵"的国省道干线公路网；以客运专线和城际轨道交通建设为重点，形成以高速铁路为主骨、快速线路为架构、普通线路为分支的轨道交通网络，尤其要注重城际轨道交通建设，包括杭州到富阳、桐庐、临安、德清、安吉、诸暨和绍兴等的都市轨道交通快线；加快推进城际公共交通网络建设，包括杭州至湖州、绍兴、德清、安吉等的直通公交线路。其次，要加大区内各级各类产业园区的整合力度，逐步形成以国家级、省级开发区为核心，周边县市工业园区为重点的大都市产业发展带，以产业对接与合作为重点，构建跨区域产业链，形成分工协作的现代产业体系。再次，要建立并完善区域共同市场体系，通过优化商品市场、完善金融市场、强化产权市场、发展技术市场和提升人才市场，实现经济区内生产要素的合理流动和资源的优化配置。最后，要充分依托湖州、绍兴以及德清、安吉、绍兴县和诸暨等县市与杭州地缘相近、人文相通、经济相融和社会经济联系密切的优势条件以及杭州都市经济圈协调会合作平台，完善合作协调机制，强化经济区内城市间的交流与合作，提升杭州在区域联动发展中的核心带动作用，强化中心城市的集聚、辐射和带动力，形成以杭州为核心、以湖州和绍兴为副中心、以周边县市为节点的长三角"金南翼"。

（四）宁波城市经济区

长期以来，以民营经济为主体和"自下而上"的城镇化发展模式虽然壮大了该地区内的一批中小城镇，但中心城市宁波的综合实力还有待进一步提升。首先，杭州湾跨海大桥的建成通车极大地拉近了甬舟台地区与上海的时空距离，为其融入长三角核心区提供了先行条件，要以宁波－舟山港一体化联动发展为抓手，强化与上海及长江沿线港口间的对接、合作和错位发展，深化集装箱物流的合作广度和深度，共建全球集装箱枢纽港，提高中心城市宁波的国际化程度，增强对国际市场的引进、吸收和疏运能力，进一步整合甬舟台地区的港口资源，建立枢纽港与喂给港分工明确的港口体系。其次，以浙江海洋经济发展示范区建设为契机，做强海洋装备制造、口岸贸易、港口物流、涉海服务和滨海旅游等产业，在发挥和强化传统优势产业竞争优势的基础上，提高资金密集型和技术密集型产业的比重，以宁波杭州湾产业集聚区、舟山海洋产业集聚区和台州湾循环经济产业集聚区建设为平台，打造国际制造业基地。最后，完善区际和区内综合交通网络体系，尤其是高速客运专线和高速公路建设以及与城市和产业集聚区的衔接等，加快区内城际轨道交通宁波至慈溪、余姚，宁波至奉化，台州至温岭等的建设，随着甬台沿海高速公路、高速铁路、跨海通道和高速信息网络的共建共享，甬舟台地区一体化进程将加快推进，沿海走廊城市逐步显现。

四　行政区划和空间管制创新

行政区划调整是根据国家社会经济和政治需要对各级行政区进行适度的调整，包括行政区范围变动、行政区级别变动、行政区划层次变动等。长期以来，行政区经济导致长三角地区市场分割、地方保护、产业重构和重复建设等，严重阻碍了跨地区的经济合作。随着市场经济的发展，行政区对经济的约束力日益下降，纵向经济联系向横向经济联合转变将成为未来区域关系发展的走向，区域间经济联系的增强和区域一体化进程的推进将使行政区的经济结构、社会结构和文化结构受到严重的冲击，行政隶属关系在区域经济体系中将日益淡化，以中心城市为主导的经济区经济将逐渐取代行政区经济。为打破现有行政区划对地区间经济互动发展的约束，在知识经济和信息化愈演愈烈的时代，应建立以地方为主的扁平化区域管理模式，推进省管县行政区划层次结构的管理体制改革，推进行政管理体制的扁平化，发挥地方优势，尤其是在苏锡常经济发达地区，县级建制已完全被城市建制所取代，区域经济中心职能日益突出，在这些地区推进省管县体制改革将为县级市创造更大的发展空间，进而推动沪苏锡常都市连绵区的形成。

空间管制是通过组建公共权威机构，制定管制规则，以优化地区秩序、增进地区共同利益为目标而开展的行动。空间管制机构作为区域利益的协调组织机构，也是区域发展战略的决策者。尽管长三角地区区域经济合作现已形成多层次的协调会议，但区域合作的制度化层次还比较低，缺乏法律强制约束效力，致使很多领域的合作未能进入实施阶段。目前长三角地区依然存在产业同构、重复建设等突出矛盾，因此应积极推进区域空间管制的法律体系建设，建立多层次、正式、有实施力度的区域协调机构以推进区域间的合作协议进入实质性的实施和操作阶段。随着经济的发展，区域资源的支配权发生了根本性变化，国家或区域行政权继续控制土地、政策和法规，城市对社会、经济活动的控制权也不断增大，大型跨国公司或具有跨区域网络的企业主宰着全球的大部分经济资源，政府、城市和企业共同影响区域空间结构的演化，只有建立起三者间的协商与联合机制，才能进行有效的空间管制。积极探索网络化的区域治理模式，成立区域协调管理委员会、区域经济联席会议、区域经济联盟等，并赋予其相应的规划和控制权，负责区内重大基础设施建设、跨区域生产要素流动和产业结构调整，制定统一的市场规则、政策措施及实施办法，协助各地区制定经济发展战略规划，等等。

五　继续深化区域分工与合作

分工是促进区域经济联系和空间结构演进的内在机理，长三角地区各城市虽然具有各自的优势主导产业，但产业同质性较高，区域产业分工有待进一步深化，通过强化区域间的产业分工与协作，形成合理的产业布局和完整的产业链，尤其要强化各地区在电子信息、装备制造等先进制造业行业，金融、商务、信息等现代服务业以及新能源、新材料等新兴产业的分工与协作，以产业的集群化和企业的网络化为抓手推进区域生产组织的网络化。要推进区域统一市场体系建设，消除区域壁垒，加强区内商品、劳务、技术和资本等的无障碍流动，促进金融、信息、咨询、中介等服务型企业的跨地区发展；鼓励发展各种行业协会或企业联合会以维护市场秩序，引导公平竞争，推动行业纵向和横向一体化发展。加强各级政府间的协调和衔接，逐步消除地方保护主义等妨碍区域合作的体制障碍，加强规划衔接和政策协调，强化区域联动发展和产业园区共建，对于区域内综合规划问题，可由上级政府和各城市选派的代表组成的机构来协商处理，对整体产业布局和重大基础设施建设进行总体指导和协调，对存在争议的问题按整体利益最大化原则进行协商，对做出牺牲的城市通过转移支付给予适当补偿。

六　完善长三角地区规划编制体系

建立和完善与长三角地区发展相协调的区域规划编制体系，准确把握多中心区域管理主体与多中心空间结构体系的关系，明确不同层次规划的编制主体，准确把握区域各城市发展的主导方向和目标，确定实现区域总体目标的空间布局结构，对区内各区域单元进行空间结构优化重组；准确把握不同时期城市发展的重点，按照城市空间集聚效益最大化原则，明确城市发展建设的空间时序；将区域规划作为一个法定的规划与各城市的发展规划、概念规划和总体规划相衔接，并对规划编制进行补充和深化。建立长三角地区各城市间城市规划的相互参与制度，通过各城市规划管理部门在城镇体系规划、城市总体规划、分区规划等方面的相互参与，推动各城市在产业发展、基础设施、公共服务和市政设施建设等方面的分工、协调与对接；建立由各城市规划管理部门共同组成的规划实施评估与监督机制，监督各地区在交通规划、生态环境保护等方面的实施情况并加强相互间的协调；建立区域统一的规划建设网络信息平台，使规划的执行和实施建立在各城市高效的信息传递基础之上，以推进区域规划和建设信息的共建共享。

第十章　长三角地区空间结构演变
对欠发达地区的启示

长三角地区社会经济发展水平较高，城市化进程较快，是我国区域经济由行政区经济向经济区经济转型较为典型的地区，经济的跨行政区发展和交通的跨行政区协调建设为区域城市网络化发展和区域经济一体化进程提供了良好的支撑条件。长三角地区的发展状态代表着未来我国区域经济发展的趋势，对长三角地区城市交通发展和城市空间结构演变的深入研究，可以为我国中西部地区城市化进程和城市空间结构优化发展提供前瞻性的借鉴和启示，下面我们将中原经济区作为我国中西部欠发达地区的典型案例加以分析。

第一节　中原经济区概况及高速公路发展

一　中原经济区发展概况

中原经济区以河南为主体，涵盖周边省份相邻地区，是一个山水相连、血缘相亲、文脉相承、经济相连和使命相近的客观存在的经济区域。中原经济区是"十二五"期间河南省的空间发展战略，并于2011年1月升格为国家区域发展战略。安春华等（2010）从中心城市影响力和中原城市群区域影响力出发，结合断裂点理论和GIS技术，界定了中原经济区的范围为河南省全域以及邯郸、长治、晋城、运城、菏泽、聊城、淮北、阜阳、宿州和亳州共27个地级市、28个县级市、152个县，共计207个县市行政单元。截至2012年末，中原经济区人口规模达14305.2万人，地区生产总值达43659.9亿元，是中部地区经济发展潜力较大和发展较快的地区。

二 中原经济区公路发展概况

自 20 世纪 90 年代中期以来，河南加大了高速公路的规划和建设力度，自 1994 年河南省第一条高速公路郑州至开封段建成通车以来，已先后经历了起步发展、线性拓展和网络构建等发展阶段，2004 年河南境内打通国家级干线京港澳高速公路和连霍高速公路，标志着河南进入高速公路建设的快速发展和网络构建阶段。2006 年，河南高速公路通车里程首次居全国首位，在以后的 6 年里始终保持首位。2007 年，河南高速公路里程已突破 4000 公里，5 年时间完成近 3000 公里高速公路的建设，建设里程比过去的 10 年还要多。2012 年底，河南高速公路通车里程达 6000 公里。在中原经济区建设的宏观战略背景下，在综合考虑高速公路发展的阶段性特征和数据可获得性的基础上选取 1998 年、2005 年和 2012 年 3 个时间断面的公路网络数据，结合 GIS 技术的网络分析和栅格分析功能，以加权平均旅行时间和区域平均可达性为主要指标，探讨中原经济区 207 个县市节点在高速公路网络构建前后的可达性水平及其变化情况，以期揭示高速公路建设对中原经济区县际交通可达性及城市空间结构的影响。

2008 年和 2012 年中原经济区高速公路网络见图 10 - 1。

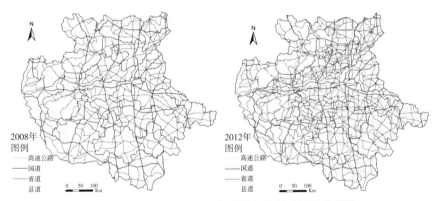

图 10 - 1 2008 年和 2012 年中原经济区高速公路网络

第二节 中原经济区交通可达性空间格局

一 县市节点可达性及演变

自 1998 年以来，中原经济区高速公路网络建设逐步从线性拓展向网络构建阶段转变，县市间公路旅行时间大幅度缩减，从所选择的 207 个县市节点到 27 个地级中心城市的公路最短旅行时间看，最短旅行时间的总和从 1998 年的 35209.8 小时缩减为 2012 年的 19078.4 小时，节省了 16131.4 小时，县市间的最短平均旅行时间由 6.33 小时缩减到 3.43 小时，缩减了 45.8%。由加权平均旅行时间所反映的县市节点可达性的平均值从 1998 年的 6.28 小时缩减到 2012 年的 3.31 小时，缩减了 47.3%，彰显了中原经济区高速公路网络在近 15 年来得到了全面的提升，公路网络的整体可达性得到了优化提升。时间成本的节省将大幅度提升要素流动的空间便捷性，但对于不同地区而言，受路网密度和路网结构的限制，以及节点区位的影响，各节点的可达性水平及提升幅度还存在较大的差距，1998 年可达性最差的泗县与可达性最优的中牟相差 5.84 小时，2012 年可达性极差虽有所减小，但仍高达 3.19 小时。对 1998 年、2005 年和 2012 年 3 个时间断面上的县市节点可达性水平及其变化态势进行比较分析。

（一）县市节点可达性比较

通过对中原经济区各县市节点加权平均旅行时间的计算，由表 10 - 1 所显示的计算结果可发现，1998 年，207 个县市节点中县际可达性高于全区平均水平的有 117 个，其中可达性居前 10 位的县市节点依次为中牟、许昌、荥阳、封丘、新乡县、新郑、开封县、长葛、兰考和开封，这些县市节点的加权平均旅行时间都在 4.21 小时（含）以内，从空间分布来看，这些县市主要集中在中原经济区的中心区位。可达性居后 10 位的县市节点依次为泗县、平陆、光山、稷山、河津、淮滨、芮城、新绛、商城和新县，这些县市节点的加权平均旅行时间都在 9.1 小时（含）以上，主要位于中原经济区的东南部边缘、东部边缘、西部边缘和西北部边缘地区。1998 年，虽然中原经济区已进入高速公路建设的快速发展阶段，但已建成通车的高速公路里程还比较少，中原经济区公路交通网络主要以"国道、省道和县乡道"为主，整体来看该时期全区各县市节点的可达性均较低。

2005 年，207 个县市节点中县际可达性高于全区平均水平的有 112 个，其中可达性居前 10 位的县市节点依次为原阳、新郑、中牟、长葛、许昌、荥阳、卫辉、郑州、武陟、开封和新乡县（新乡县和开封并列第 10 位），这些县市节点的加权平均旅行时间为 2.35~2.51 小时，从空间分布来看，这些县市主要集中在中原经济区的中心区位。可达性居后 10 位的县市节点依次

表 10 – 1　1998 年、2005 年、2012 年各县市节点加权平均旅行时间

单位：小时

县　　　市	1998 年	2005 年	2012 年	县　　　市	1998 年	2005 年	2012 年
郑 州 市 区	4.30	2.50	2.37	内 黄 县	6.31	3.63	3.05
中 牟 县	4.02	2.40	2.03	滑 县	4.90	3.06	2.73
新 郑 市	4.18	2.37	2.24	鹤 壁 市 区	5.72	2.88	2.66
荥 阳 市	4.17	2.48	2.26	浚 县	5.07	3.00	2.75
新 密 市	4.54	2.70	2.26	淇 县	4.76	2.64	2.59
登 封 市	4.79	2.79	2.28	新 乡 市 区	4.66	2.69	2.46
巩 义 市	4.75	2.92	2.32	新 乡 县	4.17	2.51	2.27
开 封 市 区	4.21	2.51	2.28	获 嘉 县	4.73	2.73	2.47
兰 考 县	4.21	2.58	2.24	辉 县 市	4.94	2.97	2.53
开 封 县	4.20	2.62	2.19	卫 辉 市	4.32	2.49	2.33
杞 县	4.45	2.92	2.71	长 垣 县	4.68	3.04	2.37
尉 氏 县	4.26	2.81	2.32	封 丘 县	4.17	2.65	2.17
通 许 县	4.55	3.19	2.31	延 津 县	4.37	2.67	2.44
洛 阳 市 区	5.25	3.38	2.74	原 阳 县	4.32	2.35	2.13
偃 师 市	4.55	3.06	2.57	濮 阳 市 区	5.60	3.25	2.91
孟 津 县	7.75	3.14	2.62	台 前 县	6.77	4.62	3.41
新 安 县	5.36	3.33	2.88	范 县	6.12	4.11	3.03
洛 宁 县	6.64	4.45	3.98	南 乐 县	6.00	3.82	3.00
宜 阳 县	5.62	3.76	3.62	清 丰 县	5.54	3.64	2.94
伊 川 县	5.34	3.32	2.73	濮 阳 县	5.39	3.39	3.06
汝 阳 县	6.03	3.93	2.97	许 昌 市 区	4.04	2.46	2.17
嵩 县	6.34	4.35	3.66	许 昌 县	4.35	2.76	2.26
栾 川 县	8.81	5.49	4.54	鄢 陵 县	4.27	2.90	2.25
平 顶 山 市 区	5.17	3.55	2.50	长 葛 市	4.21	2.44	2.16
汝 州 市	5.21	3.34	2.65	禹 州 市	4.75	3.05	2.29
鲁 山 县	5.55	3.87	2.84	襄 城 县	4.57	2.98	2.40
宝 丰 县	5.29	3.59	2.76	漯 河 市 区	4.65	2.89	2.46
郏 县	5.11	3.43	2.52	舞 阳 县	5.22	3.84	2.48
叶 县	6.10	3.30	2.46	临 颍 县	4.36	2.64	2.30
舞 钢 市	5.76	3.72	2.79	三 门 峡 市 区	6.90	4.11	3.65
安 阳 市 区	5.18	3.29	3.03	义 马 市	6.00	3.43	2.97
林 州 市	5.96	3.94	3.49	渑 池 县	6.06	3.52	3.18
汤 阴 县	4.79	2.94	2.87	陕 县	6.95	4.11	3.74
安 阳 县	4.85	3.03	2.82	灵 宝 市	7.64	4.58	4.26

续表

县　　市	1998 年	2005 年	2012 年	县　　市	1998 年	2005 年	2012 年
卢 氏 县	8.02	5.40	5.06	遂 平 县	5.29	3.40	3.03
南 阳 市 区	7.55	4.49	3.51	汝 南 县	5.80	3.93	3.19
淅 川 县	8.88	6.12	4.77	确 山 县	5.84	3.65	3.18
西 峡 县	8.14	5.88	4.34	平 舆 县	6.12	4.28	3.26
内 乡 县	7.77	5.06	3.98	新 蔡 县	6.61	4.44	3.55
邓 州 市	8.16	4.72	4.32	正 阳 县	6.85	4.23	3.68
新 野 县	8.48	5.43	4.12	焦 作 市 区	5.15	3.74	2.60
镇 平 县	7.20	4.84	3.56	温 县	4.96	3.13	2.35
南 召 县	6.71	4.61	3.20	孟 州 市	4.68	3.28	2.56
方 城 县	6.89	3.80	3.01	沁 阳 市	5.16	3.12	2.42
社 旗 县	7.15	4.25	3.42	博 爱 县	4.94	2.88	2.51
唐 河 县	7.78	4.86	3.70	修 武 县	4.91	2.80	2.49
桐 柏 县	7.87	4.94	3.66	武 陟 县	4.42	2.50	2.50
商 丘 市 区	5.26	3.37	2.71	信 阳 市 区	7.24	4.31	3.92
民 权 县	4.61	2.75	2.39	息 县	8.41	5.09	4.06
睢 县	4.84	3.06	2.70	罗 山 县	7.46	4.77	3.82
柘 城 县	5.54	3.48	2.75	淮 滨 县	9.29	5.60	4.48
宁 陵 县	5.20	3.46	3.07	潢 川 县	7.82	5.40	4.17
虞 城 县	5.62	3.44	2.79	光 山 县	9.50	5.43	4.22
夏 邑 县	6.23	3.49	2.88	新 县	9.10	6.38	4.61
永 城 市	6.38	3.98	3.25	商 城 县	9.13	6.57	4.81
周 口 市 区	5.22	3.11	2.67	固 始 县	8.91	6.43	5.07
扶 沟 县	4.45	3.06	2.43	济 源 市	5.16	3.48	2.64
太 康 县	4.69	3.30	2.57	邯 郸 市 区	6.00	3.82	3.54
西 华 县	4.89	3.32	2.57	磁 县	5.33	3.75	3.36
商 水 县	5.27	3.02	2.62	涉 县	7.20	4.40	3.85
项 城 市	5.56	3.16	2.75	邯 郸 县	6.12	3.96	3.75
淮 阳 县	5.06	3.37	2.67	武 安 市	6.07	4.10	3.59
鹿 邑 县	6.70	3.69	2.91	永 年 县	6.00	3.84	3.59
郸 城 县	5.63	3.70	3.17	鸡 泽 县	6.89	4.41	4.24
沈 丘 县	5.83	3.29	2.90	曲 周 县	6.47	4.42	4.08
驻 马 店 市 区	5.60	3.34	3.07	肥 乡 县	5.84	3.95	3.92
上 蔡 县	5.26	3.47	2.87	成 安 县	5.78	3.76	3.49
西 平 县	4.94	2.92	2.60	临 漳 县	5.54	3.67	3.41
泌 阳 县	7.24	4.87	3.36	魏 县	5.91	4.20	3.64

续表

县　　市	1998 年	2005 年	2012 年	县　　市	1998 年	2005 年	2012 年
广 平 县	6.06	4.27	3.82	宿州市区	8.03	4.75	4.04
邱　　县	6.73	4.78	3.86	砀 山 县	6.37	4.39	3.65
馆 陶 县	6.19	4.37	3.48	萧　　县	7.13	4.10	3.56
大 名 县	6.15	4.12	3.23	灵 璧 县	9.01	5.64	4.44
长治市区	6.84	3.85	3.74	泗　　县	9.86	6.33	4.78
沁　　县	8.22	4.75	4.50	亳州市区	5.75	3.58	2.95
武 乡 县	8.55	4.52	4.36	利 辛 县	6.67	4.00	3.72
沁 源 县	8.79	5.33	5.22	涡 阳 县	7.46	4.06	3.72
长 子 县	7.15	4.02	3.90	蒙 城 县	7.62	4.35	3.92
屯 留 县	7.73	5.61	3.88	阜阳市区	7.52	4.25	3.90
襄 垣 县	7.58	4.62	4.51	界 首 市	6.24	3.51	3.18
黎 城 县	7.32	4.24	3.88	太 和 县	6.53	3.61	3.24
潞 城 市	6.96	4.02	3.73	临 泉 县	6.50	4.04	3.63
平 顺 县	7.26	4.37	4.17	阜 南 县	7.78	4.81	4.48
壶 关 县	6.87	4.06	3.76	颍 上 县	8.18	4.66	4.16
长 治 县	6.43	3.57	3.45	淮北市区	7.54	4.57	3.84
运城市区	8.01	4.58	4.17	濉 溪 县	7.43	4.56	3.84
河 津 市	9.34	5.85	4.91	聊城市区	7.35	5.36	4.29
稷 山 县	9.45	5.72	4.67	茌 平 县	7.71	5.41	4.09
新 绛 县	9.20	5.44	4.82	东 阿 县	7.86	5.51	4.39
绛　　县	8.10	4.90	4.07	阳 谷 县	6.78	5.41	3.76
垣 曲 县	7.36	5.66	3.50	莘　　县	6.73	5.20	3.48
闻 喜 县	8.35	4.77	3.92	冠　　县	6.54	4.65	3.80
万 荣 县	9.06	5.47	4.51	临 清 市	7.72	5.53	3.92
临 猗 县	8.35	4.96	4.39	高 唐 县	8.80	6.12	4.49
夏　　县	7.67	4.79	4.22	菏泽市区	5.39	3.61	2.81
平 陆 县	9.63	4.18	3.68	定 陶 县	6.39	3.73	2.76
永 济 市	8.65	5.16	4.69	东 明 县	4.95	3.28	2.66
芮 城 县	9.29	5.06	4.83	鄄 城 县	5.75	4.08	3.11
晋城市区	5.68	3.19	3.12	郓 城 县	5.96	4.52	3.21
沁 水 县	6.84	3.82	3.69	巨 野 县	5.96	4.13	3.29
阳 城 县	6.17	3.57	3.30	成 武 县	5.86	4.04	3.18
泽 州 县	5.49	3.16	3.00	曹　　县	5.31	3.84	3.04
高 平 市	6.12	3.61	3.25	单　　县	5.94	4.00	3.39
陵 川 县	6.11	3.84	3.47				

为商城、固始、新县、泗县、高唐、淅川、西峡、河津、稷山和垣曲，这些县市节点的加权平均旅行时间为 5.66 ~ 6.57 小时。2005 年，中原经济区高速公路网络建设已逐步由线性拓展向网络构建转变，中原经济区公路交通网络已初步形成由"高速、国道、省道、县乡道"组成的网络体系，全区各县市节点可达性得到了较大幅度的提升。

2012 年，207 个县市节点中县际可达性高于全区平均水平的有 110 个，其中可达性居前 10 位的县市节点依次为中牟、原阳、长葛、许昌市区、封丘、开封县、新郑、兰考、鄢陵、新密、许昌和荥阳（新密、许昌、荥阳并列第 10 位），这些县市节点的加权平均旅行时间为 2.03 ~ 2.26 小时。可达性居后 10 位的县市节点依次为沁源、固始、卢氏、河津、芮城、新绛、商城、泗县、淅川和永济，这些县市节点的加权平均旅行时间降至 4.69 ~ 5.22 小时。2012 年，中原经济区高速公路网络已基本建成，高速公路网络已覆盖 90% 以上的县市，中原经济区公路交通网络已基本形成由"高速公路、国道、省道、县乡道"组成的网络体系，全区各县市节点可达性再次得到提升。

（二）县市相对可达性及演变

为了反映各县市节点相对可达性水平的高低，对各县市节点的相对可达性系数进行计算并对其进行比较及演化特征分析。由表 10 - 2 可以看出，1998 年中原经济区县市节点可达性高于全区平均水平（相对可达性系数小于 1）的节点数为 117 个，到 2005 年高于全区平均水平的节点数降至 111 个，而至 2012 年又降至 108 个。

利用可达性系数的值域范围（0.6 ~ 0.75]、（0.75 ~ 1.0]、（1.0 ~ 1.2]、>1.2 将各县市节点的可达性水平划分为高、较高、一般和低 4 个等级，可以发现，1998 年，可达性水平高的县市有 32 个，主要集中在郑州、开封、新乡和许昌等地；可达性水平较高的县市有 86 个，主要集中在焦作、平顶山、商丘、周口、驻马店和邯郸等地；可达性水平一般的县市有 44 个，主要集中在三门峡、长治、菏泽和阜阳等所辖县市；可达性水平较低的县市有 45 个，主要集中在宿州、南阳、信阳、运城、长治和三门峡等所辖边界县市。

2012 年，可达性水平高的县市有 35 个，主要集中在郑州、开封、新乡和许昌等地，平顶山个别县市也属此类；可达性水平较高的县市有 75 个，主要集中在焦作、平顶山、商丘、周口、驻马店和邯郸等地，洛阳和焦作的个别县市可达性位次稍有降低；可达性水平一般的县市有 57 个，主要集中在邯郸、安阳、宿州、长治、濮阳和亳州等地，尤其是南阳和长治的个别县市可达性位次得到了较大幅度的提升；可达性水平较低的县市有 40 个，主要集中在南阳、运城、长治、聊城、菏泽等所辖边界县市，其可达性位次在全区较低。

表 10 - 2 1998 年、2005 年、2012 年各县市节点相对可达性系数

县 市	1998 年	2005 年	2012 年	县 市	1998 年	2005 年	2012 年
郑州市区	0.68	0.63	0.71	内 黄 县	1.00	0.92	0.92
中 牟 县	0.64	0.61	0.61	滑 县	0.78	0.77	0.82
新 郑 市	0.67	0.60	0.68	鹤壁市区	0.91	0.73	0.80
荥 阳 市	0.66	0.63	0.68	浚 县	0.81	0.76	0.83
新 密 市	0.72	0.68	0.68	淇 县	0.76	0.67	0.78
登 封 市	0.76	0.71	0.69	新乡市区	0.74	0.68	0.74
巩 义 市	0.76	0.74	0.70	新 乡 县	0.66	0.64	0.69
开 封 市 区	0.67	0.64	0.69	获 嘉 县	0.75	0.69	0.75
兰 考 县	0.67	0.65	0.68	辉 县 市	0.79	0.75	0.77
开 封 县	0.67	0.66	0.66	卫 辉 市	0.69	0.63	0.70
杞 县	0.71	0.74	0.82	长 垣 县	0.74	0.77	0.72
尉 氏 县	0.68	0.71	0.70	封 丘 县	0.66	0.67	0.66
通 许 县	0.72	0.81	0.70	延 津 县	0.70	0.68	0.74
洛 阳 市 区	0.84	0.86	0.83	原 阳 县	0.69	0.60	0.64
偃 师 市	0.72	0.78	0.78	濮 阳 市 区	0.89	0.82	0.88
孟 津 县	1.23	0.80	0.79	台 前 县	1.08	1.17	1.03
新 安 县	0.85	0.84	0.87	范 县	0.97	1.04	0.92
洛 宁 县	1.06	1.13	1.20	南 乐 县	0.96	0.97	0.91
宜 阳 县	0.89	0.95	1.09	清 丰 县	0.88	0.92	0.89
伊 川 县	0.85	0.84	0.83	濮 阳 县	0.86	0.86	0.92
汝 阳 县	0.96	0.99	0.90	许 昌 市 区	0.64	0.62	0.65
嵩 县	1.01	1.10	1.11	许 昌 县	0.69	0.70	0.68
栾 川 县	1.40	1.39	1.37	鄢 陵 县	0.68	0.74	0.68
平顶山市区	0.82	0.90	0.76	长 葛 市	0.67	0.62	0.65
汝 州 市	0.83	0.85	0.80	禹 州 市	0.76	0.77	0.69
鲁 山 县	0.88	0.98	0.86	襄 城 县	0.73	0.75	0.72
宝 丰 县	0.84	0.91	0.83	漯 河 市 区	0.74	0.73	0.74
郏 县	0.81	0.87	0.76	舞 阳 县	0.83	0.97	0.75
叶 县	0.97	0.84	0.74	临 颍 县	0.69	0.67	0.69
舞 钢 市	0.92	0.94	0.84	三门峡市区	1.10	1.04	1.10
安 阳 市 区	0.82	0.83	0.91	义 马 市	0.95	0.87	0.90
林 州 市	0.95	1.00	1.05	渑 池 县	0.96	0.89	0.96
汤 阴 县	0.76	0.74	0.87	陕 县	1.11	1.04	1.13
安 阳 县	0.77	0.77	0.85	灵 宝 市	1.22	1.16	1.29

续表

县　　市	1998 年	2005 年	2012 年	县　　市	1998 年	2005 年	2012 年
卢 氏 县	1.28	1.37	1.53	遂 平 县	0.84	0.86	0.92
南 阳 市 区	1.20	1.14	1.06	汝 南 县	0.92	0.99	0.96
淅 川 县	1.41	1.55	1.44	确 山 县	0.93	0.93	0.96
西 峡 县	1.30	1.49	1.31	平 舆 县	0.97	1.09	0.99
内 乡 县	1.24	1.28	1.20	新 蔡 县	1.05	1.13	1.07
邓 州 市	1.30	1.20	1.31	正 阳 县	1.09	1.07	1.11
新 野 县	1.35	1.38	1.24	焦 作 市 区	0.82	0.95	0.79
镇 平 县	1.15	1.23	1.07	温　　县	0.79	0.79	0.71
南 召 县	1.07	1.17	0.97	孟 州 市	0.75	0.83	0.77
方 城 县	1.10	0.96	0.91	沁 阳 市	0.82	0.79	0.73
社 旗 县	1.14	1.08	1.03	博 爱 县	0.79	0.73	0.76
唐 河 县	1.24	1.23	1.12	修 武 县	0.78	0.71	0.75
桐 柏 县	1.25	1.25	1.11	武 陟 县	0.70	0.63	0.76
商 丘 市 区	0.84	0.86	0.82	信 阳 市 区	1.15	1.09	1.18
民 权 县	0.73	0.70	0.72	息　　县	1.34	1.29	1.23
睢　　县	0.77	0.78	0.82	罗 山 县	1.19	1.21	1.16
柘 城 县	0.88	0.88	0.83	淮 滨 县	1.48	1.42	1.35
宁 陵 县	0.83	0.88	0.93	潢 川 县	1.24	1.37	1.26
虞 城 县	0.89	0.87	0.84	光 山 县	1.51	1.38	1.27
夏 邑 县	0.99	0.88	0.87	新　　县	1.45	1.62	1.39
永 城 市	1.02	1.01	0.98	商 城 县	1.45	1.67	1.45
周 口 市 区	0.83	0.79	0.81	固 始 县	1.42	1.63	1.53
扶 沟 县	0.71	0.78	0.73	济 源 市	0.82	0.88	0.80
太 康 县	0.75	0.84	0.78	邯 郸 市 区	0.96	0.97	1.07
西 华 县	0.78	0.84	0.78	磁　　县	0.85	0.95	1.02
商 水 县	0.84	0.76	0.79	涉　　县	1.15	1.12	1.16
项 城 市	0.88	0.80	0.83	邯 郸 县	0.97	1.00	1.13
淮 阳 县	0.81	0.85	0.81	武 安 市	0.97	1.04	1.09
鹿 邑 县	1.07	0.94	0.88	永 年 县	0.95	0.97	1.08
郸 城 县	0.90	0.94	0.96	鸡 泽 县	1.10	1.12	1.28
沈 丘 县	0.93	0.83	0.88	曲 周 县	1.03	1.12	1.23
驻 马 店 市 区	0.89	0.85	0.93	肥 乡 县	0.93	1.00	1.18
上 蔡 县	0.84	0.88	0.87	成 安 县	0.92	0.95	1.05
西 平 县	0.79	0.74	0.79	临 漳 县	0.88	0.93	1.03
泌 阳 县	1.15	1.23	1.02	魏　　县	0.94	1.06	1.10

续表

县 市	1998 年	2005 年	2012 年	县 市	1998 年	2005 年	2012 年
广 平 县	0.96	1.08	1.15	宿 州 市 区	1.28	1.20	1.22
邱 县	1.07	1.21	1.17	砀 山 县	1.01	1.11	1.10
馆 陶 县	0.98	1.11	1.05	萧 县	1.13	1.04	1.07
大 名 县	0.98	1.04	0.98	灵 璧 县	1.43	1.43	1.34
长 治 市 区	1.09	0.98	1.13	泗 县	1.57	1.60	1.44
沁 县	1.31	1.20	1.36	亳 州 市 区	0.92	0.91	0.89
武 乡 县	1.36	1.15	1.32	利 辛 县	1.06	1.01	1.12
沁 源 县	1.40	1.35	1.58	涡 阳 县	1.19	1.03	1.12
长 子 县	1.14	1.02	1.18	蒙 城 县	1.21	1.10	1.19
屯 留 县	1.23	1.42	1.17	阜 阳 市 区	1.20	1.08	1.18
襄 垣 县	1.21	1.17	1.36	界 首 市	0.99	0.89	0.96
黎 城 县	1.17	1.07	1.17	太 和 县	1.04	0.91	0.98
潞 城 市	1.11	1.02	1.13	临 泉 县	1.03	1.02	1.10
平 顺 县	1.16	1.11	1.26	阜 南 县	1.24	1.22	1.35
壶 关 县	1.09	1.03	1.14	颍 上 县	1.30	1.18	1.26
长 治 县	1.02	0.90	1.04	淮 北 市 区	1.20	1.16	1.16
运 城 市 区	1.28	1.16	1.26	濉 溪 县	1.18	1.16	1.16
河 津 市	1.49	1.48	1.48	聊 城 市 区	1.17	1.36	1.30
稷 山 县	1.50	1.45	1.41	茌 平 县	1.23	1.37	1.24
新 绛 县	1.46	1.38	1.46	东 阿 县	1.25	1.40	1.33
绛 县	1.29	1.24	1.23	阳 谷 县	1.08	1.37	1.14
垣 曲 县	1.17	1.44	1.06	莘 县	1.07	1.32	1.05
闻 喜 县	1.33	1.21	1.18	冠 县	1.04	1.18	1.15
万 荣 县	1.44	1.39	1.36	临 清 市	1.23	1.40	1.18
临 猗 县	1.33	1.26	1.32	高 唐 县	1.40	1.55	1.36
夏 县	1.22	1.21	1.28	菏 泽 市 区	0.86	0.91	0.85
平 陆 县	1.53	1.06	1.11	定 陶 县	1.02	0.95	0.83
永 济 市	1.38	1.31	1.42	东 明 县	0.79	0.83	0.80
芮 城 县	1.48	1.28	1.46	鄄 城 县	0.92	1.03	0.94
晋 城 市 区	0.90	0.81	0.94	郓 城 县	0.95	1.15	0.97
沁 水 县	1.09	0.97	1.12	巨 野 县	0.95	1.05	1.00
阳 城 县	0.98	0.90	1.00	成 武 县	0.93	1.02	0.96
泽 州 县	0.87	0.80	0.91	曹 县	0.85	0.97	0.92
高 平 市	0.97	0.91	0.98	单 县	0.95	1.01	1.02
陵 川 县	0.97	0.97	1.05				

（三）县市节点可达性变化

进一步对各阶段县市节点可达性的改善幅度进行比较分析发现，随着高速公路的建设，各阶段县市节点可达性都得到了不同程度的提升，但在不同节点和不同县市间其改善幅度还存在较大的差异（见表 10 - 3）。1998～2005年，各县市节点加权平均旅行时间平均降低了2.34 小时，其中高于平均改善幅度的县市有85 个，尤其是平陆、孟津、芮城、光山、武乡、新绛、稷山、淮滨、万荣、闻喜、泗县、颍上和永济的改善幅度较高，均在3.5 小时及以上；2005～2012 年，各县市节点加权平均旅行时间平均降低了 0.64 小时，其中高于平均改善幅度的县市有86 个，尤其是垣曲、新县、商城、屯留、莘县、阳谷、高唐、临清、泗县、西峡和沁阳的改善幅度相对较大，均在1.5 小时以上。

表 10 - 3　1998～2005 年与 2005～2012 年各县市节点可达性变化

单位：小时

县　　市	1998～2005 年	2005～2012 年	县　　市	1998～2005 年	2005～2012 年
郑 州 市 区	1.80	0.13	栾 川 县	3.32	0.95
中 牟 县	1.62	0.37	平顶山市区	1.62	1.05
新 郑 市	1.82	0.12	汝 州 市	1.88	0.69
荥 阳 市	1.69	0.21	鲁 山 县	1.69	1.02
新 密 市	1.84	0.44	宝 丰 县	1.70	0.83
登 封 市	2.00	0.51	郑 县	1.68	0.91
巩 义 市	1.83	0.60	叶 县	2.79	0.84
开 封 市 区	1.70	0.23	舞 钢 市	2.04	0.93
兰 考 县	1.64	0.33	安 阳 市 区	1.89	0.27
开 封 县	1.58	0.43	林 州 市	2.02	0.45
杞 县	1.53	0.21	汤 阴 县	1.85	0.06
尉 氏 县	1.45	0.49	安 阳 县	1.81	0.21
通 许 县	1.37	0.88	内 黄 县	2.68	0.58
洛 阳 市 区	1.87	0.65	滑 县	1.84	0.33
偃 师 市	1.49	0.49	鹤 壁 市 区	2.84	0.22
孟 津 县	4.61	0.52	浚 县	2.07	0.25
新 安 县	2.03	0.46	淇 县	2.12	0.06
洛 宁 县	2.20	0.46	新 乡 市 区	1.97	0.22
宜 阳 县	1.87	0.14	新 乡 县	1.66	0.24
伊 川 县	2.01	0.59	获 嘉 县	1.99	0.26
汝 阳 县	2.10	0.96	辉 县 市	1.97	0.44
嵩 县	1.98	0.69	卫 辉 市	1.84	0.16

续表

县　市	1998~2005 年	2005~2012 年	县　市	1998~2005 年	2005~2012 年
长 垣 县	1.64	0.67	宁 陵 县	1.74	0.39
封 丘 县	1.52	0.48	虞 城 县	2.19	0.64
延 津 县	1.70	0.23	夏 邑 县	2.75	0.60
原 阳 县	1.97	0.22	永 城 市	2.41	0.73
濮 阳 市 区	2.35	0.34	周 口 市 区	2.11	0.43
台 前 县	2.15	1.21	扶 沟 县	1.39	0.63
范 县	2.00	1.08	太 康 县	1.40	0.72
南 乐 县	2.19	0.82	西 华 县	1.57	0.75
清 丰 县	1.90	0.70	商 水 县	2.25	0.40
濮 阳 县	2.00	0.34	项 城 市	2.40	0.41
许 昌 市 区	1.59	0.29	淮 阳 县	1.70	0.70
许 昌 县	1.59	0.50	鹿 邑 县	3.01	0.79
鄢 陵 县	1.37	0.66	郸 城 县	1.93	0.53
长 葛 市	1.77	0.28	沈 丘 县	2.53	0.40
禹 州 市	1.70	0.77	驻 马 店 市 区	2.26	0.27
襄 城 县	1.60	0.58	上 蔡 县	1.79	0.60
漯 河 市 区	1.76	0.43	西 平 县	2.02	0.31
舞 阳 县	1.39	1.35	泌 阳 县	2.37	1.51
临 颍 县	1.73	0.34	遂 平 县	1.89	0.37
三 门 峡 市 区	2.79	0.46	汝 南 县	1.88	0.73
义 马 市	2.57	0.45	确 山 县	2.19	0.48
渑 池 县	2.54	0.34	平 舆 县	1.84	1.02
陕 县	2.85	0.36	新 蔡 县	2.17	0.89
灵 宝 市	3.06	0.33	正 阳 县	2.62	0.55
卢 氏 县	2.62	0.34	焦 作 市 区	1.41	1.13
南 阳 市 区	3.07	0.98	温 县	1.83	0.78
淅 川 县	2.76	1.35	孟 州 市	1.40	0.73
西 峡 县	2.26	1.54	沁 阳 市	2.04	0.70
内 乡 县	2.70	1.09	博 爱 县	2.06	0.37
邓 州 市	3.44	0.40	修 武 县	2.10	0.31
新 野 县	3.05	1.31	武 陟 县	1.92	0.00
镇 平 县	2.36	1.29	信 阳 市 区	2.92	0.40
南 召 县	2.10	1.41	息 县	3.32	1.03
方 城 县	3.09	0.78	罗 山 县	2.69	0.94
社 旗 县	2.90	0.83	淮 滨 县	3.69	1.12
唐 河 县	2.92	1.15	潢 川 县	2.43	1.23
桐 柏 县	2.93	1.28	光 山 县	4.08	1.21
商 丘 市 区	1.89	0.67	新 县	2.73	1.77
民 权 县	1.86	0.36	商 城 县	2.56	1.76
睢 县	1.78	0.37	固 始 县	2.48	1.36
柘 城 县	2.05	0.73	济 源 市	1.68	0.84

续表

县　　市	1998～2005 年	2005～2012 年	县　　市	1998～2005 年	2005～2012 年
邯郸市区	2.18	0.28	晋城市区	2.49	0.07
磁　　县	1.58	0.39	沁　水　县	3.02	0.13
涉　　县	2.80	0.55	阳　城　县	2.61	0.27
邯　郸　县	2.16	0.21	泽　州　县	2.33	0.16
武　安　市	1.97	0.50	高　平　市	2.52	0.36
永　年　县	2.16	0.26	陵　川　县	2.28	0.37
鸡　泽　县	2.48	0.17	宿州市区	3.28	0.71
曲　周　县	2.05	0.34	砀　山　县	1.99	0.73
肥　乡　县	1.89	0.03	萧　　县	3.03	0.54
成　安　县	2.03	0.27	灵　璧　县	3.37	1.20
临　漳　县	1.87	0.26	泗　　县	3.53	1.56
魏　　县	1.71	0.56	亳州市区	2.17	0.64
广　平　县	1.79	0.45	利　辛　县	2.67	0.27
邱　　县	1.95	0.92	涡　阳　县	3.40	0.35
馆　陶　县	1.81	0.90	蒙　城　县	3.27	0.42
大　名　县	2.03	0.89	阜阳市区	3.26	0.35
长治市区	2.99	0.11	界　首　市	2.73	0.32
沁　　县	3.47	0.25	太　和　县	2.92	0.37
武　乡　县	4.03	0.16	临　泉　县	2.45	0.42
沁　源　县	3.46	0.10	阜　南　县	2.96	0.33
长　子　县	3.13	0.12	颍　上　县	3.52	0.50
屯　留　县	2.12	1.73	淮北市区	2.97	0.73
襄　垣　县	2.96	0.11	濉　溪　县	2.87	0.72
黎　城　县	3.08	0.36	聊城市区	2.00	1.06
潞　城　市	2.95	0.29	茌　平　县	2.29	1.33
平　顺　县	2.89	0.20	东　阿　县	2.35	1.12
壶　关　县	2.80	0.30	阳　谷　县	1.37	1.65
长　治　县	2.87	0.11	莘　　县	1.53	1.72
运城市区	3.43	0.41	冠　　县	1.88	0.85
河　津　市	3.49	0.94	临　清　市	2.18	1.62
稷　山　县	3.73	1.05	高　唐　县	2.68	1.64
新　绛　县	3.76	0.61	菏泽市区	1.78	0.80
绛　　县	3.20	0.83	定　陶　县	2.66	0.97
垣　曲　县	1.69	2.17	东　明　县	1.67	0.62
闻　喜　县	3.58	0.85	鄄　城　县	1.67	0.97
万　荣　县	3.59	0.96	郓　城　县	1.45	1.31
临　猗　县	3.39	0.58	巨　野　县	1.83	0.84
夏　　县	2.88	0.57	成　武　县	1.82	0.85
平　陆　县	5.45	0.50	曹　　县	1.48	0.80
永　济　市	3.50	0.46	单　　县	1.94	0.62
芮　城　县	4.22	0.23			

对比不同阶段可达性变化值可以看出，1998～2005年，可达性优化程度更为明显，这与中原经济区不同阶段公路网络的优化程度密切相关，该阶段公路网络的发展主要是高速公路网络的大规模建设和省道、国道的改造升级，路网等级的提升和路网结构的改善使该阶段各县市节点可达性得到了大幅度的提升。2005～2012年，公路网络建设仍以高速公路的大规模建设为主，高等级公路网络已初步形成，县市节点可达性进一步提升，但提升幅度有所减小，这主要是由于受高速公路建设边际效应递减规律的限制，区域可达性不可能随着路网的建设无限度地提升，但路网的进一步改善能够提高运输的效能。

进一步对比不同县市节点可达性的提升幅度可以看出，各县市节点可达性的改善幅度与其初始值有关，由加权平均旅行时间所反映的可达性值越大的县市节点，其可达性的改善幅度也较大，可达性水平的改善幅度与县市节点的可达性值呈现较为明显的空间耦合特征。

（四）县市节点可达性均衡性

在统计分析中常用样本的标准差来衡量对象分布的均衡程度。由于相对可达性系数已经消除了不同年份可达性值水平的影响，因此依据可达性系数计算的标准方差可以反映不同时间断面上可达性分布的均衡性。由表10-4可以看出，2005年与1998年相比，中原经济区县市可达性系数标准差略有上升，而2012年与2005年相比又有所下降。原因在于1998～2005年中原经济区高速公路网络建设还处于起步和线性拓展阶段，只有部分县市受益于高速公路建设，从而导致各县市节点可达性的不均衡性拉大。而2005～2012年中原经济区高速公路网络建设进入快速发展和网络构建阶段，纵横交错的高速公路形成较为完善的高速公路网络，90%以上的县市均有高速公路经过，使得各县市节点的可达性趋于均衡发展。进一步分析3个时间断面的可达性系数的最大值、最小值和极差可以发现，可达性系数的极差由1998年的0.929增至2005年的1.069，说明这一阶段可达性的非均衡性在增强，而可达性系数的极差又由2005年的1.069降至2012年的0.966，表明各县市节点的可达性差距逐渐缩小，总体上趋于均衡化发展。

表 10 - 4　1998～2012 年中原经济区县市节点可达性系数分布

指　标	1998 年	2005 年	2012 年
最大值	1.569	1.666	1.578
最小值	0.640	0.596	0.613
极　差	0.929	1.069	0.966
标准差	0.232	0.244	0.230

二　区域平均可达性及演变

(一) 区域可达性空间格局

中原城市群地区的区域可达性高于外围地区。整体而言，中原经济区县域平均可达性呈现以中原城市群地区为核心向周边地区逐渐递减的空间格局（见图 10 - 2、图 10 - 3、图 10 - 4）。中原城市群地区九地市位居河南中部，同时也是河南省城市最密集、工业化、城镇化水平最高和全省经济最发达的地区。1998 年，中原城市群地区区域平均可达性主要集中为 2～

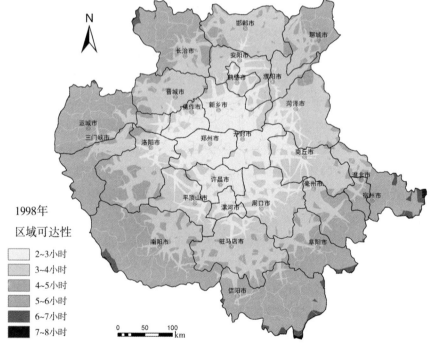

图 10 - 2　1998 年中原经济区区域可达性空间格局

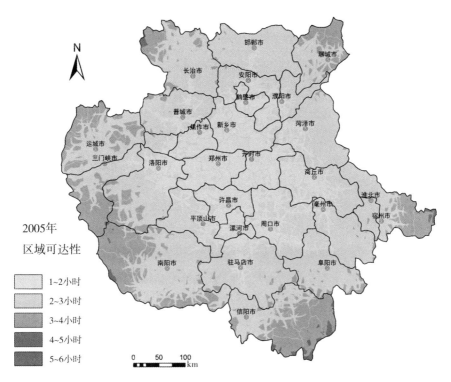

图 10 - 3　2005 年中原经济区区域可达性空间格局

4 小时，个别县市为 4 ~ 5 小时，外围地区各县市平均可达性值逐渐增大，尤其是西部和西北部南阳、运城的边界地区，以及东部和东南部宿州、亳州、阜阳和信阳的边界地区的可达性为 6 ~ 8 小时。2012 年，随着中原经济区初步建成纵横交错的高速公路网络，各县市区域平均可达性均得到了较大幅度的提升，可达性为 1 ~ 2 小时的区域已由中原城市群地区向外拓展至鹤壁、商丘和周口的部分地区，外围地区县市的平均可达性也都提升至 5 小时以内。

　　主要交通干线沿线地区可达性较优。1998 年，区域平均可达性水平为 2 ~ 3 小时的区域呈轴带状沿 107 国道、106 国道、310 国道和 311 国道等向外围地区拓展。随着高速公路的大规模修建，2005 年，区域可达性平均水平为 1 ~ 2 小时的区域分别沿京港澳高速和连霍高速公路向南北方向延伸至安阳和驻马店等地，向东西方向延伸至商丘和三门峡等地。2012 年，随着大广、二广、宁洛、郑尧、郑焦晋、商周、兰南、永登、漯界等高速公

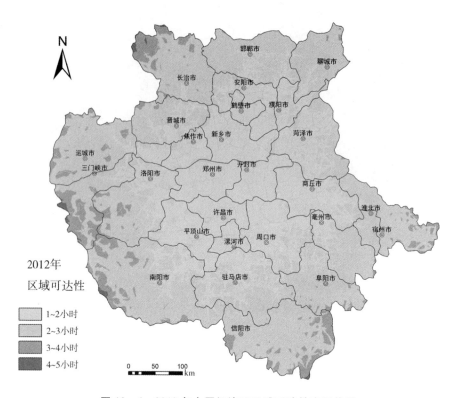

图 10 – 4　2012 年中原经济区区域可达性空间格局

路的建成通车，河南省高速公路网络基本形成，区域平均可达性较优的地区由线状向面状拓展，全区绝大部分地区的区域平均可达性为 1～3 小时，尤其是中原城市群地区及周边的商丘、周口、鹤壁、濮阳、安阳和聊城的部分地区也都提升至 1～2 小时。

　　平原地区的平均可达性高于山区或盆地。1998 年，中原经济区西部、西北部和南部山区的洛阳、三门峡、运城、南阳、信阳等地各县市的区域平均可达性都在 4 小时以上，而黄淮平原地区的开封、商丘和周口等地各县市的区域平均可达性大多为 3～4 小时。2012 年，中原经济区西部、西北部和南部山区的洛阳、三门峡、南阳、运城和信阳等地大部分县市的区域平均可达性提升至 4 小时以内，而黄淮平原地区的开封、周口、商丘和亳州等地各县市的区域平均可达性已提升至 2 小时以内，充分显示了自然地形对地区间空间相互作用的限制。

(二) 区域平均可达性变化

可达性较优的地区提升幅度相对较小。1998～2005年，全区可达性提升幅度为0～4小时且整体上呈现由以中原城市群为中心向外围地区逐渐增大的趋势。中原城市群内部的主要交通干线沿线地区可达性提升幅度相对较小，为0～1小时；包括商丘、周口、驻马店、信阳、南阳、运城、晋城、长治、邯郸、菏泽和聊城在内的大部分地区的可达性提升幅度为1～2小时。2005～2012年，全区可达性提升幅度有所减缓，可达性提升幅度为0～1小时的区域主要集中在京港澳、二广、宁洛和连霍高速公路沿线地区（见图10－5）。

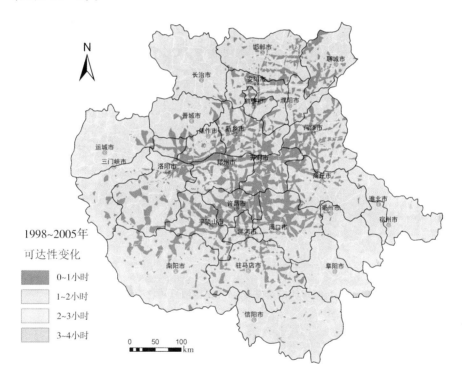

图 10－5　1998～2005年中原经济区区域可达性变化空间格局

边远地区的可达性提升幅度相对较大。1998～2005年，中原经济区的西部、西北部、东部、东南部和南部的部分地区可达性提升幅度较大，在2小时以上，南阳和宿州等地的边界地区可达性提升幅度在3小时以上。2005～2012年，全区绝大部分地区的可达性提升幅度为1～2小时，仅南部、西南部和东北部零星分布的小部分地区的可达性提升幅度在 2 小时以上。这反映了高速公路的快速建设对可达性较差地区的空间影响强度较高，与此同时，随着高速公路网络的大规模建设，其对各地区可达性的改善幅度也在逐步下降，这主要受高速公路建设边际效应递减作用的影响，区域可达性水平不可能随着路网的建设而无限度地提升（见图 10－6）。

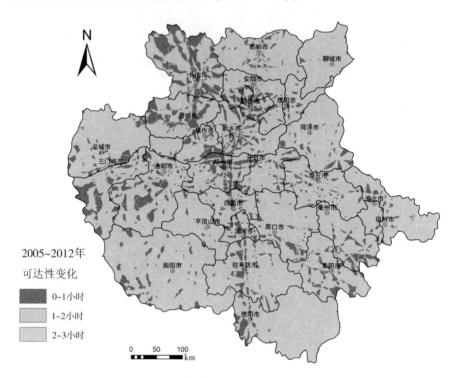

图 10－6   2005～2012 年中原经济区区域可达性变化空间格局

第三节   中原经济区经济联系空间格局演变

一   县市经济联系规模比较

根据经济联系引力模型和相关数据对各县市与主要地级中心城市的经济联系强度进行测算，与长三角地区城市经济联系强度计算方法不同的是，这里的节点质量采用各县市经济总量和年末人口总量的几何平均值表示，得出各县市与 27 个地级中心城市的经济联系总量（见表 10－5）。由于各县市经济发展水平的提升、交通的改善和地区间旅行时间的大幅度缩短，各县市与中心城市的经济联系总量均得到了大幅度的提升，但各县市对外经济联系总量也呈现较为显著的区域差异特征。各县市与地级中心城市间经济联系总量的平均值由 1998 年的 9638 提升至 2012 年的 210129，提升了 20.8 倍。1998 年，各县市对中心城市经济联系总量在平均值以上的县市有 67 个，其中对各中心城市经济联系总量最高的安阳为 154140，其他依次为开封县、荥阳、郑州和武安等，其对各中心城市的经济联系总量均在 40000 以上；对各中心城市经济联系总量最低的沁源仅为 440，平陆、武乡、稷山、沁水、栾川、绛县、新县等其余 13 个县市对中心城市的经济联系总量也都在 1000 以下。2012 年，各县市对中心城市的经济联系总量在平均值以上的县市有 71 个，其中对各中心城市经济联系总量最高的安阳为 2362561，其他依次为郑州、孟津、中牟、荥阳、新乡县等，其对各中心城市的经济联系总量均在 80000 以上；对各中心城市经济联系总量最低的沁水增至 12215，新县、稷山、武乡、新绛、卢氏、沁源和平顺等县市对中心城市的经济联系总量也都得到了一定幅度的提升。

表 10－5　1998 年、2005 年和 2012 年中原经济区县市经济联系规模

县　　市	1998 年	2005 年	2012 年	县　　市	1998 年	2005 年	2012 年
郑 州 市 区	43765	356565	1698438	孟 津 县	1433	70782	1308632
中 牟 县	33351	156447	1210654	新 安 县	21866	124327	419568
新 郑 市	23001	192303	575389	洛 宁 县	2286	12407	49585
荥 阳 市	48377	223314	876571	宜 阳 县	6287	32693	89116
新 密 市	24858	164691	745023	伊 川 县	9894	88098	374991
登 封 市	11182	102760	523534	汝 阳 县	2001	13907	95475
巩 义 市	20707	129032	691094	嵩 县	2083	13030	60471
开 封 市 区	15312	93757	347377	栾 川 县	670	6239	29555
兰 考 县	10908	65639	220481	平顶山市区	9970	57640	373259
开 封 县	63570	236667	775018	汝 州 市	10938	57423	392311
杞 县	10556	57017	167330	鲁 山 县	5700	29406	145672
尉 氏 县	12195	67921	292343	宝 丰 县	13206	26887	184595
通 许 县	6729	26954	183813	郏 县	5414	26767	179965
洛 阳 市 区	18405	121581	623182	叶 县	3801	77792	420404
偃 师 市	33517	150325	455819	舞 钢 市	2027	19300	88238

续表

县　　市	1998 年	2005 年	2012 年	县　　市	1998 年	2005 年	2012 年
安阳市区	10048	111438	261682	陕　　县	9725	134304	197353
林 州 市	9589	46160	210165	灵 宝 市	4838	35473	121688
汤 阴 县	15878	97607	276346	卢 氏 县	996	4295	15863
安 阳 县	154140	434759	2362561	南阳市区	6094	48234	225151
内 黄 县	3838	33394	138813	淅 川 县	2105	9337	42621
滑　　县	12333	79847	211158	西 峡 县	1663	7675	51498
鹤壁市区	4990	72335	253664	内 乡 县	4978	21072	74660
浚　　县	7519	64631	164652	邓 州 市	8331	84035	109556
淇　　县	5683	68269	208387	新 野 县	3707	17928	70368
新乡市区	12225	108423	431529	镇 平 县	31484	56702	298836
新 乡 县	16762	225970	861952	南 召 县	3722	17374	117391
获 嘉 县	11097	58958	130293	方 城 县	6286	57604	153161
辉 县 市	18009	92671	315742	社 旗 县	4753	24295	86771
卫 辉 市	14611	73959	224516	唐 河 县	8618	47224	167295
长 垣 县	7086	40708	235109	桐 柏 县	2707	9646	57589
封 丘 县	12859	50117	212059	商丘市区	9531	74762	288102
延 津 县	6457	41132	130597	民 权 县	8355	63502	177274
原 阳 县	10659	81029	283625	睢　　县	5939	38831	107780
濮阳市区	4721	59536	166516	柘 城 县	6428	31685	153454
台 前 县	1568	6747	42536	宁 陵 县	5831	34332	60023
范　　县	3255	13647	96157	虞 城 县	12409	105780	265156
南 乐 县	3896	21798	116537	夏 邑 县	6097	61221	198235
清 丰 县	9996	36453	157914	永 城 市	15065	78411	340114
濮 阳 县	27250	85257	351671	周口市区	2467	37011	135403
许昌市区	10039	79624	251391	扶 沟 县	7030	29535	133506
许 昌 县	17867	210723	635252	太 康 县	9995	42821	186454
鄢 陵 县	9857	56386	223604	西 华 县	8861	38885	166891
长 葛 市	24060	184162	492282	商 水 县	14021	142651	290597
禹 州 市	15424	89080	528524	项 城 市	9829	88376	226503
襄 城 县	18779	90006	315282	淮 阳 县	9351	61487	190525
漯河市区	5231	131438	448198	鹿 邑 县	4089	71303	225992
舞 阳 县	4684	18405	246582	郸 城 县	6517	36579	122338
临 颍 县	17754	138736	375908	沈 丘 县	5817	52989	163547
三门峡市区	2538	23089	71446	驻马店市区	3526	52061	145665
义 马 市	2404	28117	122746	上 蔡 县	8418	53028	180303
渑 池 县	4762	45970	139774	西 平 县	15318	132314	279181

续表

县　　市	1998 年	2005 年	2012 年	县　　市	1998 年	2005 年	2012 年
泌　阳　县	3412	17035	110790	广　平　县	3494	12765	41245
遂　平　县	8181	42607	141830	邱　　县	1706	6832	29508
汝　南　县	5863	27323	110476	馆　陶　县	3036	13204	62446
确　山　县	7237	35767	105449	大　名　县	5543	25128	125526
平　舆　县	3614	19005	94135	长治市区	4214	36527	70497
新　蔡　县	3714	17201	76162	沁　　县	877	2654	28477
正　阳　县	3279	22985	67335	武　乡　县	499	4844	18840
焦作市区	8796	37132	290010	沁　源　县	440	3201	12910
温　　县	6096	33653	264399	长　子　县	4113	20464	53946
孟　州　市	8082	36870	246662	屯　留　县	1193	3221	54463
沁　阳　市	9332	44975	334089	襄　垣　县	1860	13182	40454
博　爱　县	9815	50115	211294	黎　城　县	1368	6861	23773
修　武　县	5901	38361	113237	潞　城　市	6851	29430	101173
武　陟　县	16192	110707	249332	平　顺　县	964	4575	12788
信阳市区	4925	42089	129530	壶　关　县	6508	28958	71933
息　　县	2095	14376	59678	长　治　县	11598	73335	178722
罗　山　县	5263	20952	93846	运城市区	2209	24577	72090
淮　滨　县	1084	6467	38928	河　津　市	1181	11590	32655
潢　川　县	2723	12465	58292	稷　山　县	551	4496	19645
光　山　县	1311	10801	47748	新　绛　县	744	5488	17389
新　　县	729	3465	19838	绛　　县	697	5542	23398
商　城　县	1235	5354	28571	垣　曲　县	848	2898	23851
固　始　县	2819	12237	49755	闻　喜　县	1777	24741	60451
济　源　市	9720	55450	365647	万　荣　县	1084	6321	23176
邯郸市区	20849	100764	239912	临　猗　县	5827	23939	76366
磁　　县	29821	130046	264366	夏　　县	2570	8213	33425
涉　　县	2758	20841	105751	平　陆　县	441	31428	230110
邯　郸　县	19730	41111	141530	永　济　市	2530	13516	48420
武　安　市	40685	121472	566410	芮　城　县	948	7778	23647
永　年　县	35807	134307	440918	晋城市区	3285	36147	106668
鸡　泽　县	1777	10639	30930	沁　水　县	589	8968	12215
曲　周　县	3726	15475	49714	阳　城　县	3356	28546	100031
肥　乡　县	9354	27317	43600	泽　州　县	36703	166595	378476
成　安　县	9806	35646	128444	高　平　市	5457	32692	155726
临　漳　县	11044	41155	124480	陵　川　县	2141	7866	26376
魏　　县	7832	28749	107018	宿州市区	8724	48765	223453

县　　市	1998 年	2005 年	2012 年	县　　市	1998 年	2005 年	2012 年
砀　山　县	5183	21273	48699	茌　平　县	8762	32819	78262
萧　　　县	17569	84730	143547	东　阿　县	3855	19277	47923
灵　璧　县	5059	20204	49809	阳　谷　县	4643	17807	108232
泗　　　县	2003	9027	29519	莘　　　县	8493	31103	187313
亳州市区	10955	59187	251394	冠　　　县	8219	45371	120975
利　辛　县	9062	46350	73407	临　清　市	3104	18405	115322
涡　阳　县	10095	40466	68555	高　唐　县	1684	9352	48265
蒙　城　县	7916	34480	59788	菏泽市区	7183	35913	224806
阜阳市区	5997	41250	149688	定　陶　县	2325	36614	170222
界　首　市	6063	26414	49372	东　明　县	8001	46623	238117
太　和　县	18559	65663	121728	鄄　城　县	5886	22601	152878
临　泉　县	9963	36975	61377	郓　城　县	6604	21399	189661
阜　南　县	9815	35331	49786	巨　野　县	6053	28357	144585
颍　上　县	7851	32704	76537	成　武　县	3707	19216	105213
淮北市区	8144	48757	213286	曹　　　县	11993	43277	297604
濉　溪　县	32709	118537	289608	单　　　县	7337	35088	159012
聊城市区	2952	20307	87859				

　　进一步对各县市对中心城市经济联系总量提升幅度进行比较发现，各县市对中心城市经济联系总量的平均提升幅度由 1998～2005 年的 44565 提升至 2005～2012 年的 155925（见表 10-6）。1998～2005 年，提升幅度在平均提升幅度以上的县市有 71 个，尤其是郑州、安阳县、新乡县、许昌县、荥阳、开封县、新郑和长葛等的提升幅度都在 150000 以上，提升幅度较小的县市主要集中在山西的长治和运城，绛县、新绛、武乡、稷山、平顺、沁源、垣曲、屯留、沁县，三门峡的卢氏以及信阳的商城和新县等的提升幅度不足 5000。2005～2012 年，提升幅度在平均提升幅度以上的县市有 64 个，尤其是安阳县、郑州、孟津、中牟、荥阳、新乡县、新密、巩义、开封县和洛阳等的提升幅度都在 50000 以上，绝大多数县市的提升幅度在 10000 以上，提升幅度较小的仍然集中在西部、西北部和北部运城、长治以及邯郸所辖的部分县市，沁源、平顺和沁水三县市的提升幅度还不足 10000。

表 10 - 6 1998~2005 年与 2005~2012 年中原经济区县市经济联系变化

县　　市	1998~2005 年	2005~2012 年	县　　市	1998~2005 年	2005~2012 年
郑 州 市 区	312800	1341873	滑　　县	67514	131311
中 牟 县	123096	1054206	鹤 壁 市 区	67345	181329
新 郑 市	169302	383085	浚　　县	57112	100021
荥 阳 市	174937	653258	淇　　县	62587	140118
新 密 市	139833	580333	新 乡 市 区	96197	323106
登 封 市	91578	420774	新 乡 县	209208	635982
巩 义 市	108325	562062	获 嘉 县	47862	71334
开 封 市 区	78445	253620	辉 县 市	74663	223071
兰 考 县	54731	154842	卫 辉 市	59348	150557
开 封 县	173097	538351	长 垣 县	33622	194401
杞　　县	46461	110313	封 丘 县	37258	161942
尉 氏 县	55726	224422	延 津 县	34675	89465
通 许 县	20225	156859	原 阳 县	70370	202596
洛 阳 市 区	103176	501602	濮 阳 市 区	54815	106980
偃 师 市	116808	305494	台 前 县	5179	35789
孟 津 县	69349	1237850	范　　县	10392	82510
新 安 县	102461	295240	南 乐 县	17902	94738
洛 宁 县	10121	37179	清 丰 县	26457	121462
宜 阳 县	26405	56424	濮 阳 县	58007	266414
伊 川 县	78204	286892	许 昌 市 区	69585	171767
汝 阳 县	11906	81568	许 昌 县	192856	424529
嵩　　县	10947	47441	鄢 陵 县	46529	167218
栾 川 县	5569	23317	长 葛 市	160101	308121
平 顶 山 市 区	47670	315618	禹 州 市	73655	439445
汝 州 市	46484	334888	襄 城 县	71227	225276
鲁 山 县	23706	116266	漯 河 市 区	126207	316760
宝 丰 县	13681	157708	舞 阳 县	13721	228177
郏　　县	21354	153198	临 颍 县	120982	237172
叶　　县	73991	342612	三 门 峡 市 区	20551	48357
舞 钢 市	17273	68938	义 马 市	25713	94629
安 阳 市 区	101389	150245	渑 池 县	41208	93804
林 州 市	36571	164006	陕　　县	124579	63049
汤 阴 县	81729	178739	灵 宝 市	30636	86215
安 阳 县	280619	1927802	卢 氏 县	3299	11568
内 黄 县	29556	105419	南 阳 市 区	42140	176918

续表

县　　市	1998～2005 年	2005～2012 年	县　　市	1998～2005 年	2005～2012 年
淅　川　县	7232	33284	确　山　县	28529	69682
西　峡　县	6012	43823	平　舆　县	15392	75129
内　乡　县	16094	53588	新　蔡　县	13487	58962
邓　州　市	75704	25521	正　阳　县	19707	44350
新　野　县	14220	52440	焦作市区	28336	252878
镇　平　县	25218	242134	温　　县	27557	230747
南　召　县	13652	100016	孟　州　市	28788	209792
方　城　县	51319	95557	沁　阳　市	35644	289114
社　旗　县	19543	62476	博　爱　县	40300	161179
唐　河　县	38606	120072	修　武　县	32460	74876
桐　柏　县	6939	47944	武　陟　县	94515	138625
商丘市区	65230	213341	信阳市区	37164	87441
民　权　县	55147	113772	息　　县	12281	45302
睢　　县	32891	68949	罗　山　县	15689	72894
柘　城　县	25256	121770	淮　滨　县	5383	32461
宁　陵　县	28501	25691	潢　川　县	9742	45827
虞　城　县	93371	159376	光　山　县	9490	36947
夏　邑　县	55124	137014	新　　县	2736	16373
永　城　市	63346	261703	商　城　县	4118	23218
周口市区	34544	98392	固　始　县	9419	37518
扶　沟　县	22505	103971	济　源　市	45730	310197
太　康　县	32826	143633	邯郸市区	79915	139149
西　华　县	30024	128006	磁　　县	100225	134320
商　水　县	128630	147946	涉　　县	18082	84911
项　城　市	78547	138127	邯　郸　县	21380	100419
淮　阳　县	52136	129039	武　安　市	80787	444938
鹿　邑　县	67214	154689	永　年　县	98500	306611
郸　城　县	30062	85758	鸡　泽　县	8861	20291
沈　丘　县	47172	110558	曲　周　县	11748	34239
驻马店市区	48534	93604	肥　乡　县	17963	16283
上　蔡　县	44611	127275	成　安　县	25840	92798
西　平　县	116995	146868	临　漳　县	30111	83324
泌　阳　县	13623	93754	魏　　县	20917	78268
遂　平　县	34426	99223	广　平　县	9271	28480
汝　南　县	21460	83153	邱　　县	5126	22676

续表

县 市	1998～2005 年	2005～2012 年	县 市	1998～2005 年	2005～2012 年
馆 陶 县	10168	49242	砀 山 县	16091	27426
大 名 县	19586	100398	萧 县	67161	58817
长 治 市 区	32313	33971	灵 璧 县	15144	29605
沁 县	1777	25823	泗 县	7024	20493
武 乡 县	4346	13996	亳 州 市 区	48232	192207
沁 源 县	2761	9709	利 辛 县	37288	27058
长 子 县	16352	33482	涡 阳 县	30371	28089
屯 留 县	2028	51242	蒙 城 县	26564	25308
襄 垣 县	11321	27272	阜 阳 市 区	35253	108438
黎 城 县	5493	16912	界 首 市	20351	22958
潞 城 市	22579	71743	太 和 县	47104	56065
平 顺 县	3611	8213	临 泉 县	27012	24402
壶 关 县	22450	42975	阜 南 县	25516	14455
长 治 县	61737	105387	颍 上 县	24853	43832
运 城 市 区	22368	47513	淮 北 市 区	40614	164529
河 津 市	10409	21066	濉 溪 县	85827	171071
稷 山 县	3945	15150	聊 城 市 区	17354	67553
新 绛 县	4744	11901	茌 平 县	24057	45443
绛 县	4845	17857	东 阿 县	15422	28646
垣 曲 县	2050	20953	阳 谷 县	13164	90425
闻 喜 县	22964	35710	莘 县	22610	156210
万 荣 县	5237	16855	冠 县	37152	75604
临 猗 县	18112	52427	临 清 市	15301	96917
夏 县	5643	25211	高 唐 县	7668	38913
平 陆 县	30987	198682	菏 泽 市 区	28730	188893
永 济 市	10986	34904	定 陶 县	34288	133609
芮 城 县	6830	15868	东 明 县	38622	191494
晋 城 市 区	32862	70521	鄄 城 县	16715	130277
沁 水 县	8379	3246	郓 城 县	14796	168262
阳 城 县	25190	71485	巨 野 县	22304	116228
泽 州 县	129891	211882	成 武 县	15508	85998
高 平 市	27235	123034	曹 县	31284	254327
陵 川 县	5724	18510	单 县	27751	123924
宿 州 市 区	40041	174688			

249

二 空间经济联系强度比较

道路交通基础设施是地区对外经济联系的支撑和基础条件，20 世纪 90 年代中后期是河南省高速公路发展的起步阶段，全省公路网络主要以国道、省道和县乡道为主，时空距离成本对城市经济联系具有一定的阻碍作用。下面以中心城市间的联系为例对高速公路网络构建前后城市间经济联系强度及其空间格局进行深入分析。

1998 年，河南省主要中心城市间的经济联系强度还较为松散，主要表现为以郑州为中心沿连霍高速三门峡至开封段、京珠高速河南段与周边邻接地市的经济联系强度稍强，郑州与开封、新乡、洛阳、许昌和焦作的经济联系强度均在 2000 以上，安阳和邯郸两地的经济联系强度最强，邯郸、宿州和亳州等与邻近地市的经济联系强度在 1000 以上；黄淮农区地市的对外经济联系强度还较弱，尤其是周口、驻马店和信阳等农区中心城市的对外服务功能较弱，与其他地市的经济联系强度不足 1000，基本上处于各自为政的孤立发展状态。全区经济联系空间结构形态处于"点－轴"式空间结构系统的形成和发育阶段，地市间的主导经济联系轴线尚不明确，周边地市处于被边缘化的态势（见图 10－7）。

2005 年，全区公路交通网络初步形成了包括高速公路、国道、省道以及县乡道在内的综合发展格局，郑州与各地级市均实现了高速公路相通。交通便捷性的提升、城市规模的扩大和经济的发展，使地区间的经济联系大幅度提升。2005 年，郑州与绝大多数地市间的经济联系强度均在 10000 以上，尤其是与新乡、开封和洛阳的经济联系强度都在 40000 以上，洛阳与焦作、平顶山和新乡，平顶山与漯河、许昌，以及新乡与焦作等的经济联系强度都在 10000 以上，以郑州为中心的中原城市群地区正逐步形成紧密的经济联系圈；南阳与郑州、平顶山和漯河，以及安阳、鹤壁与郑州、新乡等地的经济联系强度也都增至 10000 以上，呈现逐步融入中原城市群的发展态势，而黄淮农区包括商丘、周口、驻马店、信阳、阜阳、亳州、宿州、淮北、菏泽和聊城等的边缘化趋势虽有所改变，但仍然游离在中原经济区的核心区之外（见图 10－8）。

2012 年，中原经济区各地市间的经济联系初步形成了以 107 国道、京港澳高速河南段为骨架的包括安阳、鹤壁、新乡、郑州、许昌、漯河、

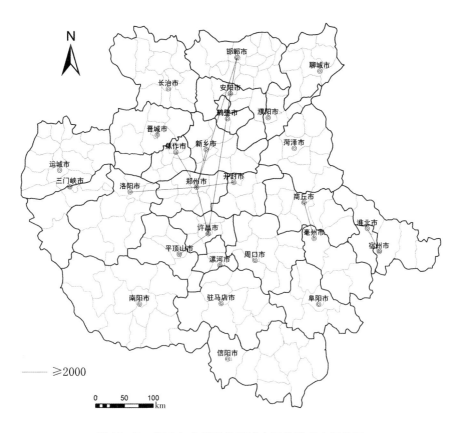

图 10 - 7　1998 年中原经济区城市经济联系空间格局

驻马店和信阳 8 个地市在内的纵向经济联系轴线和以 310 国道、连霍高速河南段为轴线的包括洛阳、郑州、开封在内的横向经济联系轴线，以郑州为枢纽的"十"字形经济联系主轴线逐步发育，中原经济区主要中心城市间的经济联系强度和网络密度逐步增强，新乡—郑州—许昌—漯河、洛阳—郑州—开封、洛阳—平顶山—漯河、新乡—焦作等的经济联系轴线强度都在 10000 以上，这与河南提出的郑汴洛工业走廊、新郑漯京广产业带、新焦济南太行产业带和洛平漯产业带表现出较强的空间耦合性，也从理论上印证了河南省提出的构建四大交通经济产业带的合理性与可行性。以大郑州为核心，以"十"字形为骨架的中心轴线的网络化发展态势逐步显现（见图 10 - 9）。

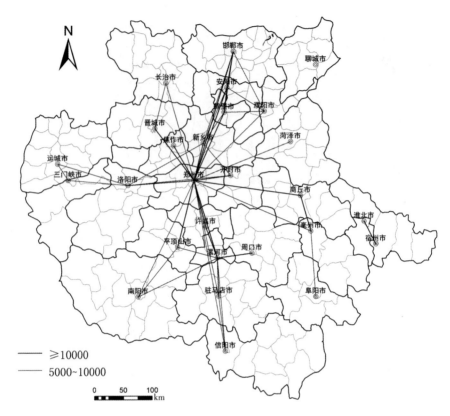

图 10－8　2005 年中原经济区城市经济联系空间格局

三　经济联系格局空间特征

综合前述分析可以看出，中原经济区各县市对外经济联系在空间上表现出以下几个方面的特征与趋势。

（1）随着地区间经济发展水平的提升、城市综合实力的增强和交通条件的改善，地区间的交流和往来越来越密切，各地级及以上中心城市间、中心城市与各县市间、各县市间的经济联系强度都得到了不同程度的提升，联系线路越来越密集，各级城市间的经济联系在空间上表现出由相对孤立的极核式发展状态向轴线连接式拓展，进而向中心与轴线的网络系统演化。

（2）城市间的经济联系具有明显的中心城市主导特征，郑州对全域各

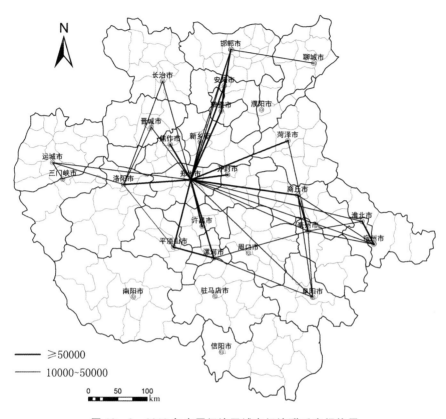

图 10 - 9 2012 年中原经济区城市经济联系空间格局

级城市间的经济联系强度均较强，充分彰显了郑州对中原经济区各城市的辐射带动作用和郑州在中原经济区的主导与统领地位，越靠近郑州的县市，其承接郑州的辐射带动作用越强，获取的发展机会也越多，尤其是与洛阳、新乡、许昌和开封等地互动融合的趋势越来越突出。

（3）城市间的经济联系具有明显的交通导向性特征，主导经济联系轴线由 20 世纪 90 年代以来的沿 107 国道、310 国道分布逐步向沿京港澳高速、连霍高速、宁洛高速、郑焦晋高速、大广高速、二广高速等高速交通干线分布转变，主导经济联系轴线越来越突出。

（4）中原城市群地区将逐步形成紧密的经济联系圈，这些地区以其邻接郑州的区位优势主动接轨省会郑州，尤其是随着高速公路的修建以及各级开发区的相继建设，FDI 的大规模集聚促进该地区经济取得了突飞猛进的发展，再加上未来城际轨道交通的规划与建设，城市间的经济联系越来越密切，区域一体化趋势越来越明显。

（5）行政区界的壁垒限制影响越来越小，运城、晋城、长治、亳州、宿州、阜阳、淮北及其所辖县市与河南各县市间的经济联系与 20 世纪 90 年代初相比，无论是强度还是联系线路密集度都得到了大幅度改观，中原经济区由行政区经济向经济区经济转型的趋势越来越突出，打破行政区划的限制，加快推进基础设施共建共享，进一步深化区域间的分工与合作，实现中原经济区网络化和一体化发展将是未来的主要趋势。

（6）空间距离仍然是地区间经济联系的主要障碍，中原经济区的外围边界地区县市，尤其是北部边界聊城、邯郸、长治、运城、菏泽、信阳、南阳等所辖县市，由于地处中原经济区的边缘或受山区地形的阻碍及距主要中心城市的距离较远，再加上本身经济发展水平也相对较低，这些地区与各中心城市或县市的经济联系强度较弱。

第四节　小结与启示

通过构建中原经济区交通网络数据库并结合 GIS 技术的网络分析和栅格分析功能，采用加权平均旅行时间、相对可达性系数、区域平均可达性及经济联系引力模型对中原经济区各县市间的交通可达性、区域平均可达性及经济联系规模和联系强度格局进行了比较与分析，得出以下几点结论。

（1）高速公路网络建设使中原经济区各县市节点可达性得到了不同程度的提升，但受各地区路网结构和路网等级的影响，不同县市节点的可达性提升幅度还存在较大的差距，且在高速公路建设的不同阶段，可达性提升幅度也不均衡，在高速公路建设的早期阶段，可达性提升效益明显，而随着路网密度的提升，高速公路建设的可达性边际效应递减。

（2）区域平均可达性呈现以中原城市群地区为中心向周边地区递减的圈层状空间格局，可达性的交通导向性较为明显。区域平均可达性的提升幅度在不同发展阶段和不同地区也存在较大的差异，可达性的提升幅度与区域可达性的初始值密切相关，在初始可达性值较高的地区，其可达性提升幅度也越大，在空间上呈现较为显著的耦合分布特征。

（3）各地级城市间、县市间的经济联系强度随着地区经济的发展和交通的改善而逐步增强，郑州在全局的统领地位越来越突出，经济联系的交通导向性和去行政区性也越来越明显，中原经济区地区间经济的网络化特征逐步显现。

（4）与长三角地区相比，中原经济区城市经济联系的网络化特征还相对薄弱，这不仅与高速交通建设有关，而且与区内各县市间的经济发展水平以及工业化、城镇化和信息化水平密切相关，比照长三角地区城市网络化重构的相关思路可以为中原经济区的未来发展提供较好的谋划和参考。

第十一章　结论与展望

第一节　主要结论

本书以长三角地区 16 个地级市为研究的区域范围，以县域和地级市辖区为基本研究单元，基于区域空间结构理论、空间相互作用理论和复杂网络理论的相关方法，借助地理信息系统和复杂网络分析的相关软件，从区域空间结构的主要构成要素——节点、线路、网络三方面切入，在对长三角地区城市综合实力、交通网络及空间可达性、城市经济联系强度及城市经济联系网络演变过程分析的基础上，提炼长三角地区空间结构的演变特征和发展趋势，深入剖析了高速交通建设与长三角地区空间结构演变的耦合机理，进而基于网络城市发展理念提出了长三角地区空间结构网络化重构的模式和建议。主要结论可归纳为以下几点。

一　长三角地区城市经济快速发展，在全国的经济中心地位日益突出，城市化进程加快推进，经济全球化水平日益提升；城市综合实力迅速增强并呈趋同发展态势，长三角地区城市经济多中心化趋势逐步显现

随着对外开放的深入推进和经济全球化进程的加快，长三角地区城市经济迅猛发展，在全国经济体系的中心地位日益增强；产业结构层次快速提升，服务业比重大幅度增加，已基本形成了第二产业与第三产业齐头并进的发展态势，长三角部分地区逐步进入工业化中后期阶段。长三角地区城市化进程加快推进，且已由城市化快速扩张的外延式城市化向城市化质量提升的内涵式城市化转变，是我国城市化水平最高的地区；外商直接投

256

资规模日益扩大，跨国公司总部和分支机构日益向大中城市和各级各类开发区集聚与扩散，长三角地区已进入全方位的对外开放新阶段并逐步融入世界城市经济体系之中。但长三角地区各县级及以上城市地域单元间在经济发展水平、城市化水平和经济全球化水平等方面还存在较为明显的区域差异，但整体来看这种差异在逐步缩小，区域间呈现均衡发展的态势，城市经济核心区由上海向外围地区拓展，部分县级城市经济实力迅猛提升，长三角地区城市经济呈现多中心的发展趋势。

通过构建城市综合实力评价指标体系，以县域为基本分析比较单元采用熵权 TOPSIS 法对 1992 年、1998 年、2004 年和 2010 年 4 个年份县级及以上城市的综合实力进行评价与比较，并按照各年份经济发展水平的 50%、100% 和 150% 将各县市划分为低水平、中等水平、中高水平和高水平 4 种类型区，发现高水平类型区和中高水平类型区主要以地级及以上城市的市区及苏州、无锡所辖的县市为主，中等水平类型区的数量大幅度增加，这与单指标所表征的长三角城市经济呈均衡发展态势的结论基本吻合。为进一步揭示长三角地区城市经济发展格局的时空演变过程，采用马尔可夫状态转移概率矩阵并结合空间自相关分析对长三角地区城市经济综合发展水平的时空演变态势进行分析。马尔可夫状态转移概率分析显示，长三角地区城市发展水平呈现向中高水平类型区和中等水平类型区转移的俱乐部趋同态势，而在空间上则形成了以上海为中心，以南京和杭州为副中心，以苏州、无锡和宁波为次中心，以苏锡常等环太湖地区为核心区域向南北两翼梯度减小的态势。以上海为核心的周边地区与上海往来密切，资本流动和技术交流频繁，受首位核心城市上海的辐射影响也越来越大，而远离上海的边缘地区经济发展水平还较为落后，这不仅反映了上海在长三角地区城市经济发展中的统领地位，而且显示了各地区接轨上海、融入长三角地区的发展趋势。

二 长三角地区各县市间公路交通网络密度和网络等级随高等级公路的大规模建设而大幅度提升，节点中心度的增强和线路非直线系数的大幅度降低，以及交通线路结构的不断优化，其直接的空间经济效应是促进城市间时空距离的缩短、交通可达性的提升和空间经济联系的增强

长三角地区第一条高速公路（上海至嘉定）的建成通车，标志着该地区高速公路建设进入快速发展时期。长三角地区的高速公路建设先后经历了起步发展、线状拓展、网络构建和提升等发展阶段，各县市由高速、国道和省道组成的高等级公路网络密度和路网等级大幅度提升，在空间上路网密度呈现以上海和周边县市为中心向南北两翼逐渐降低的态势。路网平均等级随线路等级结构而提升，高速公路通过的县市或中心城市辖区的路网等级普遍较高，个别地区已进入以高速公路为主导的发展态势。随着长三角地区各县市高等级公路网络由线性拓展向网络提升阶段的发展，各县级及以上城市间的高等级公路网络连接度不断提高，网络结构发育日益成熟化，呈现由低等的树状网络向更为成熟的方格网络发展的趋势。路网节点平均中心度指数不断提高，线路各节点由早期的与 1~3 个节点直接相连提升至当前的与 3~4 个节点直接相连，在空间上几乎涵盖了除江苏沿江、环杭州湾部分地区和边界地区外的整个长三角地区，网络节点中心度高低基本遵循平原＞丘陵＞山地＞水域的自组织效应，同时又呈现以社会经济活动为主的被组织特征。节点间平均非直线系数的平均值由 1992 年的 1.41 降至 2010 年的 1.22，反映了各县市间的线路结构不断优化，道路迂回度在降低，任意两节点间非直线系数分布频率的左偏态特征越来越明显，50% 以上的节点对间非直线系数为 1.0~1.2，节点非直线系数的降低反映了交通里程的缩减，有利于城市节点间交通便捷性的提升。

交通基础设施规模的扩大、等级的提升和交通网络结构的改善，最直接的空间经济效应是推动地区间空间距离的缩减和可达性的提升。采用加权平均旅行时间指标结合矢量数据网络分析对长三角地区城市节点可达性进行测算发现，节点可达性在研究期间得到了全面提升，加权平均旅行时间反映的各节点可达性的平均值从 1992 年的 6.625 小时降至 2010 年的 2.892 小时，虽然各城市节点的可达性水平还存在较大的差异，但节点可达性的不均衡程度在持续降低。采用平均可达性指标结合栅格成本距离分析发现，长三角地区区域可达性平均值由 1992 年的 6.519 小时降至 2010 年的 1.944 小时，这与长三角地区高速公路网络、过江通道和跨海大桥的相继建设密切相关，但受交通建设功能效益递减规律的制约，交通建设到一定程度，其对可达性改善的效用会不断降低。整体而言，长三角地区区域平均可达性在各年份均表现出以上海和环太湖地区为中心向周边地区呈不规则圈层状和轴带延伸并递减的趋势，可达性中心区的空间分布呈现由早期的"＞"形向"Z"形，进而向"Σ"形转变的沿江、沿沪宁线、沿沪杭线和杭甬线分布的特征；可达性的绝对提升幅度与可达性值的空间分布格局表现出较为一致的空间变化特征，在可达性初始值越高的地区，其提升幅度也越大，其中杭州湾以南的宁波、台州和舟山所辖县市以及苏中地区的宝应、兴化等县市的区域可达性提升幅度较大。

三 长三角地区各县级及以上城市经济联系规模、县市间经济联系强度大幅度提升，且表现出明显的均衡化发展态势，城市经济联系线路越来密集，经济联系的网络交互作用日益突出，但城市经济联系网络的核心－边缘结构仍较为显著

长三角地区各县级及以上城市对外经济联系规模得到了大幅度的提升且存在较大的差异，尤其是地级及以上中心城市对外经济联系规模较大表征了其辐射带动作用的增强，尽管各县市对外经济联系规模的绝对差异不断增大，但相对差异则呈现不断降低的发展态势。尽管县市间经济联系强度的非均衡性还较为突出，但经济联系强度结构熵测算表明，大多数县市对外经济联系强度也向均衡态势转变，仅个别县市对外经济联系强度表现出集聚发展的态势。县市间经济联系强度的地域结构分析表明，随着各县市对外经济联系强度的不断提升，联系线路越来越密，各级城市间的经济联系在空间上表现出由相对孤立的极核式发展状态向轴线连接式拓展，呈现显著的中心城市主导和交通导向特征，尤其是上海的统领地位越来越突出，主导联系轴线由早期的"＞"形向"Z"形，进而向"Σ"形转变，未来将形成"区"字形的主导经济联系轴线，城市节点间经济联系的网络交互作用越来越突出。沪苏锡嘉地区将形成紧密的经济联系圈，行政区界的壁垒作用逐步弱化，网络化和一体化将成为长三角地区未来的主要发展趋势。

通过引入复杂网络理论的相关统计指标对城市经济联系网络结构及时空演变态势进行分析发现，长三角地区经济联系网络密度逐步增大，各节点城市的直接连接边数均得到了不同程度的提升。节点中心度研究表明，大多数地级及以上中心城市的节点中心度相对较高，但杭州、南京、宁波等副省级中心城市的网络节点中心性还相对较弱，这在一定程度上反映了以上城市的网络中心性与其经济和行政等级的不对等；上海周边县市尤其

是昆山、太仓、吴江等县市的中心度较高，显示了这些县市在局部地区的中心地位日益突出。接近中心度的右偏态分布态势逐步增强，中等接近中心度的节点数量大幅度增加，反映了长三角地区节点对外经济联系的通达性增强，经济联系日益紧密且向均衡态势发展。中间中心度表明长三角地区经济联系网络中具有枢纽控制作用的节点城市大幅度减少，城市间的直接经济联系增强，而各节点中间中心度累计分布频率呈现重尾分布特征且越来越显著，进一步反映了少数中间中心度较高的城市在城市经济联系网络中处于枢纽地位。通过核心度指数对长三角地区经济联系网络进行核心－边缘结构划分发现，长三角地区城市经济关联网络存在较为显著的核心－边缘结构现象，且研究期间核心－边缘结构并未发生剧烈变动，仅个别县市发生了不同类型区的置换和变动，上海、无锡、苏州及其所辖县市始终位居核心和半核心区，杭州、绍兴和宁波在经济联系网络中的地位不断提升，而南京则始终属于半边缘化类型区。

四 长三角地区空间结构呈现多中心、网络化和扁平化的演变特征和发展趋势，这在很大程度上得益于交通基础设施的发展，交通的发展通过集聚与扩散以及专业化分工机制作用于空间结构的演变且两者表现出明显的空间耦合特征

线状交通基础设施既是区域空间结构的基本组成要素，也是区域空间结构形成与演变的重要物质基础和内生变量。交通基础设施通过生产要素和产业的集聚与扩散以及区域专业化分工机制共同作用于区域空间结构的形成与演变过程，交通线路密度的增加、线路等级的提升、线路网络的结构形态、过江跨海通道的建设等都对区域空间结构有着显著的影响，交通运输网络作为空间结构形成的重要组成因素和支撑系统对区域空间结构的演变起着骨架性的作用，区域空间结构的演化与交通网络的延伸表现为一个相互作用的空间耦合过程。长三角地区空间结构已呈现由单中心向多中心转变、由"点－轴"式向网络化转变和由等级式向扁平化转变的特征和趋势，这在很大程度上得益于长三角地区高等级公路、铁路、水运和航空等综合交通运输线路通道的快速发展。通过对交通与空间结构子系统的耦合协调性测算发现，长三角地区交通可达性与城市综合实力、城市经济区位度表现出较强的耦合特征，绝大部分县市单元交通与城市综合实力的耦

合度在 0.6 以上，地级及以上中心城市多在 0.7 以上；大部分县市的交通与城市经济区位度的耦合度在 0.5 以上，地级及以上中心城市多在 0.8 以上，与上海邻近的昆山、太仓、吴江和张家港等地的耦合度也较高。

五　网络城市作为一种空间发展战略，将成为区域空间结构优化和重构的全新思考，构建"节点＋轴线＋网络"的"多中心、多轴线、网络化"空间组织模式将成为长三角地区区域空间重构与优化的主要方向，当然也应该包括欠发达地区

与中心地等级体系相比，网络城市兼顾效率与公平，是缩小中心与边缘地区经济梯度差距的有效途径，也是区域均衡化发展的有效空间组织形式。作为一种空间结构形态，网络城市是注重实体联系和虚拟联系相互交织的城市区域空间系统，而作为一种空间发展战略，网络城市又为区域空间结构优化与重构指明了新的空间组织模式和演化路径。按照网络城市空间发展理念，在突出中心城市原则、交通关联原则、经济区经济原则和双重协调原则的前提下，并在全面权衡长三角地区空间结构现状和发展趋势的基础上确立了长三角地区"多中心、多轴线、网络化"的复合型空间重构框架，根据凝聚子群间经济联系密度的强弱进行聚类和空间归并，进而将长三角地区分为上海城市经济区、南京城市经济区、杭州城市经济区和宁波城市经济区四大城市经济区，长三角地区区域空间重构与优化要突出基础设施体系的支撑作用、上海全球城市建设的引领作用、城市经济区的组织作用、空间管制和规划编制体系的调控作用等。作为我国经济发展水平最高和城市化进程最快的地区，长三角地区区域空间结构演变代表着我国不少地区的未来发展趋势，对长三角地区空间结构演变趋势的深入研究，可为我国欠发达地区城市空间结构的优化与调控提供很好的借鉴。

第二节　不足与展望

基于 GIS 技术与复杂网络理论方法相结合，按照节点、线路和网络分析的分析范式，在对长三角地区城市节点综合实力、交通线路结构及其空间可达性和城市经济联系网络等空间结构要素分析的基础上，提炼长三角地区空间结构的演变特征及演变趋势、动力机制和空间重构策略，得出了一些有益的结论。但受笔者的专业水平和研究视野等方面的限制，仍有许多不足之处有待做进一步的研究和完善。

第一，在区域交通网络结构方面，由于铁路、公路、水运等交通基础设施网络并不是完全相互贯通的，而是一种三维的立体网络，限于 GIS 技术的矢量网络分析还难以处理三维的网络数据，本书仅选择公路交通进行深入分析，对各县市公路交通网络的密度、等级、线路结构特征及交通可达性进行了探讨。事实上，铁路在长三角地区地级及以上城市间经济往来中的地位也较为突出，限于技术上的难度，这一点在书中尚未得到体现。另外，对不同等级道路的速度设定还存在一定的主观性，可能与实际情况有一定的偏差。

第二，城市经济联系是一个包括人流、物流、资金流、信息流和技术流在内的复杂的区域空间相互作用过程，城市经济联系的测算包括模型法和经验法两种途径，本书采用了基于空间相互作用理论的模型法进行城市间经济联系强度的测度，这样计算出来的经济联系强度值固然有较强的合理性，但也因忽略了影响城市间经济联系的某些因素而存在一定的片面性，如区域间的互补性、分工合作程度、信息化水平等在模型中都未能得以体现，但是在缺乏经验流量数据的情况下，模型法仍然是一种较为合理的替代方法，如果能够获得各城市间在交通、资金、信息往来等方面的经验数据对理论数据加以验证将使研究更具说服力，而这一点也是笔者今后要努力补充和完善的一个重要方面。

第三，在空间结构演变机理方面，本书仅对交通发展对长三角地区空间结构演变的影响和作用机理进行了探讨，而事实上区域空间结构演变是多因素综合作用的结果，包括资源环境的地域组合、经济发展、技术进步、市场化、信息化、全球化、城市人口扩张、产业的集聚与扩散、政府的权力下放和区域开发政策等，这些方面书中较少涉及，关于区域空间结构演变的机理问题今后还需要做进一步的深入探讨。

主要参考文献

［1］安春华、乔旭宁、赵永江等：《中原经济区范围界定研究》，《地域研究与开发》2010年第6期。

［2］卞坤、张沛、徐境：《都市圈网络化模式：区域空间组织的新范式》，《干旱区资源与环境》2011年第5期。

［3］蔡建明：《对地理学研究核心的思考》，《地理研究》1991年第4期。

［4］曹小曙、阎小培：《经济发达地区交通网络演化对通达性空间格局的影响——以广东省东莞市为例》，《地理研究》2003年第3期。

［5］曹小曙、阎小培：《珠江三角洲城际运输联系的特征分析》，《人文地理》2003年第1期。

［6］陈才：《区域经济地理学原理》，中国科学技术出版社，1991。

［7］陈存友、汤建中：《大都市区城市经济整合发展研究》，《中国软科学》2003年第6期。

［8］陈皓峰、刘志红：《区域城镇体系发展阶段及其应用初探》，《经济地理》1990年第1期。

［9］陈洁、陆锋、程昌秀：《可达性度量方法及应用研究进展评述》，《地理科学进展》2007年第5期。

［10］陈群元：《城市群协调发展研究——以泛长株潭城市群为例》，东北师范大学博士学位论文，2009。

［11］陈群元、宋玉祥：《城市群空间范围的综合界定方法研究》，《地理科学》2010年第5期。

［12］陈田：《省域城镇空间结构优化组织的理论与方法》，《城市问题》1992年第2期。

[13] 陈文峰、孟德友、贺振:《河南省城市化水平综合评价及区域格局分析》,《地理科学进展》2011 年第 8 期。

[14] 陈晓、陈雯、张蕾等:《基于区际联系的"泛长三角"范围判定》,《地理科学进展》2010 年第 3 期。

[15] 陈修颖:《区域空间结构重组:理论基础、动力机制及其实现》,《经济地理》2003 年第 4 期。

[16] 陈修颖、于涛方:《长江三角洲经济空间结构最新发展及空间集聚合理度判断》,《经济地理》2007 年第 3 期。

[17] 陈修颖、章旭健:《演化与重组——长江三角洲经济空间结构研究》,东南大学出版社,2007。

[18] 程淑佳、王肇钧:《复杂网路理论下世界原油贸易空间格局演进研究》,《地理科学》2011 年第 11 期。

[19] 崔功豪:《长江三角洲城市发展的新趋势》,《城市规划》2006 年增刊。

[20] 崔功豪、魏清泉、陈宗兴:《区域分析与规划》,高等教育出版社,1999。

[21] 戴学珍:《论京津空间相互作用》,《地理科学》2002 年第 3 期。

[22] 戴学珍、蒙吉军:《京津空间一体化研究》,《经济地理》2000 年第 6 期。

[23] 〔德〕阿尔弗雷德·韦伯:《工业区位论》,李刚剑等译,商务印书馆,1997。

[24] 〔德〕奥古斯特·勒施:《经济空间秩序》,王守礼译,商务印书馆,1995。

[25] 〔德〕沃尔特·克里斯塔勒:《德国南部中心地原理》,商务印书馆,1998。

[26] 〔德〕约翰·冯·杜能:《孤立国同农业和国民经济的关系》,吴衡康译,商务印书馆,1986。

[27] 董黎明:《中国城市化道路初探》,中国建筑工业出版社,1989。

[28] 董欣:《关中-天水经济区空间发展策略及规划模式研究》,西安建筑科技大学博士学位论文,2011。

[29] 杜丽菲、徐长乐、郭小兰等:《长三角地区区域空间结构发展模式分析》,《山西师范大学学报》(自然科学版)2008 年第 1 期。

[30] 段杰、李江:《泛珠江三角洲的重构与整合》,《地域研究与开发》2006 年第 1 期。

[31] 段进军:《长江三角洲地区交通、城市化及产业发展态势分析》,《经济地理》2002 年第 6 期。

[32] 段正梁、熊绍华:《湖南省市镇规模等级结构的动态研究》,《人文地理》1994 年第 1 期。

[33] 范科红、李阳兵、冯永丽:《基于 GIS 的重庆市道路密度的空间分异》,《地理科学》2011 年第 3 期。

[34] 方创琳:《城市群空间范围识别标准的研究进展与基本判断》,《城市规划学刊》2009 年第 4 期。

[35] 方创琳:《中国城市群形成发育的政策影响过程与实施效果评价》,《地理科学》2012 年第 3 期。

[36] 方创琳、宋吉涛、张蔷等:《中国城市群结构体系的组成与空间分异格局》,《地理学报》2005 年第 5 期。

[37] 方忠权、丁四保:《主体功能区划与中国区域规划创新》,《地理科学》2008 年第 4 期。

[38] 房庆方、杨细平:《区域协调和可持续发展——珠江三角洲经济区城市群规划及其实施》,《城市规划》1997 年第 1 期。

[39] 富田禾晓:《大都市群的结构演化》,古今书院,1995。

[40] 高云虹、曾菊新:《城乡网络化与西部地区城乡发展模式选择》,《经济问题探索》2006 年第 8 期。

[41] 顾朝林:《中国城市经济区划分的初步研究》,《地理学报》1991 年第 2 期。

[42] 顾朝林、庞海峰:《基于重力模型的中国城市体系空间联系与层域划分》,《地理研究》2008 年第 1 期。

[43] 顾朝林、张敏:《长江三角洲城市连绵区发展战略研究》,《城市研究》2000 年第 1 期。

[44] 顾朝林、张敏:《长江三角洲都市连绵区性状特征与形成机制研究》,《地球信息科学》2001 年第 3 期。

[45] 顾朝林、张敏、张成等:《长江三角洲城市群发展研究》,《长江流域资源与环境》2006 年第 6 期。

［46］顾朝林、张敏、张成等：《长江三角洲城市群发展展望》，《地理科学》2007 年第 1 期。

［47］顾朝林、赵晓斌：《中国区域开发模式选择》，《地理研究》1995 年第 4 期。

［48］顾朝林、甄峰、张京祥：《集聚与扩散——城市空间结构新论》，东南大学出版社，2000。

［49］官卫华、姚士谋：《城市群空间发展演化态势研究》，《现代城市研究》2003 年第 2 期。

［50］郭丽娟、王如渊：《四川盆地城市群主要城市通达性及空间联系强度研究》，《人文地理》2009 年第 3 期。

［51］郭文炯、白明英：《山西城市经济区划研究》，《山西大学师范学院学报》（哲学社会科学版）1996 年第 2 期。

［52］韩会然、焦华富、郇恒飞等：《皖江城市带空间经济联系的网络特征及优化方向研究》，《人文地理》2011 年第 2 期。

［53］韩守庆：《长春市区域空间结构形成机制与调控研究》，东北师范大学博士学位论文，2008。

［54］韩玉刚、焦华富、李俊峰：《基于城市能级提升的安徽江淮城市群空间结构优化研究》，《经济地理》2010 年第 7 期。

［55］何丹、金凤君、蔡建明：《近 20 年京津廊坊地区城市增长模拟和预测研究》，《经济地理》2011 年第 1 期。

［56］何韶瑶、马燕玲：《基于网络城市理念的城市群空间结构体系研究——以长株潭城市群为例》，《湖南大学学报》（自然科学版）2009 年第 4 期。

［57］侯赟慧、刘洪：《基于社会网络的城市群结构定量化分析》，《复杂系统与复杂性科学》2006 年第 2 期。

［58］侯赟慧、刘志彪、岳中刚：《长三角区域经济一体化进程的社会网络分析》，《中国软科学》2009 年第 12 期。

［59］胡序威：《有关城市化与城镇体系规划的若干思考》，《城市规划》2000 年第 1 期。

［60］蒋海兵、徐建刚：《基于交通可达性的中国地级以上城市腹地划分》，《兰州大学学报》（自然科学版）2010 年第 4 期。

［61］ 金凤君、王成金、李秀伟：《中国区域交通优势的甄别方法及应用分析》，《地理学报》2008 年第 8 期。

［62］ 金钟范：《长江三角洲空间结构取向探讨》，《江苏社会科学》2007 年第 1 期。

［63］ 靳诚、陆玉麒、范黎丽：《基于公路网络的长江三角洲旅游景点可达性格局研究》，《自然资源学报》2010 年第 2 期。

［64］ 匡文慧、刘纪远、邵全琴等：《区域尺度城市增长时空动态模型及其应用》，《地理学报》2011 年第 2 期。

［65］ 冷炳荣、杨永春、黄幸等：《1990 年代以来基于重力法的中国城市网络结构复杂性分析》，《地域研究与开发》2011 年第 5 期。

［66］ 冷炳荣、杨永春、李英杰等：《中国城市经济网络结构空间特征及其复杂性分析》，《地理学报》2011 年第 2 期。

［67］ 李川：《福建省域空间结构优化机制与实现》，《规划师》2012 年第 4 期。

［68］ 李春芬：《区际联系——区域地理学的近期前沿》，《地理学报》1995 年第 6 期。

［69］ 李红、张平宇：《辽宁中部城市群高等级公路网络发育程度评价》，《城市发展研究》2009 年第 7 期。

［70］ 李红卫、王建军、彭涛等：《珠江三角洲城镇空间历史演变与趋势》，《城市规划学刊》2005 年第 4 期。

［71］ 李健、宁越敏、石崧：《长江三角洲城市化发展与大都市圈圈层重构》，《城市规划学刊》2006 年第 3 期。

［72］ 李俊峰、焦华富：《江淮城市群空间联系及整合模式》，《地理研究》2010 年第 3 期。

［73］ 李娜：《长三角城市群空间联系与整合》，《地域研究与开发》2011 年第 5 期。

［74］ 李娜：《长三角城市群空间演化与特征》，《华东经济管理》2010 年第 2 期。

［75］ 李沛权、曹小曙：《广佛都市圈公路网络通达性及其空间格局》，《经济地理》2011 年第 3 期。

［76］ 李平华、于波：《改革开放以来长江三角洲经济结构变迁与城际联系特征分析》，《经济地理》2005 年第 3 期。

［77］ 李王鸣、柴舟跃、江佳遥：《基于城市空间要素分析的浙中城市群结构特征研究》，《地理科学》2011 年第 3 期。

［78］ 李小建主编《经济地理学》，高等教育出版社，1999。

［79］ 李晓莉：《大珠三角城市群空间结构的演变》，《城市规划学刊》2008 年第 2 期。

［80］ 李晓西、卢一沙：《长三角城市群空间格局的演进及区域协调发展》，《规划师》2011 年第 1 期。

［81］ 李勇：《复杂网络理论与应用研究》，华南理工大学博士学位论文，2005。

［82］ 李震、顾朝林、姚士谋：《当代中国城镇体系地域空间结构类型定量研究》，《地理科学》2006 年第 5 期。

［83］ 李志刚、唐相龙、李斌：《陇东地区城镇等级规模结构的分形研究》，《人文地理》2004 年第 2 期。

［84］ 林先扬、陈忠暖、蔡国田：《国内外城市群研究的回顾与展望》，《热带地理》2003 年第 1 期。

［85］ 刘静玉、王发曾：《我国城市群经济整合的理论分析》，《地理与地理信息科学》2005 年第 5 期。

［86］ 刘军：《社会网络分析导论》，社会科学文献出版社，2004。

［87］ 刘军：《整体网分析讲义：UCINET 软件实用指南》，格致出版社、上海人民出版社，2009。

［88］ 刘俊：《晚清以来长江三角洲地区空间结构演变过程及机理研究》，南京师范大学博士学位论文，2009。

［89］ 刘荣增：《城镇密集区及其相关概念研究的回顾与再思考》，《人文地理》2003 年第 3 期。

［90］ 刘天东：《城际交通引导下的城市群空间组织研究》，中南大学博士学位论文，2007。

［91］ 刘晓丽、方创琳、王发曾：《中原城市群的空间组合特征与整合模式》，《地理研究》2008 年第 2 期。

［92］ 刘艳军、李诚固、孙迪：《城市区域空间结构：系统演化及驱动机制》，《城市规划学刊》2006 年第 6 期。

［93］ 刘耀彬、李仁东、宋学锋：《中国城市化与生态环境耦合度分析》，

《自然资源学报》2005 年第 1 期。

［94］卢明华、孙铁山、李国平：《网络城市研究回顾：概念、特征与发展经验》，《世界地理研究》2010 年第 4 期。

［95］陆大道：《二〇〇〇年我国工业生产力布局总图的科学基础》，《地理科学》1986 年第 2 期。

［96］陆大道：《关于"点－轴"空间结构系统的形成机理分析》，《地理科学》2002 年第 1 期。

［97］陆大道：《区位论及区域研究方法》，科学出版社，1988。

［98］陆大道：《区域发展及其空间结构》，科学出版社，1995。

［99］陆大道：《我国区域开发的宏观战略》，《地理学报》1987 年第 2 期。

［100］陆玉麒：《论点－轴系统理论的科学内涵》，《地理科学》2002 年第 2 期。

［101］陆玉麒：《区域发展中的空间结构研究》，南京师范大学出版社，1998。

［102］陆玉麒：《区域双核结构模式的形成机理》，《地理学报》2002 年第 1 期。

［103］陆玉麒：《双核型空间结构模式的探讨》，《地域研究与开发》1998 年第 4 期。

［104］陆玉麒：《双核型空间结构模式的应用前景》，《地域研究与开发》1999 年第 3 期。

［105］陆玉麒、董平：《区域空间结构模式的发生学解释》，《地理科学》2011 年第 9 期。

［106］陆玉麒、董平、王颖：《双核结构模式与淮安区域发展》，《人文地理》2004 年第 1 期。

［107］陆玉麒、王颖：《双核结构模式与福建区域发展战略》，《人文地理》2003 年第 2 期。

［108］陆玉麒、袁林旺、钟业喜：《中心地等级体系的演化模型》，《中国科学：地球科学》2011 年第 8 期。

［109］罗家德：《社会网分析讲义》，社会科学文献出版社，2005。

［110］罗世俊、焦华富、王秉建：《基于城市成长能力的长三角城市群空间发展态势分析》，《经济地理》2009 年第 3 期。

［111］ 罗世俊、叶舒娟、王秉建：《泛长江三角洲城市群空间整合发展研究》，《经济问题探索》2008年第12期。

［112］ 罗守贵、金芙蓉、黄融：《上海都市圈城市间经济流测度》，《经济地理》2010年第1期。

［113］ 罗震东、何鹤鸣、耿磊：《基于客运交通流的长江三角洲功能多中心结构研究》，《城市规划学刊》2011年第2期。

［114］ 罗震东、张京祥：《全球城市区域视角下的长江三角洲演化特征与趋势》，《城市发展研究》2009年第9期。

［115］ 马学广、李贵才：《全球流动空间中的当代世界城市网络理论研究》，《经济地理》2011年第10期。

［116］ 马延吉：《辽中南城市群产业集聚发展与格局》，《经济地理》2010年第8期。

［117］ 马颖忆、陆玉麒、张莉：《江苏省人口空间格局演化特征》，《地理科学进展》2012年第2期。

［118］ 〔美〕胡佛：《区域经济学导论》，王翼龙译，商务印书馆，1990。

［119］ 〔美〕刘易斯·芒福德：《城市发展史——起源、演变和前景》，宋俊岭等译，中国建筑工业出版社，2005。

［120］ 孟德友、陈文峰、陆玉麒：《高速铁路建设对我国省际可达性空间格局的影响》，《地域研究与开发》2011年第4期。

［121］ 孟德友、范况生、陆玉麒等：《铁路客运提速前后省际可达性及空间格局分析》，《地理科学进展》2010年第6期。

［122］ 孟德友、陆玉麒：《高速铁路对河南沿线城市可达性及经济联系的影响》，《地理科学》2011年第5期。

［123］ 苗长虹、王海江：《河南省城市的经济联系方向与强度》，《地理研究》2006年第2期。

［124］ 年福华、姚士谋、陈振光：《试论城市群区域内的网络化组织》，《地理科学》2002年第5期。

［125］ 宁越敏、施倩、查志强：《长江三角洲都市连绵区形成机制与跨区域规划研究》，《城市规划》1998年第1期。

［126］ 潘竟虎、石培基、董晓峰：《中国地级以上城市腹地的测度分析》，《地理学报》2008年第6期。

［127］庞晶、叶裕民：《全球化对城市空间结构的作用机制分析》，《城市发展研究》2012 年第 4 期。

［128］蒲欣冬、毛利伟、魏立军：《甘肃省中心城市等级划分及其空间联系测度》，《兰州大学学报》（自然科学版）2004 年第 6 期。

［129］钱慧、姚秀立：《关中城市群地区区域空间分异与重构研究》，《西北师范大学学报》（自然科学版）2007 年第 3 期。

［130］乔家君、李小建：《河南省城镇密集区的空间地域结构》，《地理研究》2006 年第 2 期。

［131］乔旭宁、杨德刚、毛汉英等：《基于经济联系强度的乌鲁木齐都市群空间结构研究》，《地理科学进展》2007 年第 6 期。

［132］秦志琴、张平宇：《辽宁沿海城市带界定及其结构特征分析》，《地理科学》2010 年第 6 期。

［133］秦志琴、张平宇：《辽宁沿海城市带空间结构》，《地理科学进展》2011 年第 4 期。

［134］任美锷：《中国的三大三角洲》，高等教育出版社，1994。

［135］桑秋、张平宇、罗永峰等：《沈抚同城化的生成机制和对策研究》，《人文地理》2009 年第 3 期。

［136］尚正永、白永平：《赣州市 1 小时城市圈划分研究》，《地域研究与开发》2007 年第 1 期。

［137］尚正永、张小林：《长江三角洲城市体系空间结构及其分形特征》，《经济地理》2009 年第 6 期。

［138］尚正永、张小林：《长江三角洲都市连绵区城市体系的分形特征》，《长江流域资源与环境》2009 年第 11 期。

［139］邵波、潘强：《城镇群规划：几个原则与重点》，《规划研究》2004 年第 4 期。

［140］沈玉芳：《长三角地区城镇空间模式的结构特征及其优化和重构的战略构想》，《科学发展》2010 年第 2 期。

［141］沈玉芳、刘曙华：《长三角地区城市化发展的态势与城镇组织模式的特征和趋势》，《地域研究与开发》2009 年第 3 期。

［142］石忆邵：《长江三角洲区域经济发展的新趋向》，《长江流域资源与环境》2004 年第 4 期。

[143] 史育龙、周一星：《戈特曼关于大都市带的学术思想评介》，《经济地理》1996年第3期。

[144] 孙贵艳、王传胜、肖磊等：《长江三角洲城市群城镇体系演化时空特征》，《长江流域资源与环境》2011年第6期。

[145] 孙胤社：《城市空间结构的扩散演变——理论与实践》，《城市研究》1994年第6期。

[146] 汤放华、陈立立、曾志伟等：《城市群空间结构演化趋势与空间重构》，《城市发展研究》2010年第3期。

[147] 陶松龄、甄富春：《长江三角洲城镇空间演化与上海大都市增长》，《城市规划》2002年第2期。

[148] 陶希东：《跨省区域治理：中国跨省都市圈经济整合的新思路》，《地理科学》2005年第5期。

[149] 童中贤：《我国中部地区城市群的空间整合》，《城市发展研究》2010年第8期。

[150] 汪淳、陈璐：《基于网络城市理念的城市群布局》，《长江流域资源与环境》2006年第6期。

[151] 王德、刘锴、耿慧志：《沪宁杭地区城市一日交通圈的划分与研究》，《城市规划汇刊》2001年第5期。

[152] 王发曾、郭志富、刘晓丽等：《基于城市群整合发展的中原地区城市体系结构优化》，《地理研究》2007年第4期。

[153] 王发曾、吕金嵘：《中原城市群城市竞争力的评价与时空演变》，《地理研究》2011年第1期。

[154] 王海江：《城市间经济联系定量研究》，河南大学硕士学位论文，2006。

[155] 王姣娥、丁金学：《高速铁路对中国城市空间结构的影响研究》，《国际城市规划》2011年第6期。

[156] 王婧、方创琳：《中国城市群发育的新型驱动力研究》，《地理研究》2011年第2期。

[157] 王珺：《武汉都市圈空间结构优化研究》，华中科技大学博士学位论文，2008。

[158] 王珺、周均清：《从"单中心区域"到"网络城市"——武汉都市

圈空间格局优化战略研究》,《国际城市规划》2008 年第 5 期。

[159] 王丽、邓羽、刘盛和等:《基于改进场模型的城市影响范围动态演变》,《地理学报》2011 年第 2 期。

[160] 王书国、段学军、姚士谋:《长江三角洲地区人口空间演变特征及动力机制》,《长江流域资源与环境》2007 年第 4 期。

[161] 王晓文、王强、伍世代等:《海峡西岸经济区城镇体系空间结构特征研究》,《地理科学》2011 年第 3 期。

[162] 王燕军、宗跃光、欧阳理等:《关中 - 天水经济区协调发展进程的社会网络分析》,《地域研究与开发》2011 年第 6 期。

[163] 王钰、叶涛:《中国都市区及都市连绵区划分探讨》,《地域研究与开发》2004 年第 3 期。

[164] 王铮:《地理科学导论》,高等教育出版社,1993。

[165] 王铮:《理论经济地理学》,科学出版社,2002。

[166] 魏后凯:《跨世纪我国区域经济发展与制度创新》,《财经问题研究》1998 年第 12 期。

[167] 吴启焰:《城市密集区空间结构特征及演变机制——从城市群到大都市带》,《人文地理》1999 年第 1 期。

[168] 武文杰、董正斌、张文忠等:《中国城市空间关联网络结构的时空演变》,《地理学报》2011 年第 4 期。

[169] 熊世伟:《经济全球化、跨国公司及其对上海城市发展的影响》,《城市规划汇刊》1999 年第 2 期。

[170] 徐永健、许学强、阎小培:《中国典型都市连绵区形成机制初探》,《人文地理》2000 年第 2 期。

[171] 许学强、周春山:《论珠江三角洲大都会区的形成》,《城市问题》1994 年第 3 期。

[172] 许学强、周一星、宁越敏:《城市地理学》,高等教育出版社,1997。

[173] 薛东前、孙建平:《城市群体结构及其演进》,《人文地理》2003 年第 4 期。

[174] 薛东前、王传胜:《城市群演化的空间过程及土地利用优化配置》,《地理科学进展》2002 年第 2 期。

［175］薛东前、姚士谋：《我国城市系统的形成和演进机制》，《人文地理》2000 年第 1 期。

［176］薛东前、姚士谋、张红：《关中城市群的功能联系与结构优化》，《经济地理》2000 年第 6 期。

［177］薛普文：《区域经济成长与区域结构的演变》，《地理科学》1988 年第 4 期。

［178］闫卫阳、王发曾、秦耀辰：《城市空间相互作用理论模型的演进与机理》，《地理科学进展》2009 年第 4 期。

［179］阎小培、郭建国、胡宇冰：《穗港澳都市连绵区的形成机制研究》，《地理研究》1997 年第 2 期。

［180］杨建军：《交通引导下的城市群空间组织研究》，《浙江大学学报》2005 年第 9 期。

［181］杨维凤：《京沪高速铁路对我国区域空间结构的影响分析》，《北京社会科学》2010 年第 6 期。

［182］杨荫凯：《交通技术创新与城市空间形态的演化》，《城市问题》1999 年第 2 期。

［183］姚士谋：《我国城市群的特征、类型与空间布局》，《城市问题》1992 年第 1 期。

［184］姚士谋、陈爽：《长江三角洲地区城市空间演化趋势》，《地理学报》1998 年增刊。

［185］姚士谋、朱英明、陈振光等：《中国城市群》，中国科学技术大学出版社，2001。

［186］叶大年、赫伟、徐文东等：《中国城市的对称分布》，《中国科学》2001 年第 7 期。

［187］叶大年、赫伟、徐文东等：《中国城市的对称分布和城市化》，《资源·产业》2000 年第 Z1 期。

［188］叶磊、欧向军、卿圆圆：《长三角城市群的空间梯度分析》，《地理与地理信息科学》2012 年第 1 期。

［189］叶玉瑶：《城市群空间演化动力机制初探——以珠江三角洲城市群为例》，《城市规划》2006 年第 1 期。

［190］〔英〕埃比尼泽·霍华德：《明日的田园城市》，金经元译，商务印

书馆，2000。

[191] 于涛方、李娜：《长江三角洲地区区域整合研究》，《规划师》2005年第 4 期。

[192] 于涛方、吴志强：《长江三角洲都市连绵区边界界定研究》，《长江流域资源与环境》2005 年第 4 期。

[193] 袁瑞娟、宁越敏：《全球化与发展中国家城市研究》，《城市规划汇刊》1999 年第 5 期。

[194] 曾光、张小青：《城市空间结构优化与区域经济协调发展——以江西省为例》，《城市问题》2012 年第 8 期。

[195] 曾菊新：《试论空间经济结构》，《华中师范大学学报》（哲学社会科学版）1996 年第 2 期。

[196] 曾菊新：《现代城乡网络化发展模式》，科学出版社，2001。

[197] 曾菊新、冯娟、蔡靖方：《论西部地区的城镇网络化发展》，《地域研究与开发》2003 年第 1 期。

[198] 曾鹏、黄图毅、阙菲菲：《中国十大城市群空间结构特征比较研究》，《经济地理》2011 年第 4 期。

[199] 张长生、马荣国、梁国华等：《高原山区公路网布局结构均衡性评价》，《公路交通科技》2011 年第 5 期。

[200] 张芳霞、朱志玲、张晓霞：《银川市产业集聚与城市空间结构优化研究》，《干旱区资源与环境》2011 年第 2 期。

[201] 张国华、周乐、黄坤鹏等：《高速交通网络构建下的城镇空间结构发展趋势》，《城市规划学刊》2011 年第 3 期。

[202] 张颖瀚、孟静：《交通条件引导下的长江三角洲城市空间格局演化》，《江海学刊》2007 年第 1 期。

[203] 张京祥：《城镇群体空间组合》，东南大学出版社，2000。

[204] 张莉：《我国区际经济联系探讨——以铁路客运为例》，《中国软科学》2001 年第 11 期。

[205] 张敏、顾朝林：《近期中国省际经济社会要素流动的空间特征》，《地理研究》2002 年第 3 期。

[206] 张敏、顾朝林、陈璐等：《长江三角洲全球城市区空间建构》，《长江流域资源与环境》2006 年第 6 期。

[207] 张楠、郑伯红:《现代网络型城市的区域规划理论思辨——长株潭地区的案例》,《城市发展研究》2003 年第 6 期。

[208] 张攀、徐长乐:《论长三角城市群空间演进中的竞争策略》,《华东师范大学学报》(哲学社会科学版)2007 年第 5 期。

[209] 张祥建、郭岚、徐晋:《长江三角洲城市群的空间特征、发展障碍与对策》,《上海交通大学学报》(哲学社会科学版)2003 年第 6 期。

[210] 张祥建、唐炎华、徐晋:《长江三角洲空间结构演化的产业机理》,《经济管理与经济理论》2003 年第 10 期。

[211] 张晓明:《长江三角洲巨型城市区特征分析》,《地理学报》2006 年第 10 期。

[212] 张晓明、张成:《长江三角洲巨型城市区初步研究》,《长江流域资源与环境》2006 年第 6 期。

[213] 张旭亮、宁越敏:《长三角城市群城市经济联系及国际化空间发展战略》,《经济地理》2011 年第 3 期。

[214] 张毓峰:《城市区域空间组织研究》,西南财经大学博士学位论文,2008。

[215] 张志斌、陆慧玉:《主体功能区视角下的兰州 – 西宁城镇密集区空间结构优化》,《干旱区资源与环境》2010 年第 10 期。

[216] 赵渺希:《长三角区域的网络交互作用与空间结构演化》,《地理研究》2011 年第 2 期。

[217] 赵群毅:《全球化背景下的城市中心性:概念、测度与应用》,《城市发展研究》2009 年第 4 期。

[218] 赵淑玲、丁登山:《全球化背景下构建中原都市圈的设想及整合对策》,《经济地理》2005 年第 1 期。

[219] 赵文亮、陈文峰、孟德友:《中原经济区经济发展水平综合评价及时空格局演变》,《经济地理》2011 年第 10 期。

[220] 赵新正:《经济全球化与城市 – 区域空间结构研究:以上海 – 长三角为例》,华东师范大学博士学位论文,2011。

[221] 赵义华、曹荣林:《长江三角洲各城市竞争力时间演变及影响因素研究》,《山东师范大学学报》(自然科学版)2007 年第 3 期。

[222] 赵永革：《论中国都市连绵区的形成、发展及意义》，《地理学与国土研究》1995 年第 1 期。

[223] 甄峰、顾朝林：《广东省区域空间结构及其调控研究》，《人文地理》2000 年第 4 期。

[224] 甄峰、张敏、刘贤腾：《全球化、信息化对长江三角洲空间结构的影响》，《经济地理》2004 年第 6 期。

[225] 甄富春：《长江三角洲城市空间结构变异的成因及其动力机制研究》，同济大学硕士学位论文，2002。

[226] 郑伯红：《现代世界城市网络化模式研究》，华东师范大学博士学位论文，2003。

[227] 郑伯红、王志远：《基于网络城市的长株潭城市群构建》，《地域研究与开发》2011 年第 4 期。

[228] 郑吉春、赵天杨、朱余旺：《我国城市群梯度发展战略分析与评价》，《中国软科学》2003 年第 10 期。

[229] 钟业喜：《基于可达性的江苏省城市空间格局演变定量研究》，南京师范大学博士学位论文，2011。

[230] 钟业喜、陆玉麒：《基于铁路网络的中国城市等级体系与分布格局》，《地理研究》2011 年第 5 期。

[231] 周彩屏：《浙江城市化的动力特征与发展方向探讨》，《金华职业技术学院学报》2005 年第 1 期。

[232] 周恺：《长江三角洲高速公路网通达性与城镇空间结构发展》，《地理科学进展》2010 年第 2 期。

[233] 周丽：《城市发展轴与城市地理形态》，《经济地理》1986 年第 3 期。

[234] 周叔莲、魏后凯：《我国区域经济开发的中长期战略》，《上海行政学院学报》2001 年第 1 期。

[235] 周一星：《中国的城市体系和区域倾斜战略探讨》，黑龙江人民出版社，1991。

[236] 朱辉、李沛才、陈绍莹：《公路网现状综合评价》，《长安大学学报》（自然科学版）2005 年第 5 期。

[237] 朱杰、管卫华、蒋志欣等：《江苏省城市经济影响区格局变化》，

《地理学报》2007 年第 10 期。

[238] 朱磊、朱李鸣：《浙江空间发展结构的回顾与展望》，《经济地理》2006 年第 5 期。

[239] 朱士鹏、徐兵、毛蒋兴：《广西城镇体系空间结构优化研究》，《安徽农业科学》2011 年第 2 期。

[240] 朱英明：《城市群经济空间分析》，科学出版社，2004。

[241] 朱英明：《我国城市群地域结构特征及发展趋势研究》，《城市规划汇刊》2001 年第 4 期。

[242] 朱英明：《我国城市群区域联系的理论与实证研究》，中国科学院南京地理与湖泊研究所博士学位论文，2000。

[243] 朱英明：《中国城市密集区航空运输联系研究》，《人文地理》2003 年第 5 期。

[244] 朱英明、孙钦秋、李玉见：《我国城市群发展特征与规划发展设想》，《规划师》2001 年第 6 期。

[245] 朱政、郑伯红、贺清云：《珠三角城市群空间结构及影响研究》，《经济地理》2011 年第 3 期。

[246] 邹军、陈小卉：《城镇体系空间规划再认识——以江苏为例》，《规划研究》2001 年第 1 期。

[247] Allan Pred, "The Spatial Dynamics of US Urban-industrial Growth, 1800 – 1914", *Progress in Human Geography*, 1997, 21 (3).

[248] Alves W. R., Morrill R. L., "Diffusion Theory and Planning", *Economic Geography*, 1975, 51 (3).

[249] Amaral L. A. N., Scala A., Barthélémy M., et al., "Classes of Small-world Networks", *Processings of the National Academy of Sciences of the United States of America*, 2000, 97 (21).

[250] Anselin L., "Local Indicators of Spatial Association LISA", *Geographical Analysis*, 1995, 27 (2).

[251] Barabasi A. L., Albert R., "Emergence of Scaling in Random Networks", *Science*, 1999, 286 (5439).

[252] Batten D. F., *Network Cities versus Central Place Cities: Building a Cosmocreative Constellation*, The Cosmo-creative Society, Heidelberg:

Springer，1993.

［253］ Batten D. F.，"Network Cities：Creative Urban Agglomerations for the 21st Century"，*Urban Studies*，1995，32（2）.

［254］ Bertolini L.，Martin D.，"Mobility Environment and Network Cities"，*Journal of Urban Design*，2003，8（1）.

［255］ BorgattiS. P.，Everett M. G.，"Models of Core/Periphery Structures"，*Social Networks*，2000，21（4）.

［256］ Boudeville J. R.，*Problems of Regional Economic Planning*，Edinburgh：Edinburgh University Press，1966.

［257］ Boventer E. V.，*Standortentscheidung und raumstruktur*，Hermann Schroedel，1979.

［258］ Buhl J.，Gautrais J.，Reeves N.，et al.，"Topogical Patterns in Street Networks of Self-organized Urban Settlements"，*The European Physics Journal B-condensed Matter and Complex System*，2006，49（4）.

［259］ Bunnell T.，Barter P. A.，Morshidi S. Kuala，"Lumpur Metropolitan Area：A Globalizing City-region"，*Cities*，2002，19（5）.

［260］ Camagni R. P.，Salone C.，"Network Urban Structures in Northern Italy：Elements for a Theoretical Framework"，*Urban Studies*，1993，30（6）.

［261］ Demšar U.，Špatenková O.，Virrantaus K.，"Centrality Measures and Vulnerability of Spatial Networks"，Proceedings of the Fourth International ISCRAM Conference，Delft，The Netherlands，2007.

［262］ Dickinson R. E.，"The Metropolitan Regions of the United States"，*Geographical Review*，1934，24（2）.

［263］ Dieleman F. M.，Faludi A.，"Polynucleated Metropolitan Regions in Northwest Europe：Theme of the Special Issue"，*European Planning Studies*，1998，6（4）.

［264］ Djankov S.，Freund C.，"Trade Flows in the Former Soviet Union，1987 to 1996"，*Journal of Comparative Economics*，2002，30（1）.

［265］ Dunn E. S.，"The Market Potential Concept and the Analysis of Location"，*Regional Science*，1956，2（2）.

[266] Dupuy G. , Stransky V. , "Cities and Highway Network in Europe", *Journal of Transport Geography*, 1996, 4 (2).

[267] Erdos P. , Renyi A. , "On the Evolution of Random Graphs", *Publ Math Inst Hungar Acad Sci*, 1960, 5 (1).

[268] FreemanL. C. , "Centrality in Social Networks: Conceptual Clarification", *Social Networks*, 1979, 1 (3).

[269] Friedmann J. , Miller J. , "The Urban Field", *Journal of the American Institute of Planners*, 1965, 31 (4).

[270] Friedmann J. , "The Spatial Organization of Power in the Development of Urban Systems", *Development and Change*, 2008, 4 (3).

[271] Fujita M. , Krugman P. , "When is the Economy Monocentric: Von Thünen and Chamberlin Unified", *Regional Science and Urban Economics*, 1995, 25 (4).

[272] Garza G. , "Global Economy, Metropolitan Dynamics and Urban Policies in Mexico", *Cities*, 1999, 16 (3).

[273] Goetz A. R. , "Air Passenger Transportation and Growth in the US Urban System 1950 – 1987", *Growth and Change*, 1992, 23 (2).

[274] Golledge R. G. , "A Geographic Analysis of Newcastle's Rail Freight Traffic", *Economic Geography*, 1963, 39 (1).

[275] Gottmann J. , *Megalopolis Revisited: Twenty-five Years Later*, Maryland: University of Maryland, Institute for Urban Studies, 1987.

[276] Gottmann J. , "Megalopolis or the Urbanization of the Northeastern Seaboard", *Economic Geography*, 1957, 33 (3).

[277] Gottmann J. , *Megalopolis: The Urbanized Northeastern Seaboard of the United States*, New York: The Twentieth Century Fund, 1961.

[278] Guida M. , Maria F. , "Topology of the Italian Airport Network: A Scale-freee Small-world Network with a Fractal Structure?", *Chaos Solitons & Fractals*, 2007, 31 (3).

[279] Guimera R. , Amaral L. A. N. , "Modeling the World-wide Airport Network", *The European Physical Journal B-condensed Matter and Comples Systems*, 2004, 38 (2).

[280] Guimera R., Mossa S., Turtschi A., et al., "The Worldwide Air Transportantion Network: Anomalous Centrality, Community Structure, and Cities' Global Roles", *Proceedings of the National Academy of Sciences of the United States of America*, 2005, 102 (22).

[281] Gutiérrez J., Gonzalez R., Gomez G., "The European High-speed Train Network: Predicted Effects on Accessibility Patterns", *Journal of Transport Geography*, 1996, 4 (4).

[282] Gutiérrez J., Urbano P., "Accessibility in the European Union: The Impact of the Trans-European Road Network", *Journal of Transport Geography*, 1996, 4 (1).

[283] Gutiérrez J., "Location, Economic Potential and Daily Accessibility: An Analysis of the Accessibility Impact of the High-speed Line Madrid-Barcelona-French Border", *Journal of Transport Geography*, 2001, 9 (4).

[284] Hagerstrand T., *Innovation Diffusion as a Spatial Process*, Chicago: University of Chicago Press, 1968.

[285] Haggett P., Cliff A. D., Frey A., "Locational Analysis in Human Geography", *Geographical Review*, 1977, 68 (2).

[286] Haggett P., *Locational Analysis in Human Geography*, London: Edward Arnold Ltd., 1965.

[287] Harris C. D., "A Function Classification of Cities in the United States", *Geographical Review*, 1943, 33 (1).

[288] Haynes K. E., Fotheringham A. S., *Gravity and Spatial Interaction Models*, The Publishers of Professional Social Science Beverly Hills London New Delhi, 1984.

[289] Henderson J. V., "The Sizes and Types of Cities", *The American Economic Review*, 1974, 64 (4).

[290] Hirschman A. O., *The Strategy of Economic Development*, New haven, CT: Yale University Press, 1958.

[291] Hodge D. C., "Accessibility-related Issues", *Journal of Transport Geography*, 1997, 5 (1).

[292] Isard W. , *Location and Space-economy: A General Theory Relating to Industrial Location, Market Areas, Land Use, Trade and Urban Structure*, New York: Technology Press of Massachusetts Institute of Technology and Wiley, 1956.

[293] Kobayashi K. , Okumura M. , "The Growth of City Systems with High-speed Railway Systems", *The Annals of Regional Science*, 1997, 31 (1).

[294] Krugman P. , "Increasing Returns and Economic Geography", *Journal of Political Economy*, 1991, 99 (3).

[295] Latora V. , Marchiori M. , "Is the Boston Subway a Small-world Metwork?", *Physica A: Statistical Mechanics and Its Applications*, 2002, 314 (1).

[296] Lee K. , Jung W. S. , Park J. S. , et al. , "Statistical Analysis of the Metropolitan Seoul Subway System: Network Structure and Passenger Flows", *Physica A: Statistical Mechanics and Its Applications*, 2008, 387 (24).

[297] Linneker B. , Spence N. , "Road Transport Infrastructure and Regional Economic Development: The Regional Development Effects of the M25 London Orbital Motorway", *Journal of Transport Geography*, 1996, 4 (2).

[298] Lämmer S. , Gehlsen B. , Helbing D. , "Scaling Laws in the Spatial Structure of Urban Road Networks", *Physica A: Statistical Mechanics and Its Applications*, 2006, 363 (1).

[299] Matsumoto H. , "International Urban Systems and Air Passenger and Cago Flows: Some Calculations", *Journal of Air Transport Management*, 2004, 10 (4).

[300] Mcgee T. G. , *The Emergence of Desakota Regions in Asia: Expanding a Hypothesis*, Honolulu: University of Hawaii Press, 1991.

[301] Meijers E. "Polycentric Urban Regions and the Quest for Synergy: Is a Network of Cities More than the Sum of the Parts", *Urban Studies*, 2005, 42 (4).

[302] Meyer D. R. , "A Dynamic Model of the Integration of Frontier Urban

Places into the United States System of Cities", *Economic Geography*, 1980, 56 (2).

[303] Muller E. K. , "Regional Urbanization and the Selective Growth of Towns in North American Regions", *Journal of Historical Geography*, 1977, 3 (1).

[304] Mun S. , "Transport Network and System of Cities", *Journal of Urban Economics*, 1997, 42 (2).

[305] Musterd S. , Kloosterman R. C. , "The Polycentric Urban Region: Towards a Research Agenda", *Urban Studies*, 2001, 38 (4).

[306] Myrdal G. , *Economic Theory and Under-developed Region*, London: Duckworth, 1957.

[307] Otremba E. , *Raumordnung, Raumforschung und Geographie*, In Institut fur Raumforschung, Infomationen, 1953.

[308] Owen W. , *Transportation and World Development*, Baltimore Maryland: Johnshopkins University Press, 1987.

[309] O'Kelly M. E. , "A Geographer's Analysis of Hub – and – spoke Networks", *Journal of Transport Geography*, 1998, 6 (3).

[310] Pred A. , *Behaviour and Locaion: Foundations for a Geographic and Dynamic Locaion Theory*, Lund: Dep. Geogr. R. Univ. Lund, 1967.

[311] Reilly W. J. , *The Law of Retail Gravitation*, New York: Pillsbury Publishers, 1953.

[312] Roberts M. , Jones T. L. , Erickson B. , "Place and Space in the Networked City: Conceptualizing the Integrated Metropolis", *Journal of Urban Design*, 1999, 4 (1).

[313] Rosvall M. , Trusina A. , Minnhagen P. , et al. , "Networks and Cities: An Information Perspective", *Physical Review Letters*, 2005, 94 (2).

[314] Rykiel Z. , "Intra-metropolitan Migration in the Warsaw Agglomeration", *Economic Geography*, 1984, 60 (1).

[315] Scott, A. J. , *Global City Regions: Trends, Theory and Policy*, Oxford, UK: Oxford University Press, 2001.

[316] Sen P. , Dasgupta S. , Chatterjee A. , et al. , "Small-world Properties of the Indian Railway Network", *Physical Review E*, 2003, 67 (3).

[317] Shen G. , "Reverse-fitting the Gravity Model to Inter-city Airline Passenger Flows by an Algebraic Simplification", *Journal of Transport Geography*, 2004, 12 (3).

[318] Siddall W. R. , "Whole Sale-retail Trade Ratios as Indices of Urban Centrality", *Economic Geography*, 1961, 37 (2).

[319] Sienkiewicz J. , Holyst J. A. , "Statistical Analysis of 22 Public Transport Networks in Poland", *Physical Review E*, 2005, 72 (4).

[320] Smith D. A. , Timberlake M. F. , "World City Networks and Hierarchies, 1977 – 1997: An Empirical Analysis of Global Air Travel Links", *American Behavioral Scientist*, 2001, 44 (10).

[321] Smith D. A. , "Interaction within a Fragmented State: The Example of Hawaii", *Economic Geography*, 1963, 39 (3).

[322] Stein C. , *Towards New Towns for America*, Cambridge, MA: The MIT Press, 1966.

[323] Taaffe E. J. , Morrill R. L. , Gould P. R. , "Transport Expansion in Underdeveloped Countries: A Comparative Analysis", *Geographical Review*, 1963, 53 (4).

[324] Taaffe E. J. , "The Urban Hierarchy: An Air Passenger Definition", *Economic Geography*, 1962, 38 (1).

[325] Tayler P. J. , Walker D. R. F. , Catalano G. , et al. , "Diversity and Power in the World City Network", *Cities*, 2002, 19 (4).

[326] Ullman E. L. , *American Commondity Flow*, Esattle: University of Washington Press, 1957.

[327] Vance J. E. , *The Merchant's World: The Geography of Whole Saling*, Englewood Cliffs: Prentice-Hall, 1970.

[328] Vartiainen P. , "Urban Networking: An Emerging Idea in Spatial Development", Paper Presented at Regional Science Association 37th European Congress, 1997.

[329] Watts D. J. , Strogatz S. H. , "Collective Dynamics of Small-world Networks", *Nature*, 1998, 393 (6634).

[330] Weidlich W. , Haag G. , Englmann F. , *An Integrated Model of Transport*

and Urban Evolutions: *With an Application to a Metropole of an Emerging Nation*, Springer, Heidelberg, 1999.

[331] Westin L., Östhol A., "Functional Networks, Infrastructure and Regional Mobilization", *Northern Perspectives on European Intergration*, 1994, 40 (1).

[332] Yeates M., Garner B. J., *The North American City*, Harper Collins Publisher, 1976.

[333] Zipf G. K., "The Unity of Nature, Least-Action, and Natural Social Science", *Sociometry*, 1942, 5 (1).

图书在版编目（CIP）数据

高速交通发展与区域空间结构演变／孟德友著 . - -
北京：社会科学文献出版社，2016.8
（工业化、城镇化和农业现代化协调发展研究丛书）
ISBN 978 - 7 - 5097 - 9499 - 9

Ⅰ.①高…　Ⅱ.①孟…　Ⅲ.①交通运输发展 - 影响 -
长江三角洲 - 区域经济发展 - 研究　Ⅳ.①F127.5
②F512.3

中国版本图书馆 CIP 数据核字（2016）第 176230 号

工业化、城镇化和农业现代化协调发展研究丛书
高速交通发展与区域空间结构演变

著　　者／孟德友

出　版　人／谢寿光
项目统筹／周　丽　冯咏梅
责任编辑／冯咏梅

出　　　版／社会科学文献出版社·经济与管理出版分社（010）59367226
　　　　　　地址：北京市北三环中路甲 29 号院华龙大厦　邮编：100029
　　　　　　网址：www.ssap.com.cn
发　　　行／市场营销中心（010）59367081　59367018
印　　　装／三河市尚艺印装有限公司

规　　　格／开　本：787mm × 1092mm　1/16
　　　　　　印　张：18.75　字　数：307 千字
版　　　次／2016 年 8 月第 1 版　2016 年 8 月第 1 次印刷
书　　　号／ISBN 978 - 7 - 5097 - 9499 - 9
定　　　价／79.00 元